纳税及风险防范问题解答

邹国金 编著

中国宇航出版社
·北京·

图书在版编目（CIP）数据

纳税及风险防范问题解答／邹国金编著．-- 北京：中国宇航出版社，2013.7

ISBN 978-7-5159-0443-6

Ⅰ．①纳… Ⅱ．①邹… Ⅲ．①企业管理-税收管理-风险管理-中国-问题解答 Ⅳ．①F812.423-44

中国版本图书馆 CIP 数据核字（2013）第 137138 号

策划编辑　李　林　董　琳　　封面设计　文道思
责任编辑　李　立　阎　列　　责任校对　陈晓敏

出版发行　中国宇航出版社

社　址　北京市阜成路 8 号　　邮　编　100830
（010）68768548

网　址　www.caphbook.com

经　销　新华书店

发行部　（010）68371900　　（010）88530478（传真）
（010）68768541　　（010）68767294（传真）

零售店　读者服务部　　北京宇航文苑
（010）68371105　　（010）62529336

承　印　三河市君旺印装厂

版　次　2013 年 7 月第 1 版　　2013 年 7 月第 1 次印刷

规　格　787×960　　开　本　1/16

印　张　16.5　　字　数　279 千字

书　号　ISBN 978-7-5159-0443-6

定　价　38.00 元

前言

“做大做强靠银行，赚多赚少靠税收”，这句话已成为很多企业，特别是民营企业老板的经营信条。企业越来越重视税收管理，希望通过加强管理既减轻税负，又防范纳税风险。

但是，每年都能看到有相当数量的企业被处罚，企业老板和财务人员被判刑。究其原因，是这些企业的经营者不懂税法，管理税收的方法不对。很多企业老板认为，防范纳税风险是企业财务人员的事。其实不然，很多纳税风险都是由企业高级管理层的决策直接产生的。如果企业老板作出了潜含很大纳税风险的决策，却要求财务人员通过账务处理摆平纳税风险，必然会驱使财务人员做假账、去偷税。

企业要防范纳税风险，不仅财务人员要精通税法，企业老板也需要掌握基本的税收知识，知道一种经营行为大体要缴哪些税，税负有多重；知道什么是税收违法行为，违反税法会承担什么后果，等等，从而在作决策时尽量规避纳税风险。由于我国税收种类众多，税法零散不成体系，而且经常处于变动中，企业经营管理人员、企业财务人员受专业、精力、时间的限制，常常感觉要系统地学习税法、税收知识无从下手，枯燥乏味，因此，希望能获得一本既系统介绍税收知识，又通俗易懂、实用性强的税收读本。

基于这种需要，作者编写了《纳税及风险防范问题解答》一书。本书以纳税风险防范为主题，依据最新的税收法律法规，采取一问一答的形式，通过近400个问答，对增值税、营业税、消费税、企业所得税、个人所得税、资源税、房产税等企业经营面临的税收，从概念、税基、税率、计税方式和操作程序等方面作了系统介绍，读者阅读后即可掌握基本的税收知识，帮助企业管理者学会用税收分析经营效益。比如，目前营业税改征增值税正在全国推行，必然会对原来缴纳营业税的交通运输企业、服务型企业的税负、经营模式产生巨大影响。哪些行业被列入试点？试点后如何测算税负的变化，如何运作可以转嫁税负？本书通过问答的方式作了解答。

本书最大的特点是对企业经营普遍遇到的最新的税收难题，依据最新的法律法规作了解答。很多解答来自于国家税务总局和省级税务机关，都是各级税务机关执法的依据，对照解答就可以解决遇到的税收难题。该书通俗易懂，读起来轻松活泼，针对性强，对企业正确纳税、防范纳税风险很有帮助。

由于作者水平有限，书中难免有疏漏和不足之处，希望读者不吝赐教！

邹国金

2013 年 5 月

目　录

第一章　纳税风险管理

第二章　增值税纳税风险管理及问题解答

第三章　消费税纳税风险管理及问题解答

第四章　营业税纳税风险管理及问题解答

第五章　企业所得税纳税风险管理及问题解答

第六章　个人所得税纳税风险管理及问题解答

第七章　财产税政策问答

第八章 行为税政策问答

第一章

纳税风险管理

第一节 什么是纳税风险

企业经营面临各种各样的风险，能否有效地管理、控制、规避风险，既是衡量企业管理水平高低的标准，又是决定企业经营成败的关键。健全风险管理机制、提高风险管理水平是企业面临的紧迫任务。

什么是风险？通俗地讲，风险就是潜在的威胁、危险。纳税风险是指企业因为主客观原因，其经营和纳税行为存在不符合税法规定的问题，将来可能导致多纳税、少纳税以及受到处罚、信用降低的风险。

纳税风险可以划分为两大类：一是违反税收法律法规少纳税款，可能受到税收罚款、加收滞纳金、纳税信誉降低的风险。企业在税收上违法，不仅企业会受到处罚，企业法定代表人、财务人员也有可能被追究刑事责任。二是适用税法不恰当，多纳税款，影响企业利益。

纳税人违反税收法律法规少纳税款受到处罚的案例很多。

▶案例一　温州商人林春平：虚开数亿元增值税发票被逮捕

2012 年 6 月，因虚假收购美国大西洋银行而闻名天下的温州商人林春平，涉嫌虚开数亿元增值税发票犯罪，被警方抓获。

林春平曾被视为消除“温州金融风波”负面影响的典型和资本突围的标杆式人物，当选为温州市九届政协委员、瓯海区慈善总会副会长。

据警方介绍，自 2011 年以来，林春平等人为牟取巨额的非法利益，聘请开票人员、财务人员，利用伪造的海关完税凭证抵扣进项税额，对外承接虚开增值税专用发票业务，并收取开票额 4% ~6% 的开票手续费。林春平本人以及以他人名义注册的温州春平丽泰米业有限公司等 5 家公司通过分布在全国各地的中介人，向广东、福建、江苏、上海、湖南等全国22个省、市的企业，大肆虚开增值税专用发票，涉及虚开金额数亿元，造成几千万元的国家税款损失。

在我国，虚开增值税专用发票罪是重罪。《中华人民共和国刑法》第二百零五条规定，虚开增值税专用发票或者虚开用于骗取出口退税、抵扣税款的其他发票的，处三年以下有期徒刑或者拘役，并处二万元以上二十万元以下罚金；虚开的税款数额较大或者有其他严重情节的，处三年以上十年以下有期徒刑，并处五万元以上五十万元以下罚金；虚开的税款数额巨大或者有其他特别严重情节的，处十年以上有期徒刑或者无期徒刑，并处五万元以上五十万元以下罚金或者没收财产。

单位犯虚开增值税专用发票罪的，对单位判处罚金，并对其直接负责的主管人员和其他直接责任人员，处三年以下有期徒刑或者拘役；虚开的税款数额较大或者有其他严重情节的，处三年以上十年以下有期徒刑；虚开的税款数额巨大或者有其他特别严重情节的，处十年以上有期徒刑或者无期徒刑。

虚开增值税专用发票或者虚开用于骗取出口退税、抵扣税款的其他发票，是指有为他人虚开、为自己虚开、让他人为自己虚开、介绍他人虚开行为之一的。

直到2011年5月前，中国还是世界上少数几个对涉税犯罪规定有死刑的国家。2011年，全国人大常委会修改刑法，删除了对虚开增值税专用发票或者虚开用于骗取出口退税、抵扣税款的其他发票可判处死刑的条款。自我国设立虚开增值税专用发票罪以来，已有不少人因此被判死刑。其实，并非只有虚开增值税专用发票或者虚开用于骗取出口退税、抵扣税款的其他发票的行为可能被判刑，只要逃税达到一定数额、比例，也会被判刑。《中华人民共和国刑法》第二百零一条规定，纳税人采取欺骗、隐瞒手段进行虚假纳税申报或者不申报，逃避缴纳税款数额较大并且占应纳税额百分之十以上的，处三年以下有期徒刑或者拘役，并处罚金；数额巨大并且占应纳税额百分之三十以上的，处三年以上七年以下有期徒刑，并处罚金。

▶案例二　企业偷税受处罚

河南省新乡市某公司成立于2006年5月，当年10月办理了注册税务登记，主要经营建筑材料、电器、电缆、电料批发零售。2010年7月，该公司被主管税务机关认定为增值税一般纳税人，2006年6月至2012年3月共缴纳增值税131 164.36元、企业所得税6 867.69元。

由于被举报涉嫌偷税，新乡市国税局成立专案组，对该公司的纳税情况进行检查，发现该公司以下逃税事实。

一是肆意捏造收入，不自行申报纳税。该公司从2010年1月起，销售货物开具发票后，记账时按应收账款的金额全额直接贷记“主营业务收入”，不把含税应收账款换算为不含税收入记账，也不贷记“应缴税金——应缴增值税(销项税额)”科目，不计提销项税金。该公司提供的账目资料里，没有申报表，专案组将该公司记账凭证中每个月的完税凭证、税收分析监控系统中企业申报的销售收入明细情况，与企业的记账情况比对后，发现该公司竟然没有按照已开具入账的普通发票金额，向主管税务机关申报销售收入，而是随意捏造销售收入缴纳增值税税款。仅2010年1月至2012年3月间，该公司就隐瞒销售收入1 001.32万元。

二是私自调改税率，大面隐瞒税款。该公司为了逃税，不仅在销售收入上造假，甚至还无视国家税法规定，自行调改应纳税税率。该公司从被认定为增值税一般纳税人的当月起，2010年7月零申报，仅2010年8月、2012年3月按17%的法定税率申报收入缴纳税款，其余月份均以简易办法按6%征收率缴纳增值税。通过对该公司的账载财务资料进行统计，发现该公司2010年1月至2012年3月共实现销售收入10 353 581.28元(含税)，共计少缴纳增值税114.12万元。

三是开具“阴阳”发票，逃避税务监控。专案组通过普通发票网络系统对该公司2011年11月至2012年1月已入账的14份通用平推机打发票具体票面信息进行查询，发现这14份发票的验旧金额与发票的记账联票面金额完全不符，发票记账联票面金额一般是验旧金额的100倍，也就是发票票面金额的小数点向前移了两位。

新乡市国税局最终查补并追缴该公司逃避缴纳的增值税及所得税合计162.23万元，对所逃税款处81.12万元罚款，同时，从滞纳税款之日起按日加收万分之五的滞纳金。

《中华人民共和国税收征收管理法》(以下简称《税收征收管理法》)第六十三条规定，纳税人伪造、变造、隐匿、擅自销毁账簿、记账凭证，或者在账簿上多列支出或者不列、少列收入，或者经税务机关通知申报而拒不申报或者进行虚假的纳税申报，不缴或者少缴应纳税款的，是偷税。对纳税人偷税的，由税务机关追缴其不缴或者少缴的税款、滞纳金，并处不缴或者少缴的税款百分之五十以上五倍以下的罚款；构成犯罪的，依法追究刑事责任。

在《税收征收管理法》中，对扣缴义务人、欠税人等同样规定了行政处罚的规定。纳税人因违反税收实体法、程序法，往往会被税务机关处以行政处罚。

▶案例三　北京一公司因为避税被追缴税款

2012年6月，北京市经济技术开发区国税局辖区某工程技术企业Z公司向该局提交申请，就其与境外Y公司(某避税群岛注册)签订的《某东南亚国家市场咨询服务合同书》申请出具对外支付税务证明。为何一家在避税群岛注册的公司却与中方签订了开拓某东南亚国家市场的咨询合同？税务机关对此产生了怀疑，进而展开调查。

咨询合同第一条约定，Y公司将为Z公司提供在某东南亚国家承揽工程项目有关劳工环境、市场环境、政策环境和法律法规等的咨询服务，咨询服务费总计达上千万美元。该咨询合同的第二条约定“乙方提供咨询服务的地点为印尼”，外方提供正常的项目咨询服务，按照客户的不同需求很有可能需要多地往来进行调研和召开会议，但此合同特意在开篇就提出劳务完全发生在境外，极有可能是企业为了避税而作的准备。

经税务人员一再质疑与调查，最终，Z公司表示不再按照外方提供境外劳务申请对外支付，主动申请就此合同进行核定征收。Z公司于7月17日就其向境外劳务提供方支付的第一笔服务费500万美元，扣缴了企业所得税共计272万元，预计该合同扣缴企业所得税将达650余万元。

上述三个案例，比较典型地代表了纳税人违反税收法律法规的三种后果：

1)因涉税违法犯罪被判刑，失去人身自由，这是刑事责任。

2)因涉税违法行为被处以罚款、加收滞纳金，这是承担行政责任。

3)避税行为被识破，需要履行纳税义务，补缴税款，这可以视为经济责任。

总体上看，上述纳税人处理税收的行为都具有违法性，只是违法的程度不同。第一个案例中的纳税人明知虚开增值税专用发票是犯罪行为，无论主观上，还是客观上都积极主动地实施这种行为，这已经不属于纳税风险的范畴，而是确定无疑的违法犯罪行为。第二个案例中的纳税人，无论主观意图还是客观行为都与第一个案例中的纳税人相同，都是在积极实施一种违法行为，只是因为违反的法律不同、程度不同，尚未构成犯罪而受到行政处罚。第三个案例中的纳税人与第一个案例、第二个案例中的纳税人不同，其实施的行为不是确定无疑的违法行为，是否具有违法性存在争议。

在纳税风险定义中，风险是潜在的、不确定的、尚未转化为现实后果的危险。如果涉税行为在实施时，纳税人主观已经意识到其是确定无疑的违法、犯罪行为，就不仅仅是风险，理论上已经产生违法、犯罪的后果，只是纳税人是否会受处罚还不确定。

这个定义中的主观原因是指，税法上对纳税人的纳税行为是否违法已经有了明确规定，只是由于纳税人自身知识不足或者疏忽大意，对明确属于违法的行为误认为不是违法行为。客观原因包括两层含义：一是税法对一项行为是否违法规定不明确，导致征纳双方有不同的认识；第二层含义是由于税法的变化，使纳税人的税负发生变化。

需要注意的是，引发纳税人税务危机的原因是多方面的，不仅仅包括纳税人自身原因(内部原因)，还包括税务机关、税务中介机构等其他部门的原因(外部原因)。执法部门的违规、超范围执法，以及税务中介机构在税务代理过程中出现失误，同样会引发纳税人税务危机。税务危机出现后，不仅会使纳税人面临罚款等经济上的损失，还会降低纳税人的税务信誉，而税务信誉在当今经济社会中的作用日益凸显，纳税人的税务信誉不佳，信用评级不良，会对纳税人的生产经营造成严重影响。

第二节　如何进行纳税风险管理

风险有大有小，风险转化为损失的概率有高有低。如果能对潜在的风险进行有效管控，就能避免风险转化为损失，或者最大限度地降低损失。

风险管理是企业在对其生产、经营中的风险进行识别、预测、评价的基础上，优化组合各种风险管理技术，对风险实施有效的控制，以期以最小的成本达到最大的安全保障的过程。

风险管理的基本方法有回避风险、预防风险、自留风险和转移风险等。

纳税风险管理与其他经营风险管理有相同的地方，比如都要遵循法律，预防为主，危机出现后要积极进行危机管理。同时，也有很大的不同，因为纳税是经营者必须履行的法律义务，具有很强的刚性，一旦纳税义务产生，便没有“讨价还价”的余地。

纵观众多涉税案件，目前纳税风险管理最大的难点，不是纳税人是否有风险管理的能力和技术，而是其是否有正确的纳税风险管理理念。

几乎在所有严重的涉税违法案件中，纳税人都明确知道自己的行为违反税法的规定，但为了减轻税负，获取超额利润，在“税务机关可能查不到”的侥幸心理支配下，积极实施违法行为。比如第一节中提到的前两个案例均是如此。

纳税人为什么会普遍存在涉税违法行为？主要原因如下：

1)当前中国税费较多，纳税人负担较重，承受力有限。

2)税收立法的滞后和缺失，税法规定粗糙，是当前产生大量税企争议，甚至爆发税务危机的一个主要原因。

3)纳税人欠缺财税知识，管理制度不健全，税务处理不规范。很多企业，特别是中小企业财务机构不健全，财务制度不完善，财务核算不规范；有的企业财务人员身兼数职，甚至还有财务人员身兼几个企业的财务主管；有的财务人员没有取得专业资格证书，业务水平较低；有些中小企业属于家族式企业，管理较乱；还有些企业为了追求利益的最大化，盲目进行税收筹划，以致引发税务危机。

那么，纳税人该如何进行纳税风险管理呢？

(一)要树立正确的纳税风险管理理念——“只做自己能承受风险的事”

目前，许多纳税人出于从众心理、侥幸心理，明知是涉税违法、犯罪行为而铤而走险，被查处、判刑后，才知道严重的后果是自己无法承受的，此时悔之晚矣。

因此，从纳税风险管理的角度看，必须杜绝一切涉税违法犯罪行为，这是纳税风险管理不能逾越的警戒线。

（二）企业决策者要树立“经营决定税收”的理念

很多企业的高级管理人员，特别是民营企业的老板对税收的认识存在一个误区：纳税是财务部门的事，与业务部门无关，是财务核算产生税收。这种误区使很多企业老板在作经营决策、签合同时很少考虑税收问题，只是养成了聘请律师审查合同的习惯，以规避法律风险，但是却忽视了纳税风险。在他们的观念中，纳税是财务部门的事，与业务部门无关。其实，如何纳税、该纳多少税不是财务人员做账做出来的，而是由业务决定的。是业务部门产生税，而不是财务部门产生税，财务部门只是根据业务进行核算后纳税。企业如果依法通过业务过程的调节、安排达到减轻税负的目的，属于筹划；如果业务做完后，通过财务账面的调节实现减轻税负的目的，就很可能是偷税。企业老板在决策前不考虑税收问题，事后却逼迫财务部门解决税收问题，实质上就是逼迫财务部门去偷税，会引发企业的税务危机。

要防范这类税务危机的发生，要求企业管理人员必须转变观念，对企业的税收管理进行有效监控，树立起“经营决定税收”的理念。

（三）健全管理机制，规范财税处理，是防控纳税风险最根本的途径

由于很多企业管理层认为纳税是财务部门的事，再加上缺乏监督、制衡机制，在发生由于财务人员不尽职导致多缴、少缴税的情况时，管理层往往很难及时发现问题。

有这样一个案例：税务机关在对一民营企业往年账务进行检查时，发现由于该企业财务人员对税收政策理解有误，将免税收入当做应税收入缴纳了企业所得税，多缴税额达50多万元。发现问题后，税务人员联系该企业财务经理，让他写一个退税申请，把多缴的税款退还给企业。然而却被该财务经理以“怕被老板知道后会面临解雇”为由拒绝了。

现实中，许多企业财务人员在纳税出现失误导致企业多缴税时，出于逃避责任的原因，往往不会主动改正，也很难被发现。这种现状要求企业必须建立完善的纳税监督体系，监督财务部门依法纳税。这方面，多数跨国公司树立了榜样。

在多数跨国公司的机构设置中设有税务部，税务部配置有税务经理或税务总监，对企业的税收进行全面的监管。其职责主要有三项，一是为企业高层决策提供税收建议，二是对业务部门的整个流程实行税收监管，三是对财务部门纳税进行监督。这样一来，企业的纳税事宜就由两个部门负责，实现了相互监督、相互制衡，也就降低了发生纳税风险的可能性。

企业应建立以下纳税风险管理制度。

1. 建立纳税风险管理机构，明确岗位、职责

企业可结合生产经营特点和内部纳税风险管理的要求，设立税务管理机构和岗位，明确岗位的职责和权限。组织结构复杂的企业，可根据需要设立税务管理部门或岗位：总、分机构，在分支机构设立税务部门或者税务管理岗位；集团型企业，在地区性总部、产品事业部或下属企业内部分别设立税务部门或者税务管理岗位。

企业税务管理机构主要履行以下职责：制订和完善企业纳税风险管理制度和其他涉税规章制度；参与企业战略规划和重大经营决策的税务影响分析，提供纳税风险管理建议；组织实施企业纳税风险的识别、评估，监测日常纳税风险并采取应对措施；指导和监督有关职能部门、各业务单位以及全资、控股企业开展纳税风险管理工作；建立纳税风险管理的信息和沟通机制；组织税务培训，并向本企业其他部门提供税务咨询；承担或协助相关职能部门开展纳税申报、税款缴纳、账簿凭证和其他涉税资料的准备和保管工作。

2. 建立纳税风险识别、评估的机制和方法

企业应全面、系统、持续地收集内部和外部相关信息，结合实际情况，通过风险识别、风险分析、风险评价等步骤，查找企业经营活动及其业务流程中的纳税风险，分析和描述风险发生的可能性和条件，评价风险对企业实现税务管理目标的影响程度，从而确定风险管理的优先顺序和策略。企业应结合自身纳税风险管理机制和实际经营情况，重点识别下列纳税风险因素：

(1)董事会、监事会等企业治理层以及管理层的税收遵从意识和对待纳税风险的态度。

(2)涉税员工的职业操守和专业胜任能力。

(3)组织机构、经营方式和业务流程。

(4)技术投入和信息技术的运用。

(5)财务状况、经营成果及现金流情况。

(6)相关内部控制制度的设计和执行。

(7)经济形势、产业政策、市场竞争及行业惯例。

(8)法律法规和监管要求。

(9)其他有关风险因素。

企业应定期进行纳税风险评估。纳税风险评估由企业税务部门协同相关职能部门实施，也可聘请具有相关资质和专业能力的中介机构协助实施。

3. 建立纳税风险控制和应对的机制与措施

企业应根据纳税风险评估的结果，考虑风险管理的成本和效益，在整体管理控制体系内，制定纳税风险应对策略，建立有效的内部控制机制，合理设计税务管理的流程及控制方法，全面控制纳税风险。

企业应根据风险产生的原因和条件，从组织机构、职权分配、业务流程、信息沟通和检查监督等多方面建立纳税风险控制点，根据风险的不同特征采取相应的人工控制机制或自动化控制机制，根据风险发生的规律和程度建立预防性和发现性控制机制。

企业应针对重大纳税风险所涉及的管理职责和业务流程，制定覆盖各个环节的全流程控制措施；对其他风险所涉及的业务流程，合理设置关键控制环节，采取相应的控制措施。

4. 建立纳税风险管理的信息与沟通制度

企业应明确税务相关信息的收集、处理和传递程序，确保企业税务部门内部，企业税务部门与其他部门，企业税务部门与董事会、监事会等企业治理层以及管理层的沟通顺畅，发现问题应及时报告并采取应对措施。

企业应与税务机关和其他相关单位保持有效的沟通，及时收集和反馈相关信息：建立和完善税法的收集和更新系统，及时汇编企业适用的税法并定期更新；建立和完善其他相关法律法规的收集和更新系统，确保企业财务会计系统的设置和更改与法律法规的要求同步，保证会计信息的输出能够反映法律法规的最新变化。企业应根据业务特点和成本效益原则，将信息技术应用于纳税风险管理的各项工作，建立涵盖风险管理基本流程和内部控制系统各环节的风险管理信息系统。利用计算机系统和网络技术，对具有重复性、规律性的涉税事项进行自动控制；将税务申报纳入计算机系统管理，利用有关报表软件提高税务申报的准确性。

(四)建立税务危机管理预案

当企业爆发税务危机后，很多企业往往不知如何应对，错失了最佳的处理时机，导致损失被放大。企业应事先建立税务危机管理预案，预案应对危机的识别、处置、善后等作出明确的安排。制订税务危机管理预案应遵循以下原则。

1）快速反应原则。税务危机一旦发生，只有快速反应，以最快的速度设立危机管理机构，快速调动人力、物力和财力来实施救助行动，才能及时地遏制危机影响范围的进一步扩大，才能使危机造成的损失降到最低。

2）主动面对原则。要根据危机的性质，采取有力措施来控制危机的进一步发展；主动配合媒体的采访和公众的提问，主动向公众通报实情，加强与公众的信息沟通，解除公众的焦虑和困惑。

3）灵活协调原则。税务危机爆发后，在时间紧迫的情况下，更需要决策者能够冷静、果断、灵活地应对危机。

第二章

增值税纳税风险管理及问题解答

第一节　什么是增值税

要掌握任何一个税种的纳税操作实务，关键是把握一个税种的纳税人、税基、计税方法和纳税申报。只要处理好上述四个环节，就能避免差错。

要正确、无风险地操作增值税，需要我们对增值税的概念、计税原理、计税各要素、减免税规定、税收处罚规定有一个基本的了解，做到心中有数。

从计税原理上说，增值税是对商品生产、流通、劳务服务中各环节的新增价值或商品附加值进行征税，所以叫做"增值税"。按《中华人民共和国增值税暂行条例》(以下简称《增值税暂行条例》)及《中华人民共和国增值税暂行条例实施细则》(以下简称《增值税暂行条例实施细则》)的规定，我国增值税是对在我国境内销售货物或者提供加工、修理修配劳务以及进口货物的单位和个人，就其取得的货物或应税劳务销售额，以及进口货物金额计算税款，并实行税款抵扣制度的一种流转税。

目前，我国营业税改征增值税试点正在大范围推开，原来缴纳营业税的交通运输业以及部分现代服务业已经转而缴纳增值税。随着税改的深入，"营改增"正在从横向(地区)和纵向(行业)两个方向扩围，国务院已经决定逐步将邮电、通信和建筑安装等行业纳入试点范围。可以预见，在不久的将来，现在缴纳营业税的大部分服务业都将变为缴纳增值税。因此，对工业、商业和现代服务业来说，增值税无疑是最主要的税种。

增值税具有以下特点。

1. 普遍征收和道道征收

除农业生产环节和销售不动产外，在生产环节和流通环节普遍征收，此外还延伸到部分服务业。每经过一个环节，只要有增值额就征税，而且只对增值额征税。

2. 实行价外税

以销售额为计税依据，销售额不含增值税金，在增值税专用发票上分别注明销售额和增值税税额。对于小规模纳税人，征税时，要把含税销售额换算成不含税销售额后再计算。

3. 税率档次多，确定适用税率有一定难度

一般纳税人的基本税率为17%，此外还有13%、11%、6%的零税率几个档次。13%的税率适用于农业产品、粮食复制品、农药、煤炭等18类；11%的税率适用于营业税改征增值税试点地区的交通运输业；6%的税率适用于部分现代服务业（有形动产租赁服务除外，提供有形动产租赁服务的税率为17%）；零税率适用于纳税人出口货物。小规模纳税人按3%的征收率计征增值税。此外，有些一般纳税人，如从事砂石生产、销售的一般纳税人，可以选用简易征税办法按6%征收率计算缴纳增值税。

增值税虽然是中性税种，税负道道流转，似乎不会对企业税负产生什么影响。但是，我国增值税比较特殊，存在很多增值税链条断裂的情况，加之增值税管理中要求严格按发票所列金额扣税，如果企业不进行纳税正确处理，不对增值税进行纳税筹划，会给企业带来很高的纳税风险和沉重的税收负担。

增值税纳税操作的重点和难点可以划分为征税范围及纳税人的确定、应纳税额的计算、税收优惠政策的应用、税收风险处理和税收救济几个方面。其中，应纳税额的计算涉及进项税额抵扣、销售收入的确定，是增值税纳税操作的重点和难点。

第二节　增值税纳税风险管理

增值税纳税风险管理是针对增值税的特点，树立正确的纳税理念，健全纳税管理机制，对增值税的各个风险点采取风险管理措施，以避免出现增值税纳税风险。

需要特别强调的是，由于增值税涉及增值税专用发票，而我国对增值税专用发票的使用有严格的管理方法，并对增值税专用发票违法行为采取高压、

严打态势，因此，纳税人必须树立“只做自己能承受风险的事”的基本理念，避免触碰违法开具、使用增值税专用发票这个红线。

增值税纳税风险点主要包括以下几点。

1. 增值税纳税人身份的认定

如果纳税人销售额、营业额已经达到一般纳税人的标准，但是不申请一般纳税人认定，仍然按小规模纳税人纳税，则风险极大。

▶案例一　某化工厂不申请一般纳税人认定被处罚

江苏南京市某化工厂开办三年来，销售情况良好，每年收入都超过300万元，财务处理比较规范，财务状况较好，但该厂一直未申请办理一般纳税人认定手续。三年来，该企业一直按小规模纳税人3%的征收率申报缴纳增值税。

南京市国税局稽查局在对其进行日常税务稽查时，发现该企业2011年隐瞒销售收入100万元，针对这种情况，税务机关不仅要求该企业就以前年度未申报纳税的收入补缴税款，并处以罚款、加收滞纳金；还对以前按3%的征收率纳税的销售收入调整成按17%的税率补缴税款。此外，税务机关要求企业立即提出增值税一般纳税人申请认定，否则，今后该企业的销售收入应按销售额依照增值税税率计算应纳税额，不得抵扣进项税额，也不得使用增值税专用发票。

2. 征税范围的确定

如果纳税人的经营行为已构成增值税纳税义务，但不申报纳税或者申报缴纳了其他税种，不仅构成偷逃税，还会形成重复纳税的局面：一方面被税务机关要求补税，并被处以罚款、加收滞纳金的处罚；另一方面已经按其他税种缴纳的税款很可能无法退回。

▶案例二　两套账背后的真相

2009年，杭州市国税局稽查局收到群众来信，举报杭州市某纺织装饰品有限公司的销售资金直接进入老板的私人账户。公司设有两个会计，一个负责做真账，另一个做假账，用个人银行卡收取货款，不申报纳税。

税务机关组成调查组对企业进行税务稽查，查实该公司2008年至2009年的实际总销售收入为5 266万元，隐匿销售收入2 199万元，占总收入的41.77%。根据《增值税暂行条例》和《税收征收管理法》的相关规定，该公司应补缴增值税319.59万元，并处所逃税款50%的罚款，计159.79万元。最终，该企业共计补缴税款、滞纳金和罚款金额479.38万元。

在现实中，不少企业通过设置真假两套账的方法逃税，一套账是专门用来应付税务机关的，仅从账面上看，往往找不出毛病；另一套账是给企业管理者看的，是企业真实的业务往来，反映企业真实的经营情况。

3. 多抵扣进项税额是企业容易犯的错误

增值税与其他税种的一个最大区别，是增值税一般纳税人在纳税时，可以抵扣外购货物、固定资产所含的进项税金。由于税法对增值税进项税金抵扣的范围、程序和凭证有严格的规定，一旦出错纳税人将面临处罚。

▶案例三　不当筹划逃税款 上市公司被查处

湖北省荆州市某化工股份有限公司采取隐瞒应税收入、延迟对非标设备作进项税转出、将应计入固定资产的下属非独立核算分厂领用材料申报进项税额抵扣等手段逃避纳税。但该公司的行为还是被荆州市国税局稽查局发现并查处，查补入库税款157.11万元，罚款30.8万元。

进项税额的抵扣有着严格的范围限定。《增值税暂行条例》规定，纳税人购进货物或者应税劳务，取得的增值税扣税凭证不符合法律、行政法规或者国务院税务主管部门有关规定的，其进项税额不得从销项税额中抵扣。下列项目的进项税额不得从销项税额中抵扣：

1)用于非增值税应税项目、免征增值税项目、集体福利或者个人消费的购进货物或者应税劳务；

2)非正常损失的购进货物及相关的应税劳务；

3)非正常损失的在产品、产成品所耗用的购进货物或者应税劳务；

4)国务院财政、税务主管部门规定的纳税人自用消费品；

5）本条第1）项至第4）项规定的货物的运输费用和销售免税货物的运输费用。

除了上述规定外，中华人民共和国财政部、国家税务总局发布的专项文件中，有些对增值税进项税额能否抵扣还有专门的规定，纳税人需要特别关注、特别小心，才能避免差错。

4. 少报销售收入，少计销项税额

在增值税应纳税额的计算中，计算销项税额是很关键的一步。有些纳税人往往因为隐瞒销售收入逃税而受罚。

▶案例四　隐匿销售受处罚

最近，江苏省如东县国税局稽查部门对当地某纺织品生产公司作出追缴增值税44.19万元，加收滞纳金并处50%的罚款，并移送公安部门作进一步处理的处罚决定。

经过稽查人员调查查实，该公司自2009年1月至2011年3月间，实际销售坯布410.9万米，每米平均销售（不含税）单价5.5元，应申报销售金额2 259.95万元，已申报销售金额2 000万元，少申报销售金额259.95万元。根据《增值税暂行条例》和《税收征收管理法》的相关规定，该公司账上未列、少列销售收入259.95万元，少缴增值税税款44.19万元，属逃避缴纳税款行为。

在税务机关不断加大征管力度的背景下，隐瞒不开票的销售收入，或者采取更隐秘的方法逃税，已经不仅仅是风险，而是违法行为，一旦被查处将给企业带来巨大损失。纳税人应按税法的要求及时确认收入，依法纳税。

第三节　增值税征税范围及纳税人认定

《增值税暂行条例》及《增值税暂行条例实施细则》规定：在我国境内销售货物或者提供加工、修理修配劳务，以及进口货物的单位和个人，为增值税的纳税人。

上述规定有几个核心点：

销售货物，是指有偿转让有形动产的所有权，包括电力、热力、气体在内。加工、修理修配，其中加工是指纳税人受托加工货物，即委托方提供原料及主要材料，受托方按照委托方的要求，制造货物并收取加工费的业务；修理修配是指纳税人受托对损伤和丧失功能的货物进行修复，使其恢复原状和功能的业务。销售货物，提供加工、修理修配劳务纳税的前提是有偿，即从购买方取得货币、货物或者其他经济利益。但是需要注意，单位或者个体工商户聘用的员工为本单位或者雇主提供加工、修理修配劳务，虽然雇主也需要支付工资，但不属于增值税的征税范围。

应税业务在我国境内，是指销售货物的起运地或者所在地在境内；提供的应税劳务发生在境内。因此，对于外国企业、个人在境内提供劳务或服务，也负有缴纳增值税的义务。如果，其在中国境内没有常设机构或代理人，应由劳务或服务接受方代扣代缴增值税。

国务院决定，从2012年1月1日起，在上海实施“营改增”试点，原来缴纳营业税的交通运输业和部分现代服务业改征增值税，从而，增值税的征税范围扩展到部分服务业。从2012年9月1日起，“营改增”试点扩大到北京、安徽、福建、江苏、广东、浙江、天津等地。预计“营改增”很快会在全国推广开。同时，国务院已经明确将把“营改增”的行业扩大，建筑业、通信业、铁路运输业也将纳入“营改增”范围。因此，尽快熟悉增值税的政策和操作流程，是试点纳税人面临的紧急任务。

所销售的产品、提供的服务是否缴纳增值税是增值税操作中首先要面临的问题，只有对这个问题定性准确，增值税操作才有了成功的基础。由于实施“营改增”后，现代服务业纳入增值税，而现代服务业的范围很广，长期以来一直是缴纳营业税的，因此一些服务业在应缴纳增值税还是营业税的认定上，存在一定的难度。

◎“营改增”对纳税人有什么影响

问题：我单位是四川的一家服务类企业，听说很可能纳入“营改增”试点，请问“营改增”对纳税人有什么影响？

解答：“营改增”是税收政策的巨大变化，每一次重大税改，都会对相关纳税人的税负产生影响。纳税人应审时度势，对投资、经营进行安排。

首先，应依据政策适当安排投资经营。税改的一个关键因素是时间，应注意税改时间。假如税改从次年 1 月 1 日起实施，其含义可以作如下理解：从次年 1 月 1 日起，纳入试点的交通运输业和部分现代服务业的相关企业不再缴纳营业税，而是开始缴纳增值税；同时，在次年 1 月 1 日后购入固定资产、货物等取得的进项税额可以抵扣。在这样的理解下，纳税人当然应尽可能将固定资产投资、货物采购的时间推延至次年，可以更多地抵扣进项税额。

交通运输业和部分现代服务业纳入增值税征收范围后，相关企业的税负会发生变化，企业要做的工作就是对相关业务的税负进行细致的测算、分析，然后依据测算结果，结合税收政策对企业的经营业务、模式进行适当调整。

比如，对于一些交通运输企业和服务企业，业务比较多，在税改后，很可能产生“一些业务需要缴纳营业税，一些业务需要缴纳增值税，甚至一项业务的不同环节需要缴纳不同税种”的复杂情况。在这种情况下，企业是将不同的业务分立出来，由独立的公司运作、独立纳税划算，还是继续裹在一块运作有利，就需要进行细致的税负测算，再决定是否将业务分立，进行业务重组。

在进行税负分析时，除了考虑税率、可抵扣进项税额多少外，还要考虑相关的税收优惠政策。比如，过去对一些营业税应税项目实行“差额征税”的办法，即在征税时可扣除对外支付的金额，只对余额征税，相比全额征税，税负要轻很多。国务院决定明确，试点行业原营业税优惠政策可以延续，并根据增值税特点调整。

其次，应尽快熟悉增值税政策和征管流程。

交通运输业和部分现代服务业纳税人一直是缴纳营业税的，对增值税很陌生，几乎不了解相关的政策和征管流程。为了适应税改、减少差错，这些纳税人需要通过学习、培训尽快熟悉、掌握增值税政策和征管流程。

交通运输业和部分现代服务业纳税人过去缴纳营业税，采购固定资产、办公用品等取得的都是增值税普通发票。在改征增值税后，纳税人缴纳的税种，适用的税收政策，需要遵循的办税流程都会发生巨大的变化，纳税人需要尽快适应这种转变。

改征增值税后，纳税人面临的一个重大问题就是纳税身份的认定。增值税纳税人分为一般纳税人和小规模纳税人两种，一般纳税人按照规范的抵扣方式缴纳增值税，适用的税率较高；小规模纳税人不允许抵扣进项税额，按

3%征收率纳税。现行税法对增值税纳税人身份认定的规定很严格，达到一般纳税人认定标准而不申请认定的，既要按一般纳税人适用的税率征税，还不允许抵扣进项税额。因此，改征增值税后，企业首先要妥善处理纳税身份的认定问题。

最后，增值税是一个完整的链条，其影响不局限于试点纳税人，而是对于试点内外的整个试点行业的纳税人均产生影响。由于试点地区与非试点地区、试点纳税人与非试点纳税人业务相互联系的情况千变万化，所适用的增值税处理方法存在一定的复杂性，纳税人有必要借此机会思考本企业目前的供应链设计是否合理。

◎哪些行业被列为“营改增”范围

问题：我企业是北京一家主要从事技术开发、技术服务的企业，请问属于由缴纳营业税改为缴纳增值税范围吗？哪些行业被列为“营改增”范围？

解答：根据《财政部、国家税务总局关于在全国开展交通运输业和部分现代服务业营业税改征增值税试点税收政策的通知》(财税[2013]37号，以下简称财税[2013]37号)的规定，试点范围包括交通运输业和部分现代服务业。财税[2013]37号附件1《交通运输业和部分现代服务业营业税改征增值税试点实施办法》的附件《应税服务范围注释》，具体例明了交通运输业和部分现代服务业的范围。

交通运输业，是指使用运输工具将货物或者旅客送达目的地，使其空间位置得到转移的业务活动。包括陆路运输服务、水路运输服务、航空运输服务和管道运输服务。

部分现代服务业，是指围绕制造业、文化产业、现代物流产业等提供技术性、知识性服务的业务活动。包括研发和技术服务、信息技术服务、文化创意服务、物流辅助服务、有形动产租赁服务、鉴证咨询服务和广播影视服务。具体范围如下。

(1)研发和技术服务

研发和技术服务，包括研发服务、技术转让服务、技术咨询服务、合同能源管理服务、工程勘察勘探服务。

1)研发服务，是指就新技术、新产品、新工艺或者新材料及其系统进行研究与试验开发的业务活动。

2)技术转让服务，是指转让专利或者非专利技术的所有权或者使用权的业务活动。

3)技术咨询服务，是指对特定技术项目提供可行性论证、技术预测、专题技术调查、分析评价报告和专业知识咨询等业务活动。

4)合同能源管理服务，是指节能服务公司与用能单位以契约形式约定节能目标，节能服务公司提供必要的服务，用能单位以节能效果支付节能服务公司投入及其合理报酬的业务活动。

5)工程勘察勘探服务，是指在采矿、工程施工以前，对地形、地质构造、地下资源蕴藏情况进行实地调查的业务活动。

(2)信息技术服务

信息技术服务，是指利用计算机、通信网络等技术对信息进行生产、收集、处理、加工、存储、运输、检索和利用，并提供信息服务的业务活动。包括软件服务、电路设计及测试服务、信息系统服务和业务流程管理服务。

1)软件服务，是指提供软件开发服务、软件咨询服务、软件维护服务、软件测试服务的业务行为。

2)电路设计及测试服务，是指提供集成电路和电子电路产品设计、测试及相关技术支持服务的业务行为。

3)信息系统服务，是指提供信息系统集成、网络管理、桌面管理与维护、信息系统应用、基础信息技术管理平台整合、信息技术基础设施管理、数据中心、托管中心、安全服务的业务行为。包括网站对非自有的网络游戏提供的网络运营服务。

4)业务流程管理服务，是指依托计算机信息技术提供的人力资源管理、财务经济管理、金融支付服务、内部数据分析、呼叫中心和电子商务平台等服务的业务活动。

(3)文化创意服务

文化创意服务，包括设计服务、商标著作权转让服务、知识产权服务、广告服务和会议展览服务。

1)设计服务，是指把计划、规划、设想通过视觉、文字等形式传递出来的业务活动。包括工业设计、造型设计、服装设计、环境设计、平面设计、包装设计、动漫设计、展示设计、网站设计、机械设计、工程设计、创意策划、文印晒图等。

2)商标著作权转让服务，是指转让商标、商誉和著作权的业务活动。

3)知识产权服务，是指处理知识产权事务的业务活动。包括对专利、商标、著作权、软件、集成电路布图设计的代理、登记、鉴定、评估、认证、咨询、检索服务。

4)广告服务，是指利用图书、报纸、杂志、广播、电视、电影、幻灯、路牌、招贴、橱窗、霓虹灯、灯箱、互联网等各种形式为客户的商品、经营服务项目、文体节目或者通告、声明等委托事项进行宣传和提供相关服务的业务活动。包括广告的策划、设计、制作、发布、播映、宣传、展示等。

5)会议展览服务，是指为商品流通、促销、展示、经贸洽谈、民间交流、企业沟通、国际往来等举办或者组织安排的各类展览和会议的业务活动。

(4)物流辅助服务

物流辅助服务，包括航空服务、港口码头服务、货运客运场站服务、打捞救助服务、货物运输代理服务、代理报关服务、仓储服务和装卸搬运服务。

1)航空服务，包括航空地面服务和通用航空服务。

航空地面服务，是指航空公司、飞机场、民航管理局、航站等向在我国境内航行或者在我国境内机场停留的境内外飞机或者其他飞行器提供的导航等劳务性地面服务的业务活动。包括旅客安全检查服务、停机坪管理服务、机场候机厅管理服务、飞机清洗消毒服务、空中飞行管理服务、飞机起降服务、飞行通讯服务、地面信号服务、飞机安全服务、飞机跑道管理服务、空中交通管理服务等。

通用航空服务，是指为专业工作提供飞行服务的业务活动，包括航空摄影，航空测量，航空勘探，航空护林，航空吊挂播洒、航空降雨等。

2)港口码头服务，是指港务船舶调度服务、船舶通讯服务、航道管理服务、航道疏浚服务、灯塔管理服务、航标管理服务、船舶引航服务、理货服务、系解缆服务、停泊和移泊服务、海上船舶溢油清除服务、水上交通管理服务、船只专业清洗消毒检测服务和防止船只漏油服务等为船只提供服务的业务活动。港口设施经营人收取的港口设施保安费按照“港口码头服务”征收增值税。

3)货运客运场站服务，是指货运客运场站(不包括铁路运输)提供的货物配载服务、运输组织服务、中转换乘服务、车辆调度服务、票务服务和车辆停放服务等业务活动。

4)打捞救助服务，是指提供船舶人员救助、船舶财产救助、水上救助和沉船沉物打捞服务的业务活动。

5)货物运输代理服务，是指接受货物收货人、发货人的委托，以委托人的名义或者以自己的名义，在不直接提供货物运输劳务情况下，为委托人办理货物运输及相关业务手续的业务活动。

6)代理报关服务，是指接受进出口货物的收、发货人委托，代为办理报关手续的业务活动。

7)仓储服务，是指利用仓库、货场或者其他场所代客贮放、保管货物的业务活动。

8)装卸搬运服务，是指使用装卸搬运工具或人力、畜力将货物在运输工具之间、装卸现场之间或者运输工具与装卸现场之间进行装卸和搬运的业务活动。

(5)有形动产租赁服务

有形动产租赁，包括有形动产融资租赁和有形动产经营性租赁。

1)有形动产融资租赁，是指具有融资性质和所有权转移特点的有形动产租赁业务活动。即出租人根据承租人所要求的规格、型号、性能等条件购入有形动产租赁给承租人，合同期内设备所有权属于出租人，承租人只拥有使用权，合同期满付清租金后，承租人有权按照残值购入有形动产，以拥有其所有权。不论出租人是否将有形动产残值销售给承租人，均属于融资租赁。

2)有形动产经营性租赁，是指在约定时间内将物品、设备等有形动产转让他人使用且租赁物所有权不变更的业务活动。

远洋运输的光租业务、航空运输的干租业务，属于有形动产经营性租赁。

光租业务，是指远洋运输企业将船舶在约定的时间内出租给他人使用，不配备操作人员，不承担运输过程中发生的各项费用，只收取固定租赁费的业务活动。

干租业务，是指航空运输企业将飞机在约定的时间内出租给他人使用，不配备机组人员，不承担运输过程中发生的各项费用，只收取固定租赁费的业务活动。

(6)鉴证咨询服务

鉴证咨询服务，包括认证服务、鉴证服务和咨询服务。

1)认证服务，是指具有专业资质的单位利用检测、检验、计量等技术，证明产品、服务、管理体系符合相关技术规范、相关技术规范的强制性要求或者标准的业务活动。

2)鉴证服务，是指具有专业资质的单位，为委托方的经济活动及有关资料进行鉴证，发表具有证明力的意见的业务活动。包括会计鉴证、税务鉴证、法律鉴证、工程造价鉴证、资产评估、环境评估、房地产土地评估、建筑图纸审核、医疗事故鉴定等。

3)咨询服务，是指提供和策划财务、税收、法律、内部管理、业务运作和流程管理等信息或者建议的业务活动。代理记账按照“咨询服务”征收增值税。

(7)广播影视服务

广播影视服务，包括广播影视节目(作品)的制作服务、发行服务和播映(含放映，下同)服务。

1)广播影视节目(作品)制作服务，是指进行专题(特别节目)、专栏、综艺、体育、动画片、广播剧、电视剧、电影等广播影视节目和作品制作的服务。具体包括与广播影视节目和作品相关的策划、采编、拍摄、录音、音视频文字图片素材制作、场景布置、后期的剪辑、翻译(编译)、字幕制作、片头、片尾、片花制作、特效制作、影片修复、编目和确权等业务活动。

2)广播影视节目(作品)发行服务，是指以分账、买断、委托、代理等方式，向影院、电台、电视台、网站等单位和个人发行广播影视节目(作品)以及转让体育赛事等活动的报道及播映权的业务活动。

3)广播影视节目(作品)播映服务，是指在影院、剧院、录像厅及其他场所播映广播影视节目(作品)，以及通过电台、电视台、卫星通信、互联网、有线电视等无线或有线装置播映广播影视节目(作品)的业务活动。

很明显，你企业从事技术开发、技术服务业务，属于“营改增”范围，需要由缴纳营业税改为缴纳增值税。

纳税人应依据《应税服务范围注释》的规定，确定其经营业务是否属于“营改增”的征税范围。如果纳税人经营业务属于《应税服务范围注释》规定的增值税征税范围，应进一步明确属于哪一应税项目，适用何种税率。纳税人对经营业务是否属于《应税服务范围注释》判断不清的，可咨询当地国税机关。

需要特别注意的是，列入“营改增”范围的一些现代服务业与现行一些增值税行为存在交叉、重复的地方。比如，信息技术服务中的软件服务业务，与现行开发、销售软件的行为极其相似。目前，纳税人销售自主开发的软件产品适用17%的税率，但实际税负超过3%的部分即征即退。这样一来，同一个服务可能适用两种税率，如何选择需要纳税人进行适当的筹划。

◎试点纳税人在试点之前签订的尚未执行完毕的租赁合同如何纳税

问题：我企业是北京一家从事机器、机械设备租赁的企业，租赁形式既有融资租赁，也有一般性租赁。我企业属于营业税改征增值税试点范围，按规定有形动产租赁业务要缴纳增值税。但是在试点之前，我企业已签订一批租赁合同，有的到2013年到期，有的到2015年才到期，请问这些租赁业务是否也要缴纳增值税？

解答：根据《交通运输业和部分现代服务业营业税改征增值税试点有关事项的规定》(财税[2013]37号附件2)的规定：试点纳税人在试点实施之日(含)前签订的尚未执行完毕的租赁合同，在合同到期日之前继续按照现行营业税政策规定缴纳营业税。因此，对这些在试点之前已经签订的尚未到期的租赁业务，应继续缴纳营业税。

◎无偿提供应税服务是否应缴纳税款

问题：我企业是一家交通运输企业，在向同属于企业老板的另一家企业运输货物时，老板不让收取费用。请问这种无偿提供的运输服务是否需要纳税？

解答：根据(财税[2013]37号)第十一条的规定，单位和个体工商户的下列情形，视同提供应税服务：

1)向其他单位或者个人无偿提供交通运输业和部分现代服务业服务，但以公益活动为目的或者以社会公众为对象的除外。

2)财政部和国家税务总局规定的其他情形。

另外，非营业活动中提供的交通运输业和部分现代服务业服务不属于提供应税服务。非营业活动，是指：

1)非企业性单位按照法律和行政法规的规定，为履行国家行政管理和公共服务职能收取政府性基金或者行政事业性收费的活动。

2)单位或者个体工商户聘用的员工为本单位或者雇主提供交通运输业和部分现代服务业服务。

3)单位或者个体工商户为员工提供交通运输业和部分现代服务业服务。

4)财政部和国家税务总局规定的其他情形。

因此，你企业的行为视同提供了应税服务，应缴纳增值税。

◎两个或两个以上的纳税人能否视为一个纳税人合并纳税

问题：企业集团下属的3个企业，都是增值税纳税人，分别处在北京不同的地区，请问这几个企业能否视为一个纳税人合并纳税？

解答：根据《交通运输业和部分现代服务业营业税改征增值税试点实施办法》(财税[2013]37号附件1，以下简称《试点实施办法》)第七条的规定，两个或者两个以上的纳税人，经财政部和国家税务总局批准可以视为一个纳税人合并纳税。具体办法由财政部和国家税务总局另行制定。因此，从规定上看，几个纳税人可以视为一个纳税人合并纳税。目前，财政部和国家税务总局还没有发布具体办法，如何操作不明。因为企业所得税已经实行法人所得税制，一般不能合并缴纳企业所得税。同理，在增值税上，由于实行增值税按照属地缴税的原则，税款涉及不同地区的税收利益，在合并纳税上会控制得很严，只会适用比较特殊的纳税人。

◎"营改增"后，如何划分一般纳税人和小规模纳税人

问题：营业税改征增值税试点地区的纳税人，如何划分一般纳税人和小规模纳税人？

解答：应税服务的年应征增值税销售额超过财政部和国家税务总局规定标准的纳税人为一般纳税人，未超过规定标准的纳税人为小规模纳税人。应税服务年销售额超过规定标准的其他个人不属于一般纳税人。非企业性单位、不经常提供应税服务的企业和个体工商户可选择按照小规模纳税人纳税。

目前在试点地区，一般纳税人年应征增值税销售额标准为超过500万元(含本数)，达到此标准的应当申请认定为一般纳税人；达不到此标准的为小规模纳税人。

年应税销售额，是指纳税人在连续不超过12个月的经营期内累计应征增值税销售额，包括纳税申报销售额、稽查查补销售额、纳税评估调整销售额、税务机关代开发票销售额和免税销售额。稽查查补销售额和纳税评估调整销售额应计入查补税款申报当月的销售额，不计入税款所属期销售额。

需要注意的是，下列纳税人不办理一般纳税人资格认定：

1）个体工商户以外的其他个人；

2）选择按照小规模纳税人纳税的非企业性单位；

3）选择按照小规模纳税人纳税的不经常发生应税行为的企业。

◎"营改增"后，应税服务年销售额是否包括减免税销售额

问题：我公司地处上海市，是从事技术开发、技术转让的服务型企业，既有应征增值税的服务收入，也有免税、减税的服务收入，在营业税改征增值税后，我公司面临一般纳税人资格认定的问题。一般纳税人认定要求年销售额超过500万元，如果把免税、减税的服务收入计算在内，我公司应税服务年销售额超过500万元。请问，纳税人应税服务年销售额是否包括免税、减税销售额？

解答：根据《国家税务总局关于上海市营业税改征增值税试点增值税一般纳税人资格认定有关事项的公告》（国家税务总局公告2011年第65号）规定，应税服务年销售额，是试点纳税人在连续不超过12个月的经营期内，提供交通运输业和部分现代服务业服务的累计销售额，含免税、减税销售额。

需要注意的是，试点纳税人提供应税服务，按照国家有关营业税政策规定差额征收营业税的，允许其以取得的全部价款和价外费用扣除支付给非试点纳税人（指试点地区不按照《试点实施办法》缴纳增值税的纳税人和非试点地区的纳税人）价款后的余额为销售额。

试点纳税人中的小规模纳税人提供交通运输业服务和国际货物运输代理服务，按照国家有关营业税政策规定差额征收营业税的，其支付给试点纳税人的价款，也允许从其取得的全部价款和价外费用中扣除。

试点纳税人从全部价款和价外费用中扣除价款，应当取得符合法律、行政法规和国家税务总局有关规定的凭证。否则，不得扣除。

上述有关凭证是指：

1）支付给境内单位或者个人的款项，且该单位或者个人发生的行为属于增值税或营业税征收范围的，以该单位或者个人开具的发票为合法有效凭证。

2）支付的行政事业性收费或者政府性基金，以开具的财政票据为合法有效凭证。

3）支付给境外单位或者个人的款项，以该单位或者个人的签收单据为合法有效凭证，税务机关对签收单据有疑义的，可以要求其提供境外公证机构的确认证明。

4）国家税务总局规定的其他凭证。

◎认定为一般纳税人的个体工商户是否适用增值税起征点

问题：我是一家从事设计服务的个体工商户，“营改增”后被认定为一般纳税人。听说个体工商户享受增值税起征点的优惠，月营业额不超过2万元的免增值税，是这样的吗？

解答：增值税起征点不适用于认定为一般纳税人的个体工商户。因此，只要你被认定为一般纳税人，即使工商登记注册是个体工商户，也不能适用增值税起征点的规定，应依法缴纳增值税。

◎纳税人认定为一般纳税人后，能否转为小规模纳税人

问题：纳税人认定为一般纳税人后，能否转为小规模纳税人？销售额未达到一般纳税人认定标准的能否申请认定为一般纳税人？

解答：《试点实施办法》规定，除国家税务总局另有规定外，一经认定为一般纳税人后，不得转为小规模纳税人。

◎单位以承包、承租、挂靠方式经营的，如何确定纳税人

问题：我准备承包一家属于事业单位所属的广告公司，请问承包后谁是纳税人？

解答：单位以承包、承租、挂靠方式经营的，承包人、承租人、挂靠人以发包人、出租人、被挂靠人名义对外经营并由发包人承担相关法律责任的，以该发包人为纳税人。否则，以承包人为纳税人。

因此，承包、承租、挂靠经营以谁为纳税人，关键看以谁的名义对外经营。如果你承包后，不改变工商登记，以发包人、出租人、被挂靠人名义对外经营并由发包人承担相关法律责任，你向对方支付承包费，则以发包人、出租人、被挂靠人为纳税人；如果你改变工商登记，以你自已的名义外经营并由发包人承担相关法律责任，则你为纳税人。

◎增值税小规模纳税人的认定标准

问题：在“营改增”的实行中，关于纳税人认定到底按什么标准进行?

解答：根据《增值税暂行条例实施细则》规定，条例第十一条所称小规模纳税人的标准为：

1)从事货物生产或者提供应税劳务的纳税人，以及以从事货物生产或者提供应税劳务为主，并兼营货物批发或者零售的纳税人，年应征增值税销售额(以下简称应税销售额)在50万元以下(含本数，下同)的；

2)除上述规定以外的纳税人，年应税销售额在80万元以下的。

因此，对于非试点地区，以及试点地区的非试点行业，小规模纳税人的标准为年应征增值税销售额小于50万元或小于80万元。对于试点地区试点行业，则现在的规定是年营业额小于500万元。

◎达到标准但不申请认定一般纳税人，会受到什么处罚

问题：我公司是一家商贸企业，以前由于财务核算不健全，一直按小规模纳税人身份缴纳增值税。今年年中，主管税务机关在实施税务检查后，认为我公司年销售收入早已超过80万元小规模纳税人标准，却没有申请认定为一般纳税人，要对我公司进行处罚。请问，超过小规模纳税人标准却不申请认定一般纳税人资格的纳税人会受到什么处罚?

解答：根据《增值税一般纳税人资格认定管理办法》(国家税务总局令第22号)第八条第三项规定，纳税人未在规定期限内申请一般纳税人资格认定的，主管税务机关应当在规定期限结束后20日内制作并送达税务事项通知书，告知纳税人。纳税人符合本办法第五条规定的，应当在收到《税务事项通知书》后10日内向主管税务机关报送《不认定增值税一般纳税人申请表》，经认定机关批准后不办理一般纳税人资格认定。

纳税人在《税务事项通知书》规定的时限内仍未向主管税务机关报送《一般纳税人资格认定表》或者《不认定增值税一般纳税人申请表》的，应按照《增值税暂行条例实施细则》第三十四条规定，按销售额依照增值税税率计算应纳税额，不得抵扣进项税额，也不得使用增值税专用发票。直至纳税人报送上述资料，并经主管税务机关审核批准后方可停止执行。

◎小规模纳税人具备哪些条件可申请认定为一般纳税人

问题：我公司目前是小规模纳税人，客户要求我公司开具增值税专用发票，请问我们能申请认定为一般纳税人吗？

解答：《增值税暂行条例》第十三条规定，小规模纳税人会计核算健全，能够提供准确税务资料的，可以向主管税务机关申请资格认定，不作为小规模纳税人，依照本条例有关规定计算应纳税额。

因此，虽然你公司目前销售收入、营业收入达不到一般纳税人标准，但如果能够做到会计核算健全，能够按照国家统一的会计制度规定设置账簿，根据合法、有效凭证核算，并提供准确税务资料，也可以申请认定为一般纳税人。

申请认定时，纳税人应当向主管税务机关填报申请表，并提供下列资料：

1)《税务登记证》副本；

2)财务负责人和办税人员的身份证明及其复印件；

3)会计人员的从业资格证明或者与中介机构签订的代理记账协议及其复印件；

4)经营场所产权证明或者租赁协议，或者其他可使用场地证明及其复印件；

5)国家税务总局规定的其他有关资料。

对于应税服务年销售额未超过财政部和国家税务总局规定标准的营业税改征增值税纳税人和新开业的营业税改征增值税纳税人需要办理一般纳税人认定的，按照上述方法办理。

◎增值税视同销售货物行为包括哪些

问题：我公司将自己生产的一批服装发给职工做福利，被税务机关认定为视同销售，应缴纳增值税，请问增值税视同销售货物行为包括哪些？

解答：《增值税暂行条例实施细则》第四条规定，单位或者个体工商户的下列行为，视同销售货物：

1)将货物交付其他单位或者个人代销；

2)销售代销货物；

3)设有两个以上机构并实行统一核算的纳税人，将货物从一个机构移送其他机构用于销售，但相关机构设在同一县(市)的除外；

4)将自产或者委托加工的货物用于非增值税应税项目；

5)将自产、委托加工的货物用于集体福利或者个人消费；

6)将自产、委托加工或者购进的货物作为投资，提供给其他单位或者个体工商户；

7)将自产、委托加工或者购进的货物分配给股东或者投资者；

8)将自产、委托加工或者购进的货物无偿赠送其他单位或者个人。

《国家税务总局关于企业所属机构间移送货物征收增值税问题的通知》(国税发[1998]137号)中说明，目前，对实行统一核算的企业所属机构间移送货物，接受移送货物机构(以下简称受货机构)的经营活动是否属于销售应在当地纳税，各地执行不一。经研究，现明确如下:《中华人民共和国增值税暂行条例实施细则》第四条视同销售货物行为的第(三)项所称的用于销售，是指受货机构发生以下情形之一的经营行为。

1)向购货方开具发票；

2)向购货方收取货款。

受货机构的货物移送行为有上述两项情形之一的，应当向所在地税务机关缴纳增值税；未发生上述两项情形的，则应由总机构统一缴纳增值税。

如果受货机构只就部分货物向购买方开具发票或收取货款，则应当区别不同情况计算并分别向总机构所在地或分支机构所在地缴纳税款。

发生视同销售行为，应按下列顺序确定销售额:

1)按纳税人最近时期同类货物的平均销售价格确定；

2)按其他纳税人最近时期同类货物的平均销售价格确定；

3)按组成计税价格确定。组成计税价格的公式为:

$$组成计税价格 = 成本 \times (1 + 成本利润率)$$

属于应征消费税的货物，其组成计税价格中应加计消费税额。

公式中成本的含义：销售自产货物的为实际生产成本，销售外购货物的为实际采购成本。公式中的成本利润率由国家税务总局确定。

◎保险中介是否属“营改增”范围

问题：我公司为保险公司提供中介服务，请问属于“营改增”范围吗？

解答:《试点实施办法》第八条规定，应税服务指陆路运输服务、水路运输服务、航空运输服务、管道运输服务、研发和技术服务、信息技术服务、文化创意服务、物流辅助服务、有形动产租赁服务、鉴证咨询服务和广播影视服务。根据上述规定，营业税改征增值税试点范围不包括保险中介。

◎电信工程设计是否属于"营改增"范围

问题：我公司为某电信公司提供电信工程设计，请问是否属于"营改增"范围？

解答：各类型的设计，如建筑设计、工程设计、装潢设计等，全部纳入"营改增"范围。因此，电信工程设计属于营业税改征增值税的范围，但是设计施工单位提供设计并负责施工，不单独收取设计费的，不纳入"营改增"范围。

◎企业能否既是增值税一般纳税人又是小规模纳税人

问题：我公司既从事交通运输服务，又从事加工修理修配，交通运输服务的营业额超过500万元，但是加工修理修配的销售额没有超过小规模纳税人标准，请问我公司是否既是增值税一般纳税人又是小规模纳税人？

解答：试点纳税人兼有销售应税货物或提供应税劳务，其应税服务或应税货物(劳务)的年销售额任一项超过财政部、国家税务总局规定的小规模纳税人标准的，除特殊规定情形外，均应向主管国税机关申请办理一般纳税人资格认定手续。你公司交通运输服务的年销售额超过500万元，即应当向主管国税机关申请办理一般纳税人资格认定手续，不能存在既是增值税一般纳税人又是小规模纳税人的情形。

◎外国企业在中国境内的代表处是否涉及"营改增"

问题：我单位是美国一家企业设在北京的代表处，请问涉及"营改增"吗？

解答：《交通运输业和部分现代服务业营业税改征增值税试点实施办法》(财税[2013]37号附件1)规定，在中华人民共和国境内提供交通运输业和部分现代服务业服务(以下称应税服务)的单位和个人，为增值税纳税人。纳税人提供应税服务，应当按照本办法缴纳增值税，不再缴纳营业税。单位，是指企业、行政单位、事业单位、军事单位、社会团体及其他单位；个人，是指个体工商户和其他个人。因此，符合上述规定的，属于试点地区、试点行业的纳税人都要进行"营改增"确认登记。

◎环境工程建设、环境评价、水资源开发认证咨询是否属于"营改增"范围

问题：环境工程建设、环境评价、水资源开发认证咨询是否属于"营改增"范围？

解答：技术咨询服务，是指对特定技术项目提供可行性论证、技术预测、专题技术调查、分析评价报告和专业知识咨询等业务活动。

因此，环境工程建设不属于"营改增"范围；环境评价和水资源开发认证咨询若属于上述文件规定的对特定技术项目提供可行性论证、技术预测、专题技术调查、分析评价报告和专业知识咨询等业务活动，则属于"营改增"范围。

◎拍卖行收取的手续费收入是否属于"营改增"范围

问题：拍卖行收取的手续费收入属于营改增范围吗？

解答：拍卖行收取的手续费收入是拍卖行代委托人办理受托事项的业务，属于其他代理服务，不属于"营改增"范围。

◎食品安全检测仪器的研发是否属于"营改增"范围

问题：生物技术食品安全检测技术的开发、食品安全检测仪器的研发是否属于"营改增"范围？

解答：部分现代服务业，是指围绕制造业、文化产业、现代物流产业等提供技术性、知识性服务的业务活动。其中，研发和技术服务，包括研发服务、技术转让服务、技术咨询服务、合同能源管理服务、工程勘察勘探服务。

生物技术食品安全检测技术的开发、食品安全检测仪器的研发属于研发和技术服务，属于"营改增"的范围。

第四节　应纳税额的计算及申报

要准确计算增值税的应纳税额，对于一般纳税人而言，首先需要纳税人准确计算销售额，依据税率计算出销项税额；其次准确计算可以抵扣的进项税额，用当期销项税额减除当期可以抵扣的进项税额，即得出当期应缴纳的

增值税税额。对于小规模纳税人而言，由于不能抵扣进项税额，只需在确定应税销售额后，乘以征税率即可得出当期应缴纳的增值税税额。公式为：

应税销售额 = 销售额 ÷ (1 + 3%)

需要注意的是，由于税务机关对小规模纳税人多采取核定征收的方式，实际操作中往往给纳税人确定一个月应缴纳的税款，只要纳税人的实际销售额不大幅超过税务机关确定的销售额，按税务机关事先核定的税额纳税即可。

由于销售方式不同，销售收入确认时间也会不同，纳税人应在当期确认销售收入而不确认的，会受到税务机关的处罚。同时，进项税额的抵扣也有非常严格的认定程序和抵扣时限规定，纳税人也需要特别关注。

◎应税服务的税率和征收率

问题：现在增值税的税率、征收率变化很大，都是多少？

解答：

1)提供有形动产租赁服务，税率为17%，征收率为3%。

2)提供交通运输业服务，税率为11%，征收率为3%。

包括：陆路运输服务、水路运输服务、航空运输服务、管道运输服务。

3)提供现代服务业服务(有形动产租赁服务除外)，税率为6%，征收率为3%。

包括：研发和技术服务、信息技术服务、文化创意服务、物流辅助服务、鉴证咨询服务。

◎增值税的计税方法

问题：请问增值税的计税方式有哪些？

解答：增值税的计税方法，包括一般计税方法和简易计税方法。

一般计税方法是按照增值税的原理设计的计税方法，也就是用销项税额减去进项税额得出应纳税额的计税方法，是规范、成熟的计税方法。一般纳税人销售货物、提供应税服务原则上适用一般计税方法计税。应纳税额计算公式为：

应纳税额 = 当期销项税额 - 当期进项税额

销项税额，是指纳税人提供应税服务按照销售额和增值税税率计算的增值税税额，这里的销售额为不含税销售额，如果是含税销售额，需要换算成不含税销售额，换算公式为如下。

不含税销售额 = 含税销售额 ÷ (1 + 增值税税率)

销项税额计算公式为：

销项税额 = 销售额 × 税率

进项税额，是指纳税人购进货物或者接受加工修理修配劳务和应税服务，支付或者负担的增值税税额。

除了一般计税方法外，增值税的计税方法还有简易计税方法，这种方法不需要准确计算纳税人的销项税额、进项税额，只是按照不含税销售额乘以征收率就可以得出应纳税额，简单方便。一般来说，简易计税方法税负较轻，纳税成本低、风险小，但有一个致命弱点，即自己不能开具增值税专用发票，虽然可以到税务机关代开，但也只能按征收率开具。如此一来，大中型企业、管理规范的企业不太愿意和小规模纳税人发生业务。简易计税方法的征收率大多为 3% 。计算公式为：

应纳税额 = 销售额 × 征收率

一般纳税人提供财政部和国家税务总局规定的特定应税服务，比如提供公共交通运输服务、销售生物制品等，可以选择适用简易计税方法计税，但一经选择，36 个月内不得变更。

小规模纳税人销售货物、提供应税服务适用简易计税方法计税，征收率为 3% 。

◎总机构试点纳税人如何计算缴纳增值税

问题：总机构试点纳税人如何计算缴纳增值税？

解答：总机构应当汇总计算总机构及其分支机构的应缴增值税，抵减分支机构已缴纳的增值税和营业税税款后，解缴入库。抵减不完的，可以结转下期继续抵减。总机构的汇总应征增值税销售额由以下两部分组成：

1) 总机构及其分支机构的应征增值税销售额；

2) 非试点地区分支机构发生《试点实施办法》中《应税服务范围注释》所列业务的销售额。计算公式如下：

销售额 = 应税服务的营业额 ÷ (1 + 增值税适用税率)

应税服务的营业额，是指非试点地区分支机构发生《应税服务范围注释》所列业务的营业额。增值税适用税率，是指《试点实施办法》规定的增值税适用税率。

◎混业经营是否需要分别核算

问题："营改增"后，我企业既有交通运输业务，又销售适用17%税率的商品，同时还从事技术开发、技术咨询等业务，请问需要分别核算不同业务的销售额吗？如果不分别核算，会有什么风险？

解答：试点纳税人兼有不同税率或者征收率的销售货物、提供加工修理修配劳务或者应税服务的，应当分别核算适用不同税率或征收率的销售额，未分别核算销售额的，按照以下方法适用税率或征收率：

1）兼有不同税率的销售货物、提供加工修理修配劳务或者应税服务的，从高适用税率。

2）兼有不同征收率的销售货物、提供加工修理修配劳务或者应税服务的，从高适用征收率。

3）兼有不同税率和征收率的销售货物、提供加工修理修配劳务或者应税服务的，从高适用税率。

你企业的业务种类多，虽然都缴纳增值税，但分别适用11%、17%和5%的税率，属于典型的混业经营，需要分别核算销售额，否则很可能被税务机关认定需要统一按17%的税率缴纳增值税。

此外，如果纳税人兼营免税、减税项目的，应当分别核算免税、减税项目的销售额；未分别核算的，不得免税、减税。

◎试点纳税人接受试点纳税人中的小规模纳税人提供的交通运输业服务能否抵扣进项税额

问题：营业税改征增值税后，交通运输企业改为缴纳增值税，我单位委托属于小规模纳税人的交通运输企业运输货物，能否抵扣进项税额？

解答：《试点实施办法》规定，试点纳税人接受试点纳税人中的小规模纳税人提供的交通运输业服务，按照取得的税务机关代开的增值税专用发票上注明的税额抵扣进项税额。如果不能取得税务机关代开的增值税专用发票，就不能抵扣进项税额。

◎试点纳税人从试点地区取得的试点实施之日(含)以后开具的运输费用结算单据，能抵扣进项税额吗

问题：我企业是北京一家科技开发企业，2012 年 9 月 1 日后由缴纳营业税改为缴纳增值税。9 月 25 日，我公司委托北京一家运输企业运货，从该企业取得了运输费用结算单据。请问能按照这些运输费用结算单据抵扣进项税额吗？

解答：试点纳税人从试点地区取得的试点实施之日(含)以后开具的运输费用结算单据(铁路运输费用结算单据除外)，不得作为增值税扣税凭证。北京市从 2012 年 9 月 1 日开始试点，按规定，运输企业运输货物，一般纳税人需要开具《货物运输业增值税专用发票》，小规模纳税人需要开具《北京市通用机打发票》，纳税人需要取得上述发票，才能抵扣进项税额。

◎试点地区的原增值税一般纳税人兼营应税服务的，其试点实施之日期末留抵税额可以从应税服务的销项税额中抵扣吗

问题：我企业是北京一家既销售动漫产品又对外提供动漫设计服务的企业。“营改增”前，销售动漫产品缴纳增值税，提供动漫设计服务取得的收入缴纳营业税；“营改增”后，两项业务都缴纳增值税。以前由于生产动漫产品较多，在 2012 年 8 月 31 日前尚有 300 万元的进项税额没有抵扣。请问“营改增”后，上述增值税期末留抵税额能否从以后的动漫设计服务的销项税额中抵扣？

解答：试点地区的原增值税一般纳税人兼有应税服务的，截止到试点实施之日前的增值税期末留抵税额，不得从应税服务的销项税额中抵扣。动漫设计服务属于现代服务业范畴，适用 5% 的增值税税率。按照规定，所从事业务适用不同税率的，需要分开核算。因此，“营改增”后，你单位的两项业务需要分别核算，适用不同的税率。以前的增值税期末留抵税额仍然只能从销售动漫产品的销项税额中抵扣。

◎应税服务改征增值税后，试点地区原增值税纳税人接受试点纳税人提供的应税服务，能否抵扣进项税额

问题：“营改增”后，以前缴纳营业税的许多行业改为缴纳增值税，开具的发票也不一样，请问从哪些纳税人处取得的增值税专用发票可以抵扣进项税金？哪些不可以抵扣？

解答：《试点实施办法》第二十二条规定，下列进项税额准予从销项税额中抵扣：

1）从销售方或者提供方取得的增值税专用发票（含货物运输业增值税专用发票、税控机动车销售统一发票）上注明的增值税额。

2）从海关取得的海关进口增值税专用缴款书上注明的增值税额。

3）购进农产品，除取得增值税专用发票或者海关进口增值税专用缴款书外，按照农产品收购发票或者销售发票上注明的农产品买价和13%的扣除率计算的进项税额。

4）接受铁路运输服务，按照铁路运输费用结算单据上注明的运输费用金额和7%的扣除率计算的进项税额。进项税额计算公式：

进项税额＝运输费用金额×扣除率

5）接受境外单位或者个人提供的应税服务，从税务机关或者境内代理人取得的解缴税款的中华人民共和国税收缴款凭证上注明的增值税额。

◎应税服务改征增值税后，小规模纳税人提供应税服务，能否开具增值税专用发票

问题：我单位是北京一家从事咨询服务的企业，“营改增”后被认定为小规模纳税人，请问我们能开具增值税专用发票吗？

解答：小规模纳税人提供应税服务，接受方索取增值税专用发票的，可以向主管税务机关申请代开。因此，你们不能直接开具增值税专用发票，只能开具普通发票。如果服务购买方需要增值税专用发票，你们可以向主管税务机关申请代开。在向主管税务机关申请代开增值税专用发票时，需要持有关的服务合同等材料，并缴纳相关的增值税及附加，主管税务机关才会开具。

◎纳税人提供应税服务，价格明显偏低或者偏高的如何确定销售额

问题：我企业是一家集团企业，其中下属一家企业为集团其他企业提供技术开发服务，收取服务费。主管税务机关在进行税收检查时，认为服务价格偏低，需要调整价格，重新确定销售额。请问我企业该如何调整？

解答：纳税人提供应税服务的价格明显偏低或者偏高且不具有合理商业目的的，或者视同提供应税服务而无销售额的，主管税务机关有权按照下列

顺序确定销售额：

1)按照纳税人最近时期提供同类应税服务的平均价格确定。

2)按照其他纳税人最近时期提供同类应税服务的平均价格确定。

3)按照组成计税价格确定。组成计税价格的公式为：

组成计税价格=成本×(1+成本利润率)

其中，成本利润率由国家税务总局确定。

◎纳税人提供应税服务给予折扣的，应当如何开具发票

问题：我企业为了扩大营业额，在服务价格上给予客户优惠，也就是打折销售，请问可以按打折后的价格确定销售额吗？

解答：纳税人提供应税服务，将价款和折扣额在同一张发票上分别注明的，以折扣后的价款为销售额；未在同一张发票上分别注明的，以价款为销售额，不得扣减折扣额。这一规定是增值税方面对折扣销售的一般原则，纳税人采取折扣方式销售货物的，同样适用上述规定。

◎开具增值税专用发票后，提供应税服务中止的应如何处理

问题：我企业为一家事业单位提供设计服务，已经收取费用并开具发票，但因为对方发生重组，不再需要服务，要求退还部分服务费，请问如何处理？

解答：纳税人提供应税服务，开具增值税专用发票后，提供应税服务中止、折让、开票有误等情形，应当按照国家税务总局的规定开具红字增值税专用发票。未按照规定开具红字增值税专用发票的，不得扣减销项税额或者销售额。因此，服务中止后，首先应开具红字增值税专用发票，再按规定重新开具发票，才能扣除原发票的销项税额。

◎采取以旧换新方式销售货物，如何进行税务处理

问题：我公司是一家家电卖场，电冰箱、洗衣机、彩电、计算机等很多商品采取以旧换新方式销售，客户购买商品时，送来旧家电可以折算成一定金额抵顶新购商品的价格。请问，商业企业增值税一般纳税人采取以旧换新方式销售货物，所销售的货物是按差价开具发票，还是按货物的全额开具发票？收取的旧货如果取得了增值税专用发票，可否抵扣进项税额？

解答：纳税人采取以旧换新方式销售货物，应按新货物的同期销售价格

确定销售额、开具发票并计税。收取旧货物时，取得增值税专用发票注明的进项税额可以抵扣。

◎增值税发票未按期申报抵扣还能否抵扣，如何办理抵扣

问题：我公司是一家工业企业，2011 年年初购进一批原材料，取得了增值税专用发票，在 2011 年 5 月底通过了税务机关的认证。按规定，已通过认证的增值税专用发票应在 3 个月内申报抵扣税款，即应在 9 月前申报抵扣。但因为企业办税人员与公司发生纠纷，擅自离职，未能办理交接手续，导致未能按期申报抵扣。请问，我公司逾期未抵扣的税款还能否抵扣？如果能抵扣，应如何办理？

解答：根据《国家税务总局关于未按期申报抵扣增值税扣税凭证有关问题的公告》(国家税务总局公告 2011 年第 78 号)的规定，增值税一般纳税人取得的增值税扣税凭证已认证或已采集上报信息但未按照规定期限申报抵扣；实行纳税辅导期管理的增值税一般纳税人以及实行海关进口增值税专用缴款书“先比对后抵扣”管理办法的增值税一般纳税人，取得的增值税扣税凭证稽核比对结果相符但未按规定期限申报抵扣，属于发生真实交易且符合本公告第二条规定的客观原因的，经主管税务机关审核，允许纳税人继续申报抵扣其进项税额。

第二条规定中，客观原因包括如下类型：

1)因自然灾害、社会突发事件等不可抗力原因造成增值税扣税凭证未按期申报抵扣；

2)有关司法、行政机关在办理业务或者检查中，扣押、封存纳税人账簿资料，导致纳税人未能按期办理申报手续；

3)税务机关信息系统、网络故障，导致纳税人未能及时取得认证结果通知书或稽核结果通知书，未能及时办理申报抵扣；

4)由于企业办税人员伤亡、突发危重疾病或者擅自离职，未能办理交接手续，导致未能按期申报抵扣；

5)国家税务总局规定的其他情形。

纳税人申请办理抵扣时，应报送如下资料：

1)《未按期申报抵扣增值税扣税凭证抵扣申请单》。

2)《已认证增值税扣税凭证清单》。

3）增值税扣税凭证未按期申报抵扣情况说明。纳税人应详细说明未能按期申报抵扣的原因，并加盖企业印章。对客观原因不涉及第三方的，纳税人应说明的情况具体为：发生自然灾害、社会突发事件等不可抗力原因的，纳税人应详细说明自然灾害或者社会突发事件发生的时间、影响地区、对纳税人生产经营的实际影响等；企业办税人员擅自离职，未办理交接手续的，纳税人应详细说明事情经过、办税人员姓名、离职时间等，并提供解除劳动关系合同及企业内部相关处理决定。对客观原因涉及第三方的，应提供第三方证明或说明。具体为：企业办税人员伤亡或者突发危重疾病的，应提供公安机关、交通管理部门或者医院证明；有关司法、行政机关在办理业务或者检查中，扣押、封存纳税人账簿资料，导致纳税人未能按期办理申报手续的，应提供相关司法、行政机关证明。对于因税务机关信息系统或者网络故障原因造成纳税人增值税扣税凭证未能按期申报抵扣的，主管税务机关应予以核实。

4）未按期申报抵扣增值税扣税凭证复印件。

◎增值税发票未按期认证能否抵扣，如何办理抵扣

问题：我公司是一家工业企业，2011 年年中购进一台设备，取得了增值税专用发票，按规定，该发票应在 2012 年 2 月前到税务机关进行认证。但由于公司财务室被盗，该增值税专用发票丢失，没能在 2012 年 2 月前到税务机关认证。请问，我公司购进设备取得的进项税额还能否抵扣？该如何办理？

解答：根据《国家税务总局关于逾期增值税扣税凭证抵扣问题的公告》（国家税务总局公告 2011 年第 50 号）的规定，纳税人在 2007 年 1 月 1 日以后开具的增值税扣税凭证未能按照规定期限办理认证或者稽核比对（以下简称逾期）的，对增值税一般纳税人发生真实交易但由于客观原因造成增值税扣税凭证逾期的，经主管税务机关审核、逐级上报，由国家税务总局认证、稽核比对后，对比对相符的增值税扣税凭证，允许纳税人继续抵扣其进项税额。客观原因包括如下类型：

1）因自然灾害、社会突发事件等不可抗力因素造成增值税扣税凭证逾期；

2）增值税扣税凭证被盗、抢，或者因邮寄丢失、误递导致逾期；

3）有关司法、行政机关在办理业务或者检查中，扣押增值税扣税凭证，纳税人不能正常履行申报义务，或者税务机关信息系统、网络故障，未能及

时处理纳税人网上认证数据等导致增值税扣税凭证逾期；

4）买卖双方因经济纠纷，未能及时传递增值税扣税凭证，或者纳税人变更纳税地点，注销旧户和重新办理税务登记的时间过长，导致增值税扣税凭证逾期；

5）由于企业办税人员伤亡、突发危重疾病或者擅自离职，未能办理交接手续，导致增值税扣税凭证逾期；

6）国家税务总局规定的其他情形。

你公司的情形符合国家税务总局公告2011年第50号的规定，购进设备取得的进项税额可以继续抵扣。

根据《国家税务总局关于逾期增值税扣税凭证抵扣问题的公告》（国家税务总局公告2011年第50号）附件《逾期增值税扣税凭证抵扣管理办法》第二条规定，纳税人申请办理逾期抵扣时，应报送如下资料：

1）《逾期增值税扣税凭证抵扣申请单》。

2）增值税扣税凭证逾期情况说明。纳税人应详细说明未能按期办理认证或者申请稽核比对的原因，并加盖企业公章。其中，对客观原因不涉及第三方的，纳税人应说明的情况具体为：发生自然灾害、社会突发事件等不可抗力原因的，纳税人应详细说明自然灾害或者社会突发事件发生的时间、影响地区、对纳税人生产经营的实际影响等；纳税人变更纳税地点，注销旧户和重新办理税务登记的时间过长，导致增值税扣税凭证逾期的，纳税人应详细说明办理搬迁时间、注销旧户和注册新户的时间、搬出及搬入地点等；企业办税人员擅自离职，未办理交接手续的，纳税人应详细说明事情经过、办税人员姓名、离职时间等，并提供解除劳动关系合同及企业内部相关处理决定。

3）客观原因涉及第三方的，应提供第三方证明或说明。具体为：企业办税人员伤亡或者突发危重疾病的，应提供公安机关、交通管理部门或者医院证明；有关司法、行政机关在办理业务或者检查中，扣押增值税扣税凭证，导致纳税人不能正常履行申报义务的，应提供相关司法、行政机关证明；增值税扣税凭证被盗、抢的，应提供公安机关证明；买卖双方因经济纠纷，未能及时传递增值税扣税凭证的，应提供卖方出具的情况说明；邮寄丢失或者误递导致增值税扣税凭证逾期的，应提供邮政单位出具的说明。

4）逾期增值税扣税凭证电子信息。

5）逾期增值税扣税凭证复印件（复印件必须整洁、清晰，在凭证备注栏注明“与原件一致”并加盖企业公章，增值税专用发票复印件必须裁剪成与原票大小一致）。

◎丢失专用发票抵扣联怎么抵扣进项税额

问题：我单位收到其他单位的增值税专用发票后，由于会计疏忽大意，不慎丢失，请问还能抵扣吗？

解答：一般纳税人丢失已开具专用发票的发票联和抵扣联，如果丢失前已认证相符的，购买方（或实际受票方）凭销售方（或承运人）提供的相应专用发票记账联复印件及销售方（或承运人）所在地主管税务机关出具的丢失专用发票已报税证明单，经购买方（或实际受票方）主管税务机关审核同意后，可作为增值税进项税额的抵扣凭证；如果丢失前未认证的，购买方（或实际受票方）凭销售方（或承运人）提供的相应专用发票记账联复印件到主管税务机关进行认证，认证相符的凭该专用发票记账联复印件及销售方（或承运人）所在地主管税务机关出具的丢失专用发票已报税证明单，经购买方（或实际受票方）主管税务机关审核同意后，可作为增值税进项税额的抵扣凭证。

一般纳税人丢失已开具专用发票的抵扣联，如果丢失前已认证相符的，可使用专用发票发票联复印件留存备查；如果丢失前未认证的，可使用专用发票发票联到主管税务机关认证，专用发票发票联复印件留存备查。

一般纳税人丢失已开具专用发票发票联，可将专用发票抵扣联作为记账凭证，专用发票抵扣联复印件留存备查。

◎什么是红字专用发票

问题：我单位上月销售一批货物后，因为货物质量原因，购买方将货退回，请问账务上如何处理？

解答：一般纳税人销售货物或提供应税劳务、应税服务，开具增值税专用发票或货物运输业增值税专用发票后，发生销售货物退回、应税服务中止或者折让、开票有误等情形，但不符合作废条件的，应按国家税务总局的规定开具红字增值税专用发票。未按规定开具红字增值税专用发票的，增值税额不得从销项税额中扣减。

《关于修订增值税专用发票使用规定的补充通知》（国税发[2007]18 号）规

定，增值税一般纳税人需要开具红字专用发票的，视不同情况分别按以下办法处理：

1)因专用发票抵扣联、发票联均无法认证的，由购买方(或实际受票方)填报开具红字专用发票申请单，并在申请单上填写具体原因以及相对应蓝字专用发票的信息，主管税务机关审核后出具开具红字专用发票通知单。购买方(或实际受票方)不作进项税额转出处理。

2)购买方(或实际受票方)所购货物不属于增值税扣税项目范围，取得的专用发票未经认证的，由购买方(或实际受票方)填报申请单，并在申请单上填写具体原因以及相对应蓝字专用发票的信息，主管税务机关审核后出具通知单。购买方(或实际受票方)不作进项税额转出处理。

3)因开票有误购买方(或实际受票方)拒收专用发票的，销售方(或承运人)须在专用发票认证期限内向主管税务机关填报申请单，并在申请单上填写具体原因以及相对应蓝字专用发票的信息，同时提供由购买方(或实际受票方)出具的写明拒收理由、错误具体项目以及正确内容的书面材料，主管税务机关审核确认后出具通知单。销售方(或承运人)凭通知单开具红字专用发票。

4)因开票有误等原因尚未将专用发票交付购买方(或实际受票方)的，销售方(或承运人)须在开具有误专用发票的次月内向主管税务机关填报申请单，并在申请单上填写具体原因以及相对应蓝字专用发票的信息，同时提供由销售方(或承运人)出具的写明具体理由、错误具体项目以及正确内容的书面材料，主管税务机关审核确认后出具通知单。销售方(或承运人)凭通知单开具红字专用发票。

5)发生销货退回或销售折让的，除按照本《通知》的规定进行处理外，销售方(或承运人)还应在开具红字专用发票后将该笔业务的相应记账凭证复印件报送主管税务机关备案。

目前，红字专用发票暂不报送税务机关认证。

◎代垫运输费用的判定条件

问题：符合什么条件时，代垫运输费用可以不计入销售额？

解答：《增值税暂行条例实施细则》第十二条规定，同时符合以下两个条件的代垫运输费用不作为价外费用征收增值税：即承运部门的运输费用发票开具给购买方的；纳税人将该项发票转交给购买方的。这一规定意味着销售方与购货方结算货款用的是增值税专用发票和运费发票，即简称的“两票”结算。只要购、销双方协商，委托运输公司将货物运达到购货方，同时先由销售方垫付运费，货物到达后，购货方再归还销售方垫付的运费，对销售方而言，就称之为代垫运输费用。只要发票是承运方开具的，销售方转交给购货方的，就不作为价外费用征收增值税。

◎购进农产品代开的普通发票可否抵税

问题：我公司系增值税一般纳税人，在采购棉花时，部分业务员反映从当地种植棉花的农民手中购买的，因无法开具收购发票，只好让当地农民去国税所代开普通发票。我公司能否依据票面金额计提13%税额抵扣增值税？

解答：根据《增值税暂行条例》第八条规定，纳税人购进货物或者接受应税劳务支付或者负担的增值税额，为进项税额。

购进农产品，除取得增值税专用发票或者海关进口增值税专用缴款书外，按照农产品收购发票或者销售发票上注明的农产品买价和13%的扣除率计算的进项税额准予从销项税额中抵扣。

下列项目的进项税额不得从销项税额中抵扣：

1）用于非增值税应税项目、免征增值税项目、集体福利或者个人消费的购进货物或者应税劳务；

2）非正常损失的购进货物及相关的应税劳务；

3）非正常损失的在产品、产成品所耗用的购进货物或者应税劳务；

4）国务院财政、税务主管部门规定的纳税人自用消费品；

5）本条第1）项至第4）项规定的货物的运输费用和销售免税货物的运输费用。

因此，根据以上文件规定，你公司取得代开的品名为“棉花”的普通发票，如果不属于上述范围，可以按购进价的13%抵扣进项税额。

◎银行促销赠送礼品要缴税吗

问题：商业银行为吸引顾客，开展一些促销活动，比如在活动中无偿向顾客赠送礼品，或是在顾客购买某理财产品时附送礼品等。银行是营业税纳税人，那么它们在促销中向顾客赠送礼品的行为，该如何纳税？是缴纳增值税还是一并缴纳营业税？

解答：银行促销赠送礼品是否缴纳增值税，要具体分析。如果银行未提供应税劳务而无偿赠送礼品，即银行在举办宣传活动时无偿向群众发放礼品的，根据《增值税暂行条例实施细则》第四条规定，将自产、委托加工或者购进的货物无偿赠送其他单位或者个人，应视同销售货物，缴纳增值税。《中华人民共和国营业税暂行条例实施细则》(以下简称《营业税暂行条例实施细则》)第六条规定，一项销售行为如果既涉及应税劳务又涉及货物，为混合销售行为。那么，从事货物的生产、批发或者零售的企业、企业性单位和个体工商户的混合销售行为，视为销售货物，不缴纳营业税；其他单位和个人的混合销售行为，视为提供应税劳务，缴纳营业税。因为银行只是在活动中无偿向群众赠送礼品，而与其销售金融产品或办理银行业务无关，所以这种情形不是混合销售行为，银行无偿赠送的礼品应按照其销售额的3%缴纳增值税。

如果银行无偿赠送礼品与其销售金融产品或办理业务有关，即顾客在购买银行理财产品或办理某项业务时，银行向顾客附送礼品，也就是银行提供应税劳务同时附送礼品的行为，不缴纳增值税。对于以缴纳营业税为主的纳税人，《国家税务总局关于中国联通有限公司及所属分公司和中国联合通信有限公司贵州分公司业务销售附带赠送行为有关流转税问题的通知》(国税函[2007]778号)和《国家税务总局关于中国网络通信集团公司及其分公司和中国网通(集团)有限公司及其分公司业务销售附带赠送行为征收流转税问题的通知》(国税函[2007]1322号)均规定，属于电信单位提供电信业劳务的同时赠送实物的行为，按照现行流转税政策规定，不征收增值税，其进项税额不得予以抵扣；其附带赠送实物的行为是电信单位无偿赠与他人实物的行为，不属于营业税征收范围，不征收营业税。因此，参照此规定，银行在销售其金融产品的同时附送礼品的行为，对赠送的礼品而言，既不缴纳增值税，也不缴纳营业税。

◎售房送装修及家具家电，如何纳税

问题：我们是一家房地产销售企业，为了增加销售，减少库存，我公司将房屋进行了精装修，并给每套房购买了价值约20万元的家具家电，准备将每套房以200万元价格出售，房价已包含了赠送的精装修和家具家电。请问，我公司销售精装修房屋附送家具家电，应缴什么税？

解答：房地产开发企业销售商品房应缴纳营业税。《营业税暂行条例实施细则》第六条规定，一项销售行为如果既涉及应税劳务又涉及货物，为混合销售行为。除本细则第七条的规定外，从事货物的生产、批发或者零售的企业、企业性单位和个体工商户的混合销售行为，视为销售货物，不缴纳营业税；其他单位和个人的混合销售行为，视为提供应税劳务，缴纳营业税。第七条规定，纳税人提供建筑业劳务的同时销售自产货物的行为，以及财政部、国家税务总局规定的其他情形，是混合销售行为，应当分别核算应税劳务的营业额和销售货物的销售额，其应税劳务的营业额缴纳营业税，货物的销售额不缴纳营业税，而应当缴纳增值税；未分别核算的，由主管税务机关核定其应税劳务的营业额。

房地产销售商销售房屋属于销售不动产，不属于提供劳务。其同时赠送精装修和家具家电是当前房地产企业的一种营销方式，不是混合销售行为，更不是提供建筑业劳务的同时销售自产货物的行为。房屋精装修属于房屋组成部分，应当缴纳营业税，赠送的家具家电也包含在了200万元的房款中。因此房地产开发企业销售精装修房的同时，还赠送了家具家电的，应以房屋销售价格全额按5%的税率缴纳营业税。其赠送家具家电如属于无偿赠送行为，则还应按照规定缴纳增值税。

◎税控设备维护费支出能否抵减增值税

问题：我公司属新办企业，被认定为增值税一般纳税人后，购买了税控专用设备，交了税控技术维护费，我们知道，购买税控专用设备可以在增值税应缴纳税额中抵减，那么交的技术服务费可否抵税？

解答：根据《财政部、国家税务总局关于增值税税控系统专用设备和技术维护费用抵减增值税税额有关政策的通知》(财税[2012]15号)规定，增值税纳税人2011年12月1日以后初次购买增值税税控系统专用设备(包括分开票机)支付的费用，可凭购买增值税税控系统专用设备取得的增值税专用发票，在增值税应纳税额中全额抵减(抵减额为价税合计额)，不足抵减的可结转下期继续抵减。增值税纳税人2011年12月1日以后交的技术维护费(不含补交的2011年11月30日以前的技术维护费)，可凭技术维护服务单位开具的技术维护费发票，在增值税应纳税额中全额抵减，不足抵减的可结转下期继续抵减。技术维护费按照价格主管部门核定的标准执行。增值税一般纳税人支付的两项费用在增值税应纳税额中全额抵减的，其增值税专用发票不作为增值税抵扣凭证，其进项税额不得从销项税额中抵扣。

◎试点纳税人销售使用过的固定资产如何纳税

问题：我单位有一批2010年购进的电脑，因为无法适应新需要，准备出售，需要纳税吗？

解答：一般纳税人销售自己使用过的在试点实施之后购进或自制的固定资产，按照适用税率征收增值税；销售自己使用过的在试点实施之前购进或者自制的固定资产，按照4%征收率减半征收增值税。使用过的固定资产，是指纳税人根据财务会计制度已经计提折旧的固定资产。

因为你单位销售的电脑是试点之前购进的，应按照4%征收率减半征收增值税，也就是按照2%的征收率纳税。如果这批电脑销售额为10 000元，则纳税(10 000 ÷ 1.02) × 2% = 196(元)。

◎销售二手车如何缴纳增值税

问题：单位和个人销售使用过的二手车用不用缴税，缴什么税？

解答：《二手车流通管理办法》规定，二手车是指从办理完注册登记手续到达到国家强制报废标准之前进行交易并转移所有权的汽车(包括三轮汽车、低速载货汽车，即原农用运输车，下同)、挂车和摩托车。二手车转让交易必须按照规定在二手车交易市场进行，同时应当由二手车交易市场经营者按规定向买方开具税务机关监制的统一发票，而不用机动车转让方开具发票。

《国家税务总局关于二手车经营业务有关增值税问题的公告》(国家税务总局公告2012年第23号)规定，经批准允许从事二手车经销业务的纳税人按照《机动车登记规定》的有关规定，收购二手车时将其办理过户登记到自己名下，销售时再将该二手车过户登记到买家名下的行为，属于《中华人民共和国增值税暂行条例》规定的销售货物的行为，应按照现行规定征收增值税。

除上述行为以外，纳税人受托代理销售二手车，凡同时具备以下条件的，不征收增值税；不同时具备以下条件的，视同销售征收增值税。

1)受托方不向委托方预付货款；

2)委托方将《二手车销售统一发票》直接开具给购买方；

3)受托方按购买方实际支付的价款和增值税额(如系代理进口销售货物则

为海关代征的增值税额）与委托方结算货款，并另外收取手续费。

单位和个人转让二手车，《财政部、国家税务总局关于全国实施增值税转型改革若干问题的通知》（财税［2008］170号）规定，自2009年1月1日起，纳税人销售自己使用过的固定资产，应区分不同情形征收增值税：

1）销售自己使用过的2009年1月1日以后购进或者自制的固定资产，按照适用税率征收增值税；

2）2008年12月31日以前未纳入扩大增值税抵扣范围试点的纳税人，销售自己使用过的2008年12月31日以前购进或者自制的固定资产，按照4%征收率减半征收增值税；

3）2008年12月31日以前已纳入扩大增值税抵扣范围试点的纳税人，销售自己使用过的在本地区扩大增值税抵扣范围试点以前购进或者自制的固定资产，按照4%征收率减半征收增值税；销售自己使用过的在本地区扩大增值税抵扣范围试点以后购进或者自制的固定资产，按照适用税率征收增值税。

机动车属于企业的固定资产，处置时也要按照固定资产处理规定执行。所以，一般纳税人企业2009年以前购进没有抵扣进项税额的机动车按照4%征收率减半征收增值税，2009年初购进已抵扣进项税额的按照机动车适用税率征收增值税。

另外，《增值税暂行条例实施细则》第二十五条规定，纳税人自用的应征消费税的摩托车、汽车、游艇，其进项税额不得从销项税额中抵扣。对于没有抵扣进项税额的汽车，《财政部、国家税务总局关于部分货物适用增值税低税率和简易办法征收增值税政策的通知》（财税［2009］9号）规定，一般纳税人销售自己使用过的属于条例规定不得抵扣且未抵扣进项税额的固定资产，按简易办法依4%征收率减半征收增值税。所以，销售2009年1月1日以后购进属于不得抵扣且未抵扣进项税额的机动车，按简易办法依4%征收率减半征收增值税。

关于一般纳税人之外的其他单位和个体工商户，《财政部、国家税务总局关于部分货物适用增值税低税率和简易办法征收增值税政策的通知》（财税［2009］9号）规定，小规模纳税人（除其他个人外）销售自己使用过的固定资产，减按2%征收率征收增值税。车辆属于小规模纳税人的固定资产，转让行为应减按2%征收率征收增值税，企业之外的其他单位也适用此项规定，应按下列公式确定销售额和应纳税额：

$$销售额=含税销售额(开票额)\div(1+3\%)$$

$$应纳税额=销售额\times 2\%$$

◎试点纳税人发生试点前后跨年度业务时，应如何处理

问题：试点纳税人发生试点前后跨年度业务时，应如何处理？

解答：试点纳税人在试点实施之日前签订的尚未执行完毕的租赁合同，在合同到期日之前继续按照现行营业税政策规定缴纳营业税。

试点纳税人提供应税服务(不含继续缴纳营业税的有形动产租赁服务)，按照国家有关营业税政策规定差额征收营业税的，因取得的全部价款和价外费用不足以抵减允许扣除项目金额，截至本地区试点实施之日前尚未扣除的部分，不得在计算试点纳税人本地区试点实施之日(含)后的销售额时予以抵减，应当向主管税务机关申请退还营业税。

试点纳税人提供应税服务在本地区试点实施之日前已缴纳营业税，本地区试点实施之日(含)后因发生退款减除营业额的，应当向主管税务机关申请退还已缴纳的营业税。

试点纳税人本地区试点实施之日前提供的应税服务，因税收检查等原因需要补缴税款的，应按照现行营业税政策规定补缴营业税。

◎购买货车外租能否抵扣进项税额

问题：日前，一家企业购买了5辆货运汽车，承包给企业的运输车队，有时运输车队也为企业提供服务，请问购买汽车的进项税额能抵扣吗？

解答：税务检查人员解释，该企业购买的货运汽车承包给了自己的运输车队，运输车队每年上交一定的承包费，虽然在对外跑运输的同时也为企业生产经营服务，但运输队为企业提供服务仍按对外运输服务进行结算，不符合进项税额抵扣条件。《增值税暂行条例》规定，用于非增值税应税项目、免征增值税项目、集体福利或者个人消费的购进货物或者应税劳务所产生的进项税额不得从销项税额中抵扣。《增值税暂行条例实施细则》规定的“非增值税应税项目”是指提供非增值税应税劳务、转让无形资产、销售不动产和不动产在建工程；“非增值税应税劳务”是指属于应缴营业税的建筑业、金融保险业、邮电通信业、文化体育业、娱乐业、服务业税目征收范围的劳务。

该企业将购买的货运汽车用于出租，所取得的承包费实际为租赁收入，是营业税的征收范围，故不能抵扣进项税款。

◎出口商品运费的进项税额能否抵扣

问题：我公司是一家外贸出口企业，在商品出口前期会发生一些境内的运费及其他经营费用。请问，这些费用的进项税额能否抵扣？

解答：出口货物的退(免)税政策分为出口退税、出口免税和出口零退税三种，其中生产企业的出口退税为"免、抵、退"方式。出口退税退还的是按退税率计算的商品采购环节的进项税额。《增值税暂行条例》第二条关于增值税税率中的第三款规定，纳税人出口货物，税率为零。出口货物在出口环节虽未征税，但不是免税，而是税率为零。出口免税是指商品在出口环节不予退税，但可以享受免税政策。出口零退税即出口货物的退税率为零，须视同内销计提销项税额(如果该商品内销为免税则出口也为免税)。《增值税暂行条例》第十条规定，用于免税项目的进项税额不得从销项税额中抵扣。因此，用于出口货物的境内运输费用、经营费用等抵扣要分析其出口的是可退税货物还是免税货物，即出口免税的货物其相关费用的进项税额不得抵扣。另外，由于国际货物运输代理企业属于服务行业，根据《国家税务总局关于增值税一般纳税人支付的货物运输代理费用不得抵扣进项税额的批复》(国税函[2005]54号)规定，凡取得国际货物运输代理业的发票，不得作为运输费用抵扣进项税额。但是，若取得"营改增"试点单位(上海地区)的增值税专用发票，且是国内环节的费用，则根据劳务对应的货物可以进项抵扣。

◎公司迁址是否影响留抵税额抵扣

问题：日前，浙江省衢州市龙游县的张会计向该县国税局管理科咨询。张会计所在公司注册地在浙江省温州市，为增值税一般纳税人企业，现有增值税留抵税额175万元。前不久，该公司在龙游征用了一块工业用地，现拟将公司整体迁移至龙游。张会计咨询公司迁移至龙游后，其增值税一般纳税人资格是否保留？是否须重新认定？原公司的增值税进项留抵税额能否继续抵扣？

解答：根据《国家税务总局关于一般纳税人迁移有关增值税问题的公告》(国家税务总局公告2011年第71号)第一条规定，增值税一般纳税人(以下简称纳税人)因住所、经营地点变动，按照相关规定，在工商行政管理部门作变更登记处理，但因涉及改变税务登记机关，需要办理注销税务登记并重新办理税务登记的，在迁达地重新办理税务登记后，其增值税一般纳税人资格予以保留，办理注销税务登记前尚未抵扣的进项税额允许继续抵扣。

由此可见，该公司因住所、经营地点变动，在工商行政管理部门作变更登记处理，并依法在迁达地办理税务登记后，其增值税一般纳税人资格可以保留，不必重新认定。同时，对公司的增值税进项留抵税额可以继续抵扣。

该《公告》还对如何继续抵扣进项留抵税额的问题给予了明确。《公告》第二条规定，迁出地主管税务机关应认真核实纳税人在办理注销税务登记前尚未抵扣的进项税额，填写《增值税一般纳税人迁移进项税额转移单》。《增值税一般纳税人迁移进项税额转移单》一式三份，迁出地主管税务机关留存一份，交纳税人一份，传递迁达地主管税务机关一份。《公告》第三条规定，迁达地主管税务机关应将迁出地主管税务机关传递来的《增值税一般纳税人迁移进项税额转移单》与纳税人报送资料进行认真核对，对其迁移前尚未抵扣的进项税额，在确认无误后，允许纳税人继续申报抵扣。

◎增值税纳税义务发生时间是怎么规定的

问题：我是一家企业会计，因为刚刚接收业务，请问增值税纳税义务发生时间是怎么规定的？

解答：交通运输业和部分现代服务业营业税改征增值税试点实施方案》(财税[2013]37 号附件 1)作了以下规定。

1)纳税人提供应税服务并收讫销售款项或者取得索取销售款项凭据的当天；先开具发票的，为开具发票的当天。

收讫销售款项，是指纳税人提供应税服务过程中或者完成后收到款项。

取得索取销售款项凭据的当天，是指书面合同确定的付款日期；未签订书面合同或者书面合同未确定付款日期的，为应税服务完成的当天。

2)纳税人提供有形动产租赁服务采取预收款方式的，其纳税义务发生时间为收到预收款的当天。

3)纳税人发生本办法第十一条视同提供应税服务的，其纳税义务发生时间为应税服务完成的当天。

此外，扣缴义务发生时间为纳税人增值税纳税义务发生的当天。扣缴义务人应当向其机构所在地或者居住地主管税务机关申报缴纳其扣缴的税款。

◎如何进行增值税纳税申报

问题："营改增"后，纳税申报变得很复杂，请问如何进行增值税纳税申报？

解答：增值税纳税申报是增值税纳税人通过填报增值税纳税申报表，履行增值税纳税义务的法定行为。营业税改征增值税的纳税人不论是否发生应税服务销售额，均应按照规定定期进行增值税纳税申报。增值税纳税申报期限为每月的15日前(遇节假日顺延)。

"营改增"后，一般纳税人实行一套增值税纳税申报表，因此原有的一般纳税人和营业税改征增值税的一般纳税人使用同一套申报表。

一般纳税人需填报以下五张申报表：申报表主表、附列资料一、附列资料二、附列资料三和《固定资产进项税额抵扣情况表》。清单是特定纳税人需要报送的申报资料，其他纳税人不需报送。具体的报送范围由主管税务机关确定。

申报表主表填报纳税人本期经营的整体情况和计算纳税人本期应交纳的增值税额；附列资料一填报纳税人本期的销售情况；附列资料二填报纳税人本期的进项税额情况；附列资料三填报按营业税差额征税政策，准予抵减增值税销售额的应税服务扣除项目情况；《固定资产进项税额抵扣情况表》填报纳税人本期抵扣的固定资产进项税额情况。

增值税的纳税期限分别为1日、3日、5日、10日、15日、1个月或者1个季度。纳税人的具体纳税期限，由主管税务机关根据纳税人应纳税额的大小分别核定。以1个季度为纳税期限的规定适用于小规模纳税人以及财政部和国家税务总局规定的其他纳税人。不能按照固定期限纳税的，可以按次纳税。

纳税人以1个月或者1个季度为1个纳税期的，自期满之日起15日内申报纳税；以1日、3日、5日、10日或者15日为1个纳税期的，自期满之日起5日内预缴税款，于次月1日起15日内申报纳税并结清上月应纳税款。

扣缴义务人解缴税款的期限，按照前两款规定执行。

纳税人在纳税期内没有应纳税款的，也应当按照规定办理纳税申报。纳税人享受减税、免税待遇的，在减税、免税期间应当按照规定办理纳税申报。

增值税小规模纳税人只从事“销售货物、提供加工修理修配劳务”业务，应填报《增值税纳税申报表(适用小规模纳税人)》“应税货物及劳务”申报项目，《增值税纳税申报表(适用小规模纳税人)》“应税服务”申报项目及《增值税纳税申报表(适用于小规模纳税人)附列资料》不需填报。

增值税小规模纳税人只从事“提供交通运输业和部分现代服务业服务”业务，应填报《增值税纳税申报表(适用小规模纳税人)》“应税服务”申报项目，《增值税纳税申报表(适用小规模纳税人)》“应税货物及劳务”申报项目不需填报。

纳税人“应税服务有扣除项目”的，应填报《增值税纳税申报表(适用于小规模纳税人)附列资料》。

增值税小规模纳税人既从事“销售货物、提供加工修理修配劳务”业务，又从事“提供交通运输业和部分现代服务业服务”业务的，应分别填报《增值税纳税申报表(适用小规模纳税人)》“应税货物及劳务”申报项目和“应税服务”申报项目。

纳税人“应税服务有扣除项目”的，应填报《增值税纳税申报表(适用于小规模纳税人)附列资料》。

《增值税纳税申报表(适用小规模纳税人)》“应税货物及劳务”申报项目与“应税服务”申报项目应分别填写，不得合并计算。

◎什么是增值税专用发票，如何开具

问题：增值税专用发票是增值税操作中最重要的票据，请问什么是增值税专用发票？哪些发票可以抵扣进项税额？

解答：增值税专用发票，是增值税一般纳税人销售货物或者提供应税劳务开具的发票，是购买方支付增值税额并可按照增值税有关规定据以抵扣增值税进项税额的凭证。

货物运输业增值税专用发票，是增值税一般纳税人提供货物运输服务(暂不包括铁路运输服务)开具的专用发票，是实际受票方支付增值税额并可按照增值税有关规定据以抵扣增值税进项税额的凭证。

增值税专用发票由基本联次或者基本联次附加其他联次构成，基本联次为三联：第一联记账联，销售方核算销售收入和增值税销项税额的记账凭证；第二联抵扣联，购买方报送主管税务机关认证和留存备查的凭证；第三联发票联，购买方核算采购成本和增值税进项税额的记账凭证；其他联次用途，由一般纳税人自行确定。

货物运输业增值税专用发票分为三联票和六联票，第一联：记账联，承运人记账凭证；第二联：抵扣联，受票方扣税凭证；第三联：发票联，受票方记账凭证；第四联至第六联由发票使用单位自行安排使用。

开具发票应当按照规定的时限、顺序、栏目，全部联次一次性如实开具，并加盖发票专用章。开具增值税专用发票要求更加严格：

1)项目齐全，与实际交易相符；

2)字迹清楚，不得压线、错格；

3)发票联和抵扣联加盖发票专用章；

4)按照增值税纳税义务的发生时间开具。

对不符合上列要求的专用发票，购买方有权拒收。

货物运输业增值税专用发票中"承运人及纳税人识别号"栏内容为提供货物运输服务、开具货运专用发票的一般纳税人信息；"实际受票方及纳税人识别号"栏内容为实际负担运输费用、抵扣进项税额的一般纳税人信息；"费用项目及金额"栏内容为应税货物运输服务明细项目不含增值税额的销售额；"合计金额"栏内容为应税货物运输服务项目不含增值税额的销售额合计；"税率"栏内容为增值税税率；"税额"栏为按照应税货物运输服务项目不含增值税额的销售额和增值税税率计算的增值税额，"价税合计(大写)(小写)"栏内容为不含增值税额的销售额和增值税额的合计；"机器编号"栏内容为货物运输业增值税专用发票税控系统税控盘编号。

一般纳税人提供应税货物运输服务使用货物运输业增值税专用发票，提供其他应税项目、免税项目或非增值税应税项目不得使用货物运输业增值税专用发票。

商业企业一般纳税人零售的烟、酒、食品、服装、鞋帽(不包括劳保专用部分)、化妆品等消费品不得开具增值税专用发票。

销售免税货物不得开具增值税专用发票，法律、法规及国家税务总局另有规定的除外。

一般纳税人有下列情形之一的，不得领购开具专用发票。

1)会计核算不健全，不能向税务机关准确提供增值税销项税额、进项税额、应纳税额数据及其他有关增值税税务资料的。

上列其他有关增值税税务资料的内容，由省、自治区、直辖市和计划单列市国家税务局确定。

2)有《税收征管法》规定的税收违法行为，拒不接受税务机关处理的。

3)有下列行为之一，经税务机关责令限期改正而仍未改正的：

①虚开专用发票；

②私自印制专用发票；

③向税务机关以外的单位和个人买取专用发票；

④借用他人专用发票；

⑤未按规定开具专用发票；

⑥未按规定保管专用发票和专用设备；

⑦未按规定申请办理税控系统变更发行；

⑧未按规定接受税务机关检查。

有上列情形的，如已领购专用发票，主管税务机关应暂扣其结存的专用发票和专用设备。

◎什么是虚开发票

问题：听说虚开发票是犯罪，真的吗？

解答：虚开发票行为是指：①为他人、为自己开具与实际经营业务情况不符的发票；②让他人为自己开具与实际经营业务情况不符的发票；③介绍他人开具与实际经营业务情况不符的发票。

虚开增值税专用发票是指：①没有货物购销或者没有提供或接受应税劳务而为他人、为自己、让他人为自己、介绍他人开具增值税专用发票；②有货物购销或者提供或接受了应税劳务但为他人、为自己、让他人为自己、介绍他人开具数量或者金额不实的增值税专用发票；③进行了实际经营活动，但让他人为自己代开增值税专用发票。

虚开税款数额1万元以上的，或者虚开增值税专用发票致使国家税款被骗取5 000元以上的，应当依法定罪处罚。

虚开税款数额10万元以上的，属于虚开的税款数额较大；具有下列情形之一的，属于有其他严重情节：①因虚开增值税专用发票致使国家税款被骗取5万元以上的；②具有其他严重情节的。

虚开税款数额50万元以上的，属于虚开的税款数额巨大；具有下列情形之一的，属于有其他特别严重情节：①因虚开增值税专用发票致使国家税款被骗取30万元以上的；②虚开的税款数额接近巨大并有其他严重情节的；③具有其他特别严重情节的。

利用虚开的增值税专用发票实际抵扣税款或者骗取出口退税100万元以上的，属于骗取国家税款数额特别巨大；造成国家税款损失50万元以上并且在侦查终结前仍无法追回的，属于给国家利益造成特别重大损失。利用虚开的增值税专用发票骗取国家税款数额特别巨大，给国家利益造成特别重大损失，为情节特别严重的基本内容。

虚开增值税专用发票犯罪分子与骗取税款犯罪分子均应当对虚开的税款数额和实际骗取的国家税款数额承担刑事责任。

◎外购零部件出口可否申请免抵退税

问题：某公司是增值税一般纳税人，今年该公司向国外某公司出口摩托车及零部件一批，其中摩托车为自产产品，零部件为外购产品，专门用于维修出口摩托车。请问出口的外购零部件能否申请免抵退税？

解答：《财政部、国家税务总局关于出口货物劳务增值税和消费税政策的通知》(财税[2012]39号附件4)中规定了在两种情况下，企业的外购货物可以视同自产货物申报免抵退税。

1)持续经营以来从未发生骗取出口退税、虚开增值税专用发票或农产品收购发票、接受虚开增值税专用发票(善意取得虚开增值税专用发票除外)行为且同时符合下列条件的生产企业出口的外购货物：①已取得增值税一般纳税人资格。②已持续经营2年及2年以上。③纳税信用等级A级。④上一年度销售额5亿元以上。⑤外购出口的货物与本企业自产货物同类型或具有相关性。

2)未发生上述违规行为但不能同时符合第一条规定条件的生产企业，出口的外购货物与本企业所生产的货物属于配套出口，且出口给进口本企业自产货物的境外单位或个人的外购货物，符合下列条件之一的：①用于维修本企业出口的自产货物的工具、零部件、配件。②不经过本企业加工或组装，出口后能直接与本企业自产货物组合成成套设备的货物。

如果公司符合文件中规定的二种情况之一，则其外购的零部件在出口时可以视同自产货物适用免抵退税政策。

◎小规模纳税人出口货物能否申报免税

问题：近日，某自营出口的小规模企业出口了一批货物，财务人员想知道小规模企业出口货物应如何办理免税申报?

解答：根据《国家税务总局关于印发〈增值税小规模纳税人出口货物免税管理办法(暂行)〉的通知》(国税发[2007]123号)第五条规定，小规模纳税人自营或委托出口货物后，须在次月向主管税务机关办理增值税纳税申报时，提供《小规模纳税人出口货物免税申报表》及电子申报数据。该文件第六条规定，小规模纳税人应按月将收齐有关出口凭证的出口货物，填写《小规模纳税人出口货物免税核销申报汇总表》、《小规模纳税人出口货物免税核销申报明细表》，并于货物报关出口之日次月起四个月内的各申报期内(申报期为每月1—15日)，持下列资料到主管税务机关按月办理出口货物免税核销申报，并同时报送出口货物免税核销电子申报数据。

申报时需向税务机关提供资料如下。

1)出口发票。

2)小规模纳税人自营出口货物应提供的其他资料：①出口货物报关单(出口退税专用)；②出口收汇核销单(出口退税专用)。

申报时出口货物尚未收汇的，可在货物报关出口之日起180日内提供出口收汇核销单(出口退税专用)。在试行申报出口货物退(免)税免予提供纸质出口收汇核销单的地区，对实行“出口收汇核销网上报审系统”的小规模纳税人，可以比照相关规定执行，申报出口货物免税时免于提供纸质出口收汇核销单，税务机关以出口收汇核销单电子数据审核出口货物免税；属于远期收汇的，应按照现行出口退税规定提供远期结汇证明。

3)主管税务机关要求提供的其他资料。

根据《国家税务总局关于出口企业提供出口收汇核销单期限有关问题的通知》(国税发[2008]47号)第三条规定，国税发[2007]123号文件第六条中规定的，增值税小规模纳税人在货物报关出口之日起180天内提供出口收汇核销单(出口退税专用)，调整为210天内。

◎纳税人在资产重组中涉及的货物转让，是否征收增值税

问题：我单位前不久进行了资产重组，重组后，原企业的一部分货物转移到新企业，请问需要缴纳增值税吗？

解答：《国家税务总局关于纳税人资产重组有关增值税问题的公告》(国家税务总局公告2011年第13号)规定，纳税人在资产重组过程中，通过合并、分立、出售、置换等方式，将全部或者部分实物资产以及与其相关联的债权、负债和劳动力一并转让给其他单位和个人，不属于增值税的征税范围，其中涉及的货物转让，不征收增值税。

◎商业企业向供货方收取的部分费用，如何征税

问题：我企业是一家商场，向供货方收取进场费、广告促销费等费用，请问这些费用如何纳税？

解答：《国家税务总局关于商业企业向货物供应方收取的部分费用征收流转税问题的通知》(国税发[2004]136号)规定如下。

1)商业企业向供货方收取的部分收入，按照以下原则征收增值税或营业税：

①对商业企业向供货方收取的与商品销售量、销售额无必然联系，且商业企业向供货方提供一定劳务的收入，例如进场费、广告促销费、上架费、展示费、管理费等，不属于平销返利，不冲减当期增值税进项税金，应按营业税的适用税目税率征收营业税。

②对商业企业向供货方收取的与商品销售量、销售额挂钩(如以一定比例、金额、数量计算)的各种返还收入，均应按照平销返利行为的有关规定冲减当期增值税进项税金，不征收营业税。

2)商业企业向供货方收取的各种收入，一律不得开具增值税专用发票。

3)应冲减进项税金的计算公式调整为：

$$\text{当期应冲减进项税金} = \text{当期取得的返还资金} \div (1 + \text{所购货物适用增值税税率}) \times \text{所购货物适用增值税税率}$$

4)本通知自2004年7月1日起执行。本通知发布前已征收入库税款不再进行调整。其他增值税一般纳税人向供货方收取的各种收入的纳税处理，比照本通知的规定执行。

你企业应根据上述规定办理。

◎代购货物，如何征税

问题：我企业替客户代购货物，收取手续费，请问需要缴纳增值税吗？

解答：代购货物行为，凡同时具备以下条件的，不征收增值税；不同时具备以下条件的，无论会计制度规定如何核算，均征收增值税。

1）受托方不垫付资金；

2）销货方将发票开具给委托方，并由受托方将该项发票转交给委托方；

3）受托方按销售方实际收取的销售额和增值税额（如系代理进口货物则为海关代征的增值税额）与委托方结算货款，并另外收取手续费。

根据上述规定，代购货物如果不符合三个条件，应按代购货物金额缴纳增值税；如果符合三个条件，则仅就手续费收入缴纳营业税。

◎旅店业和饮食业纳税人销售食品，如何征税

问题：我企业是一家饭店，在为客户提供现场餐饮服务的同时，也向消费者销售可以带走的食品，请问如何纳税？

解答：《国家税务总局关于旅店业和饮食业纳税人销售食品有关税收问题的公告》（国家税务总局公告2011年第62号）规定，旅店业和饮食业纳税人销售非现场消费的食品应当缴纳增值税，不缴纳营业税。

旅店业和饮食业纳税人发生上述应税行为，符合《增值税暂行条例实施细则》第二十九条规定的，可选择按照小规模纳税人缴纳增值税。

旅店、饭店提供餐饮服务，属于营业税纳税人缴纳营业税。但是，如果旅店、饭店外卖非现场消费的食品、饮料，则属于增值税的征税范围，需要缴纳增值税。对于这个问题，由于涉及国税局、地税局的收入，如果旅店、饭店不进行区分，一律缴纳营业税，当国税局来检查时，很容易发生重复纳税的现象，应引起纳税人注意。

◎对纳税人采取技术转让方式销售货物的，如何征税

问题：我单位是提供技术开发、技术服务的企业，但是技术开发、技术服务往往与设备不可分离，于是发生技术转让时，一并转让了设备，请问如何纳税？

解答：目前，在“营改增”试点地区，技术开发、技术服务已转为缴纳增

值税，税率为6%；而在未试点地区，仍然缴纳营业税，税率为5%。对于这种行为，如果构成混合销售，则需按有关混合销售的规定纳税。如果不构成混合销售，《国家税务总局关于专利技术转让过程中销售设备征收增值税问题的批复》(国税函[1998]361 号)规定，对纳税人采取技术转让方式销售货物，其货物部分应照章征收增值税；技术转让收入部分征收营业税。如果货物部分价格明显偏低，按有关法规由主管税务机关核定其计税价格。

什么是混合销售呢?《增值税暂行条例实施细则》(财政部、国家税务总局第50 号令)规定，一项销售行为如果既涉及货物又涉及非增值税应税劳务，为混合销售行为。从事货物的生产、批发或者零售的企业、企业性单位和个体工商户的混合销售行为，视为销售货物，应当缴纳增值税；其他单位和个人的混合销售行为，视为销售非增值税应税劳务，不缴纳增值税。

由于技术开发、技术服务在"营改增"试点地区已经缴纳增值税，那么这种行为也不是财政部、国家税务总局第50 号令规定的混合销售行为，服务和货物如何缴税呢?笔者认为企业应尽量分开核算，即设备价款、技术服务价款应分开，否则很可能被从高统一适用17%的税率。

◎商场租车接送顾客，运输发票能否抵扣

问题：我公司注册地在上海，为百货公司。为吸引顾客，我公司与汽车租赁公司签订了巴士(统一为客车)运输协议，由租赁公司提供客车并配备司机接送顾客到我公司购物。租赁公司就该项业务向我公司提供货物运输业增值税专用发票，我公司能否按照11%的税率抵扣进项税额?

解答：《交通运输业和部分现代服务业营业税改征增值税试点实施办法》(财税[2013]37 号附件1)第二十四条规定，下列项目的进项税额不得从销项税额中抵扣：

……

4)接受的旅客运输服务。

《汽车旅客运输规则》第二条规定，凡从事营业性班车客运、旅游客运、出租车客运、包车客运、行包运输、客运服务的单位和个人以及旅客，均须遵守本规则。

依据上述规定，试点地区增值税一般纳税人，取得运输业增值税专用发票，其进项税额不得从销项税额中抵扣。

◎货物销售额和应税服务销售额的进项税额如何体现

问题：“营改增”后，一般纳税人申报时，货物销售额和应税服务销售额的进项税额是分开体现还是合并体现？

解答：根据《国家税务总局关于北京等8省市营业税改征增值税试点增值税纳税申报有关事项的公告》(国家税务总局公告2012年第43号)规定，一般纳税人申报时，货物销售额和应税服务销售额是分别体现，进项抵扣是合并体现。

◎向境外提供工业设计服务，营业税改征增值税后是否需要缴纳增值税

问题：我公司是北京纳税人，向境外提供工业设计服务，营业税改征增值税后是否需要缴纳增值税？

解答：工业设计属于“营改增”应税服务范围，根据《应税服务适用增值税零税率和免税政策的规定》(财税[2013]37号附件4)的规定，向境外单位提供研发服务、设计服务适用零税率。

第五节　增值税税收优惠政策

国家为了扶持某些行业、特定纳税人，出台了不少增值税优惠政策，包括增值税免税、退税和低税率，以及对特定纳税人采取的简易征税办法，等等。减免税是指依据税收法律、法规以及国家有关税收规定给予纳税人减税、免税。减税是指从应纳税款中减征部分税款；免税是指免征某一税种、某一项目的税款。根据《国家税务总局关于印发〈税收减免管理办法(试行)〉的通知》(国税发[2005]129号)第一章第四条规定：“减免税分为报批类减免税和备案类减免税。报批类减免税是指应由税务机关审批的减免税项目；备案类减免税是指取消审批手续的减免税项目和不需税务机关审批的减免税项目。”

纳税人享受报批类减免税，应提交相应资料，提出申请，经具有审批权限的税务机关审批确认后执行。未按规定申请或虽申请但未经有权税务机关审批确认的，纳税人不得享受减免税。

纳税人享受备案类减免税，应提请备案，经税务机关登记备案后，自登

记备案之日起执行。纳税人未按规定备案的，一律不得减免税。纳税人在执行备案类减免税之前，必须向主管税务机关申报以下资料备案：

1)减免税政策的执行情况。

2)主管税务机关要求提供的有关资料。

需要注意的是，上述要求是对纳税人享受减免税优惠政策的一般要求，而每项增值税优惠政策还有具体的要求，需要纳税人按照该项优惠政策的具体要求办理。

主管税务机关应在受理纳税人减免税备案后 7 个工作日内完成登记备案工作，并告知纳税人执行。

纳税人申请报批减免税的，应当在政策规定的减免税期限内，向主管税务机关提出书面申请，并报送以下资料：

1)减免税申请报告，列明减免税理由、依据、范围、期限、数量、金额等。

2)财务会计报表、纳税申报表。

3)有关部门出具的证明材料。

4)税务机关要求提供的其他资料。

纳税人报送的材料应真实、准确、齐全。税务机关不得要求纳税人提交与其申请的减免税项目无关的技术资料和其他材料。

纳税人实际经营情况不符合减免税规定条件的，或采用欺骗手段获取减免税的，享受减免税条件发生变化未及时向税务机关报告的，以及未按本办法规定程序报批而自行减免税的，税务机关按照税收征管法有关规定予以处理。

因税务机关责任审批或核实错误，造成企业未缴或少缴税款，应按《税收征收管理法》第五十二条规定执行。税务机关越权减免税的，按照该法第八十四条的规定处理。

由于这些优惠政策的存在，往往会导致增值税抵扣链条的断裂；同时，由于不同纳税人可能享受不同的政策，不同增值税优惠政策适用的条件和办理程序不同，增加了纳税人办理增值税的难度。

◎哪些营业税改征增值税的试点项目免征增值税

问题：听说营业税改征增值税后，原来在缴纳营业税时享受免征营业税的项目仍然可以免征增值税，具体是哪些项目？

解答：下列项目免征增值税：

1)个人转让著作权。

2)残疾人个人提供应税服务。

3)航空公司提供飞机播洒农药服务。

4)试点纳税人提供技术转让、技术开发和与之相关的技术咨询、技术服务。

5)符合条件的节能服务公司实施合同能源管理项目中提供的应税服务。

6)自本地区试点实施之日起至2013年12月31日，注册在中国服务外包示范城市的试点纳税人从事离岸服务外包业务中提供的应税服务。注册在平潭的试点纳税人从事离岸服务外包业务中提供的应税服务。

7)台湾航运公司从事海峡两岸海上直航业务在大陆取得的运输收入。

8)台湾航空公司从事海峡两岸空中直航业务在大陆取得的运输收入。

9)美国ABS船级社在非营利宗旨不变、中国船级社在美国享受同等免税待遇的前提下，在中国境内提供的船检服务。

10)随军家属就业。

11)军队转业干部就业。

12)城镇退役士兵就业。

13)失业人员就业。

14)2013年12月31日之前，广播电影电视行政主管部门(包括中央、省、地市及县级)按照各自职能权限批准从事电影制片、发行、放映的电影集团公司(含成员企业)、电影制片厂及其他电影企业转让电影版权、发行电影以及在农村放映电影。

◎在营业税改征增值税试点实施之日前企业已享受的营业税优惠，试点后能否继续享受

问题：我单位是北京一家报社，以前的广告收入取得了免征营业税的优惠，请问营业税改征增值税后能否享受免征增值税的优惠？

解答：《交通运输业和部分现代服务业试点过渡政策的规定》(财税[2013]37号附件3)规定，试点实施之日前，如果试点纳税人已经按照有关政策规定享受了营业税税收优惠，在剩余税收优惠政策期限内，按照本规定享受有关增值税优惠。因此，你单位广告收入可以享受增值税的优惠。

◎什么是增值税即征即退，即征即退政策包括哪些

问题：听说增值税有即征即退政策，请问是什么含义？

解答：即征即退是指对按税法规定缴纳的税款，由税务机关在征税时部分或全部退还纳税人的一种税收优惠，其实质是一种特殊方式的免税和减税。即征即退政策包括：注册在洋山保税港区内试点纳税人提供的国内货物运输服务、仓储服务和装卸搬运服务；安置残疾人的单位；试点纳税人中的一般纳税人提供管道运输服务；经人民银行、银监会、商务部批准经营融资租赁业务的试点纳税人中的一般纳税人提供有形动产融资租赁服务。

从事上述相关事项并符合文件规定条件的，可以享受增值税即征即退政策。

享受增值税即征即退政策的一般纳税人，即征即退项目在申报表主表中单独申报，在附列资料一中要以“其中数”的形式列示出来。

◎纳税人提供应税服务适用免税、减税规定的，可以放弃免税、减税吗

问题：我企业提供的污水处理业务按政策规定可以享受免税优惠，但对方需要我方开具增值税专用发票，否则不签订合同。请问我企业能否申请放弃免税，并向对方开具增值税专用发票？

解答：根据《交通运输业和部分现代服务业营业税改征增值税试点实施办法》(财税[2013]37号附件1)第四十四条规定：“纳税人提供应税服务适用免税、减税规定的，可以放弃免税、减税，依照本办法的规定缴纳增值税。放弃免税、减税后，36个月内不得再申请免税、减税。”因此，你企业可以放弃免税，向对方开具增值税专用发票，依法缴纳增值税。

◎安置残疾人就业的单位可否同时享受多项增值税优惠政策

问题：我公司是一家软件企业，安置了部分残疾人就业，请问，我公司能否同时享受安置残疾人就业的增值税优惠政策，以及销售软件产品超3%税率即征即退的的优惠政策？

解答：根据《国家税务总局关于安置残疾人单位是否可以同时享受多项增值税优惠政策问题的公告》(国家税务总局公告2011年第61号)规定：“安置

残疾人单位既符合促进残疾人就业增值税优惠政策条件，又符合其他增值税优惠政策条件的，可同时享受多项增值税优惠政策，但年度申请退还增值税总额不得超过本年度内应纳增值税总额。”

需要特别指出的是，纳税人能否同时享受多项优惠政策的问题是现实中经常发生的问题。原则上，如果各项优惠政策不冲突，纳税人可以同时享受；如果一项业务、行为同时符合某个税种的不同优惠政策，即出现优惠政策叠加的现象，对于优惠政策叠加的情况，原则上由纳税人选择一项优惠政策，除了财政部、国家税务总局有特别规定外，一般不得叠加享受。

◎进口软件产品汉字化处理后对外销售，是否可以享受增值税即征即退政策

问题：我公司是一家软件企业，属于增值税一般纳税人，进口了一些国外软件，大多是英文版的软件，我公司将其进行了汉字化处理，转换成中文版。请问，我公司将进口软件产品汉字化处理后对外销售，是否可以享受增值税即征即退政策？

解答：根据《财政部、国家税务总局关于软件产品增值税政策的通知》(财税[2011]100 号)规定，增值税一般纳税人将进口软件产品进行本地化改造后对外销售，其销售的软件产品可享受本条第一项规定的增值税即征即退政策。本地化改造是指对进口软件产品进行重新设计、改进、转换等，单纯对进口软件产品进行汉字化处理不包括在内。

据此，如果一般纳税人只是将进口软件产品进行汉字化处理就对外销售，不能享受增值税即征即退政策。

◎销售宠物饲料是否可以享受免征增值税的优惠

问题：我公司是销售宠物饲料的商业企业，属于增值税一般纳税人，是否可以享受免征增值税的优惠？

解答：根据《国家税务总局关于宠物饲料征收增值税问题的批复》(国税函[2002]812 号)规定，宠物饲料产品不属于免征增值税的饲料，应按照饲料产品 13% 的税率征收增值税。因此，该一般纳税人企业销售的宠物饲料不能享受免征增值税的优惠，应按 13% 的税率缴纳增值税。

◎批发生物制药的企业能否按简易办法缴税

问题：我公司是生物制药批发的企业，有《药品经营许可证》，属于增值税一般纳税人。近期，在经营过程中取得的增值税进项发票有限，造成增值税税负较高。因此，我们想申请按简易方法缴纳增值税，是否可行？

解答：《国家税务总局关于药品经营企业销售生物制品有关增值税问题的公告》(国家税务总局公告2012年第20号)规定：自2012年7月1日起，属于增值税一般纳税人的药品经营企业销售生物制品，可以选择简易办法按照生物制品销售额和3%的征收率计算缴纳增值税。药品经营企业，是指取得(食品)药品监督管理部门颁发的《药品经营许可证》，获准从事生物制品经营的药品批发企业和药品零售企业。

◎试点地区的单位和个人向境外提供的哪些应税服务免征增值税

问题：我单位在境外提供会议展览服务，请问需要在国内缴纳增值税吗？

解答：试点地区的单位和个人提供的下列应税服务免征增值税，但财政部和国家税务总局规定适用零税率的除外。

1)工程、矿产资源在境外的工程勘察勘探服务。

2)会议展览地点在境外的会议展览服务。

3)存储地点在境外的仓储服务。

4)标的物在境外使用的有形动产租赁服务。

5)没有取得相应经营许可证和资格的国际运输服务。

6)向境外单位提供的下列应税服务。

①技术转让服务、技术咨询服务、合同能源管理服务、软件服务、电路设计及测试服务、信息系统服务、业务流程管理服务、商标著作权转让服务、知识产权服务、物流辅助服务(仓储服务除外)、认证服务、鉴证服务、咨询服务。但不包括：合同标的物在境内的合同能源管理服务，对境内货物或不动产的认证服务、鉴证服务和咨询服务。

②广告投放地在境外的广告服务。

按现行增值税政策规定，试点纳税人申报向境外提供应税服务免征增值税的，应单独核算免征增值税收入，收取的款项不能开具增值税专用发票，正确计算相关不得抵扣的进项税额，及时作进项税额转出。

试点纳税人向境外提供的免征增值税应税服务的免税销售额，在国家税务总局明确之前，暂先按增值税纳税申报的相关规定申报。

◎销售哪些资源综合利用产品，有增值税优惠政策

问题：我想投资资源综合利用项目，听说国家对此有增值税税收优惠政策，请问具体有哪些？

解答：2008年底，《财政部、国家税务总局关于资源综合利用及其他产品增值税政策的通知》(财税[2008]156号)规定了下列税收优惠政策。

1)对销售下列自产货物实行免征增值税政策。

①再生水。再生水是指对污水处理厂出水、工业排水(矿井水)、生活污水、垃圾处理厂渗透(滤)液等水源进行回收，经适当处理后达到一定水质标准，并在一定范围内重复利用的水资源。再生水应当符合水利部《再生水水质标准》(SL368—2006)的有关规定。

②以废旧轮胎为全部生产原料生产的胶粉。胶粉应当符合GB/T19208—2008规定的性能指标。

③翻新轮胎。翻新轮胎应当符合GB7037—2007、GB14646—2007或者HG/T3979—2007规定的性能指标，并且翻新轮胎的胎体100%来自废旧轮胎。

④生产原料中掺兑废渣比例不低于30%的特定建材产品。

特定建材产品，是指砖(不含烧结普通砖)、砌块、陶粒、墙板、管材、混凝土、砂浆、道路井盖、道路护栏、防火材料、耐火材料、保温材料、矿(岩)棉。

2)对污水处理劳务免征增值税。污水处理是指将污水加工处理后符合GB18918—2002有关规定的水质标准的业务。

3)对销售下列自产货物实行增值税即征即退的政策。

①以工业废气为原料生产的高纯度二氧化碳产品。高纯度二氧化碳产品，应当符合GB10621—2006的有关规定。

②以垃圾为燃料生产的电力或者热力。垃圾用量占发电燃料的比重不低于80%，并且生产排放达到GB13223—2003第1时段标准或者GB18485—2001的有关规定。

所称垃圾，是指城市生活垃圾、农作物秸秆、树皮废渣、污泥、医疗垃圾。

③以煤炭开采过程中伴生的舍弃物油母页岩为原料生产的页岩油。

④以废旧沥青混凝土为原料生产的再生沥青混凝土。废旧沥青混凝土用量占生产原料的比重不低于30%。

4)销售下列自产货物实现的增值税实行即征即退50%的政策。

①以退役军用发射药为原料生产的涂料硝化棉粉。退役军用发射药在生产原料中的比重不低于90%。

②对燃煤发电厂及各类工业企业产生的烟气、高硫天然气进行脱硫生产的副产品。副产品，是指石膏(其二水硫酸钙含量不低于85%)、硫酸(其浓度不低于15%)、硫酸铵(其总氮含量不低于18%)和硫磺。

③以废弃酒糟和酿酒底锅水为原料生产的蒸汽、活性炭、白碳黑、乳酸、乳酸钙、沼气。废弃酒糟和酿酒底锅水在生产原料中所占的比重不低于80%。

④以煤矸石、煤泥、石煤、油母页岩为燃料生产的电力和热力。煤矸石、煤泥、石煤、油母页岩用量占发电燃料的比重不低于60%。

⑤利用风力生产的电力。

⑥部分新型墙体材料产品。具体范围按本通知附件1《享受增值税优惠政策的新型墙体材料目录》执行。

5)对销售自产的综合利用生物柴油实行增值税先征后退政策。

综合利用生物柴油，是指以废弃的动物油和植物油为原料生产的柴油。废弃的动物油和植物油用量占生产原料的比重不低于70%。

6)对增值税一般纳税人生产的粘土实心砖、瓦，一律按适用税率征收增值税，不得采取简易办法征收增值税。2008年7月1日起，以立窑法工艺生产的水泥(包括水泥熟料)，一律不得享受本通知规定的增值税即征即退政策。

2011年底，《财政部、国家税务总局关于调整完善资源综合利用产品及劳务增值税政策的通知》(财税[2011]115号)作了如下规定。

1)对销售自产的以建(构)筑废物、煤矸石为原料生产的建筑砂石骨料免征增值税。生产原料中建(构)筑废物、煤矸石的比重不低于90%。其中以建(构)筑废物为原料生产的建筑砂石骨料应符合《混凝土用再生粗骨料》(GB/T 25177—2010)和《混凝土和砂浆用再生细骨料》(GB/T 25176—2010)的技术要求；以煤矸石为原料生产的建筑砂石骨料应符合《建筑用砂》(GB/T 14684—2001)和《建筑用卵石碎石》(GB/T 14685—2001)的技术要求。

2）对垃圾处理、污泥处理处置劳务免征增值税。垃圾处理是指运用填埋、焚烧、综合处理和回收利用等形式，对垃圾进行减量化、资源化和无害化处理处置的业务；污泥处理处置是指对污水处理后产生的污泥进行稳定化、减量化和无害化处理处置的业务。

3）对销售下列自产货物实行增值税即征即退100%的政策。

①利用工业生产过程中产生的余热、余压生产的电力或热力。发电（热）原料中100%利用上述资源。

②以餐厨垃圾、畜禽粪便、稻壳、花生壳、玉米芯、油茶壳、棉籽壳、三剩物、次小薪材、含油污水、有机废水、污水处理后产生的污泥、油田采油过程中产生的油污泥（浮渣），包括利用上述资源发酵产生的沼气为原料生产的电力、热力、燃料。生产原料中上述资源的比重不低于80%，其中利用油田采油过程中产生的油污泥（浮渣）生产燃料的资源比重不低于60%。

上述涉及的生物质发电项目必须符合国家发展改革委《可再生能源发电有关管理规定》（发改能源[2006]13号）要求，并且生产排放达到《火电厂大气污染物排放标准》（GB13223—2003）第1时段标准或者《生活垃圾焚烧污染控制标准》（GB18485—2001）的有关规定。利用油田采油过程中产生的油污泥（浮渣）的生产企业必须取得《危险废物综合经营许可证》。

③以污水处理后产生的污泥为原料生产的干化污泥、燃料。生产原料中上述资源的比重不低于90%。

④以废弃的动物油、植物油为原料生产的饲料级混合油。饲料级混合油应达到《饲料级混合油》（NY/T 913—2004）规定的技术要求，生产原料中上述资源的比重不低于90%。

⑤以回收的废矿物油为原料生产的润滑油基础油、汽油、柴油等工业油料。生产企业必须取得《危险废物综合经营许可证》，生产原料中上述资源的比重不低于90%。

⑥以油田采油过程中产生的油污泥（浮渣）为原料生产的乳化油调和剂及防水卷材辅料产品。生产企业必须取得《危险废物综合经营许可证》，生产原料中上述资源的比重不低于70%。

⑦以人发为原料生产的档发。生产原料中90%以上为人发。

4）对销售下列自产货物实行增值税即征即退80%的政策。

以三剩物、次小薪材和农作物秸秆等3类农林剩余物为原料生产的木

(竹、秸秆)纤维板、木(竹、秸秆)刨花板，细木工板、活性炭、栲胶、水解酒精、炭棒；以沙柳为原料生产的箱板纸。

5)对销售下列自产货物实行增值税即征即退50%的政策。

①以蔗渣为原料生产的蔗渣浆、蔗渣刨花板及各类纸制品。生产原料中蔗渣所占比重不低于70%。

②以粉煤灰、煤矸石为原料生产的氧化铝、活性硅酸钙。生产原料中上述资源的比重不低于25%。

③利用污泥生产的污泥微生物蛋白。生产原料中上述资源的比重不低于90%。

④以煤矸石为原料生产的瓷绝缘子、煅烧高岭土。其中瓷绝缘子生产原料中煤矸石所占比重不低于30%，煅烧高岭土生产原料中煤矸石所占比重不低于90%。

⑤以废旧电池、废感光材料、废彩色显影液、废催化剂、废灯泡(管)、电解废弃物、电镀废弃物、废线路板、树脂废弃物、烟尘灰、湿法泥、熔炼渣、河底淤泥、废旧电机、报废汽车为原料生产的金、银、钯、铑、铜、铅、汞、锡、铋、碲、铟、硒、铂族金属，其中综合利用危险废弃物的企业必须取得《危险废物综合经营许可证》。生产原料中上述资源的比重不低于90%。

⑥以废塑料、废旧聚氯乙烯(PVC)制品、废橡胶制品及废铝塑复合纸包装材料为原料生产的汽油、柴油、废塑料(橡胶)油、石油焦、碳黑、再生纸浆、铝粉、汽车用改性再生专用料、摩托车用改性再生专用料、家电用改性再生专用料、管材用改性再生专用料、化纤用再生聚酯专用料(杂质含量低于0.5mg/g、水份含量低于1%)、瓶用再生聚对苯二甲酸乙二醇酯(PET)树脂(乙醛质量分数小于等于1ug/g)及再生塑料制品。生产原料中上述资源的比重不低于70%。

上述废塑料综合利用生产企业必须通过ISO9000、ISO14000认证。

⑦以废弃天然纤维、化学纤维及其制品为原料生产的纤维纱及织布、无纺布、毡、粘合剂及再生聚酯产品。生产原料中上述资源的比重不低于90%。

⑧以废旧石墨为原料生产的石墨异形件、石墨块、石墨粉和石墨增碳剂。生产原料中上述资源的比重不低于90%。

◎从事垃圾处理、污泥处理处置劳务有什么税收优惠

问题：我企业是一家燃煤发电企业，发电过程中产生大量的垃圾、污泥，我们想成立一家专门的企业进行垃圾处理、污泥处理，请问能享受增值税优惠吗？

解答：《财政部、国家税务总局关于调整完善资源综合利用产品及劳务增值税政策的通知》规定，对垃圾处理、污泥处理处置劳务免征增值税。垃圾处理是指运用填埋、焚烧、综合处理和回收利用等形式，对垃圾进行减量化、资源化和无害化处理处置的业务；污泥处理处置是指对污水处理后产生的污泥进行稳定化、减量化和无害化处理处置的业务。

◎享受资源综合利用增值税优惠政策需要注意什么

问题：我企业是一家利用工业生产过程中产生的余热、余压发电的企业，按规定可以享受增值税即征即退100%的政策，但在办理时主管税务机关说我们企业不符合条件，不予办理，为什么？

解答：纳税人要享受资源综合利用税收优惠政策，既需要符合该项资源综合利用税收优惠政策的具体条件，同时还要按税务机关的征管要求办理，缺一不可。对于利用工业生产过程中产生的余热、余压发电的企业，其生产的电力或热力要享受增值税即征即退100%的优惠，政策要求发电(热)原料中100%利用工业生产过程中产生的余热、余压，不得使用其他燃料。同时，纳税人享受优惠政策应符合下列条件。

1)纳税人生产、利用资源综合利用产品及劳务的建设项目已按照《中华人民共和国环境影响评价法》编制环境影响评价文件，且已获得经法律规定的审批部门批准同意。

2)自2010年1月1日起，纳税人未因违反《中华人民共和国环境保护法》等环境保护法律法规受到刑事处罚或者县级以上环保部门相应的行政处罚。

3)生产过程中如果排放污水的，其污水已接入污水处理设施，且生产排放达到《城镇污水处理厂污染物排放标准》(GB18918—2002)。

4)申请享受本通知规定的资源综合利用产品，已送交由省级以上质量技术监督部门资质认定的产品质量检验机构进行质量检验，并已取得该机构出具的符合产品质量标准要求及本文件规定的生产工艺要求的检测报告。

5)申请享受本通知规定的资源综合利用产品及劳务增值税优惠政策的，应当在初次申请时按照要求提交资源综合利用产品及劳务有关数据，报主管税务机关审核备案，并在以后每年2月15日前按照要求提交上一年度资源综合利用产品及劳务有关数据，报主管税务机关审核备案。

此外，增值税一般纳税人应单独核算综合利用产品的销售额。一般纳税人同时生产增值税应税产品和享受增值税即征即退产品而存在无法划分的进项税额时，按下列公式对无法划分的进项税额进行划分：

享受增值税即征即退产品应分摊的进项税额＝

当月无法划分的全部进项税额×

当月享受增值税即征即退产品的销售额合计÷

当月无法划分进项税额产品的销售额合计

增值税小规模纳税人应单独核算综合利用产品的销售额和应纳税额。

凡未单独核算资源综合利用产品的销售额和应纳税额的，不得享受本通知规定的退(免)税政策。

第三章
消费税纳税风险管理及问题解答

第一节　什么是消费税

消费税是对特定的消费品和消费行为征收的一种税，在我国税收体制中占有重要地位，人们常称的“两税”就包括消费税。普通读者一般都知道烟酒要缴消费税，至于还有什么商品、什么消费行为要缴消费税，以及在什么环节缴纳，税负有多重，对企业和纳税人有什么影响等，就未必很清楚。

目前，有关消费税的税收法规主要有《中华人民共和国消费税暂行条例》（以下简称《消费税暂行条例》）及《中华人民共和国消费税暂行条例实施细则》（以下简称《消费税暂行条例实施细则》）以及《消费税征收范围注释》（国税发[1993]153号）等法规。总体来讲，消费税有如下特点。

1）消费税的征税项目由税法明确列举，主要有烟、酒、化妆品、护肤护发品、贵重首饰及珠宝玉石、汽油、汽车等11个税目，有的税目中又包括若干子税目。除税法明确列举的商品以外，不征收消费税。

2）征税环节单一，只征收一次，不像增值税是道道征收。消费税是在生产（包括委托加工）、流通或消费的某一环节征收，只征收一次，目前在零售环节征收的只有金银首饰。

3）消费税具有调节消费的目的。从上面列举的商品可以看出，消费税是针对高档消费品、稀缺性商品开征，既可抑制超前消费，调节分配不公，又可增加财政收入。消费税不管在哪个环节征收，税负最终都由消费者来负担。因此有人说，抽烟的人，不仅伤害了身体，同时还额外为国家贡献了税金。因为这些商品同其他商品相比，在缴纳增值税的同时，还要缴纳消费税及其附加，所以纳税人承担了额外的税负。

4)消费税属于价内税，按销售额计征。总体讲，消费税的税负是较重的，而且还有提高的趋势。消费税从价计征的，税率从3%到56%不等，最高的是卷烟；从量计征的，如汽油、啤酒等，从每升0.2元到每吨240元不等。有的实行从价和从量计税的复合税制，既按数量计征一道消费税，又按价格计征一道消费税，目前主要产品是白酒、卷烟。

2008年国务院修订《中华人民共和国消费税暂行条例》，规定消费税实行从价定率、从量定额，或者从价定率和从量定额复合计税的办法计算应纳税额。与过去相比，增加了从价定率的征收办法，并规定对一些商品实行复合计税方法，不仅税负增加了，操作难度也加大了。

第二节 消费税纳税风险管理

消费税纳税风险管理是针对消费税的特点，树立正确的理念，健全管理机制，依据消费税的各个风险点，采取风险管理措施，以避免、减轻消费税的纳税风险。

消费税有哪些纳税风险点呢？归纳起来主要有以下几点。

1)对消费税的征税范围出现错误认识，该缴的消费税没有缴纳。由于消费税只对特定商品在特定环节征收消费税，一些纳税人误认为自己生产、销售的产品不用缴纳消费税，结果被罚。

▶案例一 套装产品不全额纳税被罚

山东一家白酒生产企业，为了产品促销，外购一批高级钢笔、领带和皮带，与自己生产的白酒组装成礼品盒对外销售。该企业认为销售白酒需要缴纳消费税，销售钢笔、领带和皮带不用缴纳消费税。于是，其将每盒酒的销售价格扣除钢笔、领带和皮带后的价格申报缴纳消费税。据介绍，每盒酒不含增值税的销售价格为500元，其中钢笔、领带和皮带的价格为150元，该酒企仅就350元申报缴纳消费税。

税务机关检查后认定，根据《财政部、国家税务总局关于调整和完善消费税政策的通知》(财税[2006]33号)第五条有关“组成套装销售的计税依据”规定，“纳税人将自产的应税消费品与外购或自产的非应税消费品组成套装销售的，以套装产品的销售额（不含增值税）为计税依据。”所以该企业应按照不含增值税的全部收入额计算缴纳消费税。最终，该企业被税务机关要求补缴消费税500多万元。

虽然《消费税暂行条例》及《消费税暂行条例实施细则》对消费税的征税范围作出了规定，但是由于现实经济生活非常复杂，财税部门往往会根据经济发展的情况，对消费税政策进行调整，一些过去不用缴纳消费税的产品因政策的调整而需要缴纳消费税，纳税人必须予以重视。另外，财政部、国家税务总局会针对一些具体的产品是否缴纳消费税作出专门的规定，纳税人应依法纳税。

2）消费税税款计算错误，导致多缴税或少缴税。在消费税税款计算中，计税依据是不含增值税的销售额；国家对征收消费税的产品往往规定有最低计税价格，纳税人销售价格低于最低计税价格的，需要按最低计税价格纳税；一些商品的消费税既有从价消费税，又有从量消费税，不可遗漏；消费税税款计算有时涉及已纳消费税税款抵扣的问题，需要按规定准确抵扣。

▶案例二　某酒企调节销售收入被查处

某酒业有限公司，生产高度粮食白酒，因在国内获奖，产品销路较好。税务人员在2006年9月对其纳税检查前，先审阅了企业2005年、2006年各月的纳税申报表，了解到该酒业有限公司2006年1月份以后的销售收入比前8个月平均上涨20%左右。但按其生产经营状况分析，销售收入的增长与税收增长存在相当差距。

税务人员首先检查了该酒业有限公司的“生产成本——基本生产成本”明细账，经计算，1月份以后每月结转完工产品成本比1月份以前各月增长40%左右，大大高于该酒业有限公司申报纳税的销售收入增长幅度。

税务人员将“生产成本”、“产成品”、“产品销售成本”对照检查，经计算，生产完工产品成本减去产品销售成本比该酒业有限公司期末的产品库存成本多63.45万元。财务人员说差额部分属分期收款发出商品。查“分期收款发出商品”，果然有借方余额64.35万元，但4个月来只有借方增加数，没有贷方减少额。此时企业产品又正值走俏，显然属不正常现象。

检查购销合同，销售部门又无签订购销合同，说明分期收款销售是虚假的，针对预收账款，库存产品较大的问题，税务人员又到仓库盘点部分产品，检查保管员的实物账，核对出仓库实物账上的数量比财务部门的产品账上少3 000箱(每箱成本117元)。

税务人员经与“预收账款”明细账核对，预收货款的产品有153万元的产品已经发生。在事实面前，该酒业有限公司财务经理才道出实情。

原来该酒业有限公司总经理看2006年产销两旺，利润可观，怕市场随时发生变化，为调节以后年度利润，将收到的一部分销货款转入“预收账款”账户(共计转入153万元)。记入“分期收款发出商品”的产品成本核算是怕产品库存过大，引起怀疑，而将已售出未作销售处理更换产品转移到该账户。“产成品”账上相对保管实物账上多出的3 000箱也属售出产品不记账引起的。

该酒业有限公司转入“预收账款”的153万元销售收入，应增记“产品销售收入”，并补缴消费税38.25万元(1 530 000×25%)，同时补缴增值税、城乡维护建设税及教育费附加税，因转移销售收入而少实现利润，应并入企业利润总额补缴企业所得税(除消费税外，其他各税的补缴及账务处理略)，结转销售成本，冲减分期收款发出商品结存款，调整库存成本。按《税收征收管理法》规定，该酒业有限公司的上述行为属偷税行为，应对该酒业有限公司处以偷税款5倍以下的罚款。若偷税数额超过该厂应纳税额10%以上，可由司法机关追究责任人的法律责任。

由于消费税仅在特定环节征收，有些企业为了规避消费税，采取关联交易的手段，在征税环节故意压低销售价格，把利润转移到关联方。对这种行为，税务机关制订了反避税制度，会要求企业调整销售价格。

第三节　消费税的征税范围

在消费税操作实务中，把握哪些商品需要缴纳消费税是最基础的内容。由于我国不断调整消费税政策，消费税的征税范围也时常发生变动。下面以问答的形式说明消费税的征税范围，便于读者直观了解。

◎哪些纳税人需要缴纳消费税

问题：请问哪些纳税人需要缴纳消费税？

解答：《消费税暂行条例》规定，在中华人民共和国境内生产、委托加工和进口本条例规定的消费品的单位和个人，以及国务院确定的销售本条例规定的消费品的其他单位和个人，为消费税的纳税人，应当依照本条例缴纳消费税。

注意，与增值税相比，消费税纳税人是生产、委托加工和进口应征消费税商品的单位和个人，而增值税是销售和提供加工、修理修配以及现代部分服务业的单位和个人。也就是说，消费税的纳税人大部分是生产者。

◎消费税的征税环节

问题：消费税既有生产环节缴纳的，也有销售环节缴纳的，请问消费税的具体征税环节包括哪些？

解答：根据《消费税暂行条例》及《消费税暂行条例实施细则》的规定，消费税的征税环节包括如下。

1)生产环节。单位和个人生产并销售应税消费品的，应缴纳消费税；单位和个人生产并自己使用应税消费品的，包括将生产的应税消费品换取生产资料、消费资料、投资入股、偿还债务，以及用于继续生产应税消费品以外的其他方面都应缴纳消费税。因此，生产环节可以细分为生产并对外销售、自用两种。需要强调的是，单位和个人生产的应税消费品用于继续生产应税消费品的，在自用环节不用缴纳消费税。这里的自用，和增值税中的视同销售很相似。

2)委托加工环节。由委托方提供原材料和主要材料，受托方只收取加工费和代垫部分辅助材料加工的应税消费品，属于委托加工应税消费品。由受托方提供原材料或其他情形的按照自制产品征税。委托加工的应税消费品，除受托方为个人外，由受托方在向委托方交货时代收代缴税款。委托加工的应税消费品收回后，再继续用于生产应税消费品销售的，其加工环节缴纳的消费税款可以扣除。

3)批发环节。目前，我国在卷烟批发环节也征收消费税，对从事卷烟批发业务的单位和个人，批发销售的所有牌号规格的卷烟，按其销售额(不含增值税)征收5%的消费税。

4)进口环节。单位和个人进口货物属于消费税征税范围的，在进口环节也要缴纳消费税。

5)零售环节。目前，对金基、银基合金首饰以及金、银和金基、银基合金的镶嵌首饰，在零售环节征税，以零售单位和个人为纳税人。

◎消费税的征税范围

问题：请问消费税的征税范围包括哪些税目？

解答：《消费税暂行条例》规定，消费税税目包括烟(含卷烟、雪茄烟、烟丝)、酒及酒精(含白酒、黄酒、啤酒、其他酒和酒精)、化妆品、贵重首饰及珠宝玉石、鞭炮和焰火、成品油(含汽油、柴油、航空煤油、石脑油、溶剂油、润滑油、燃料油)、汽车轮胎、摩托车、小汽车(含乘用车、中轻型商用客车)、高尔夫球及球具、高档手表、游艇、木制一次性筷子、实木地板14个税目，每个税目中又包含子税目。

◎酒的具体征税范围

问题：《消费税暂行条例》是如何规定酒的具体征税范围的？

解答：酒及酒精税目下设白酒、黄酒、啤酒、其他酒、酒精5个子目。

1)白酒。是指以高粱、玉米、大米、糯米、大麦、小麦、小米、青稞等各种粮食为原料，经过糖化、发酵后，采用蒸馏方法酿制的白酒。

2)黄酒。黄酒是指以糯米、粳米、籼米、大米、黄米、玉米、小麦、薯类等为原料，经加温、糖化、发酵、压榨酿制的酒。由于工艺、配料和含糖量的不同，黄酒分为干黄酒、半干黄酒、半甜黄酒、甜黄酒四类。

黄酒的征收范围包括各种原料酿制的黄酒和酒度超过12度(含12度)的土甜酒。

3)啤酒。啤酒是指以大麦或其他粮食为原料，加入啤酒花，经糖化、发酵、过滤酿制的含有二氧化碳的酒。啤酒按照杀菌方法的不同，可分为熟啤酒和生啤酒或鲜啤酒。

啤酒的征收范围包括各种包装和散装的啤酒。

无醇啤酒比照啤酒征税。

4)其他酒。其他酒是指除粮食白酒、薯类白酒、黄酒、啤酒以外，酒度在1度以上的各种酒。其征收范围包括糠麸白酒、其他原料白酒、土甜酒、复制酒、果木酒、汽酒、药酒等等。

①糠麸白酒是指用各种粮食的糠麸酿制的白酒。

用稗子酿制的白酒，比照糠麸酒征税。

②其他原料白酒是指用醋糟、糖渣、糖漏水、甜菜渣、粉渣、薯皮等各种下脚料，葡萄、桑椹、橡子仁等各种果实、野生植物等代用品，以及甘蔗、糖等酿制的白酒。

③土甜酒是指用糯米、大米、黄米等为原料，经加温、糖化、发酵(通过酒曲发酵)，采用压榨酿制的酒度不超过12度的酒。

酒度超过12度的应按黄酒征税。

④复制酒是指以白酒、黄酒、酒精为酒基，加入果汁、香料、色素、药材、补品、糖、调料等配制或泡制的酒，如各种配制酒、泡制酒、滋补酒等等。

⑤果木酒是指以各种果品为主要原料，经发酵过滤酿制的酒。

⑥汽酒是指以果汁、香精、色素、酸料、酒(或酒精)、糖(或糖精)等调配，冲加二氧化碳制成的酒度在1度以上的酒。

⑦药酒是指按照医药卫生部门的标准，以白酒、黄酒为酒基，加入各种药材泡制或配制的酒。

5)酒精。酒精又名乙醇，是指以含有淀粉或糖分的原料，经糖化和发酵后，用蒸馏方法生产的酒精度数在95度以上的无色透明液体；也可以石油裂解气中的乙烯为原料，用合成方法制成。

酒精的征收范围包括用蒸馏法和合成方法生产的各种工业酒精、医药酒精、食用酒精。

◎无水乙醇，是否属于消费税征收范围

问题：我单位生产销售无水乙醇，请问需要缴纳消费税吗？

解答：根据《国家税务总局关于印发〈消费税征收范围注释〉的通知》(国税发[1993]153号)规定，酒精的征收范围包括用蒸馏法和合成法生产的各种工业酒精、医药酒精、食用酒精。对于以外购酒精为原料、经蒸馏脱水处理后生产的无水乙醇，属于本税目征收范围，应按规定征收消费税。

◎调味料酒是否属于消费税征收范围

问题：我企业是一家食品企业，生产销售料酒，请问需要缴纳消费税吗？

解答：《国家税务总局关于调味料酒征收消费税问题的通知》(国税函[2008]742号)规定：鉴于国家已经出台了调味品分类国家标准，按照国家标准调味料酒属于调味品，不属于配置酒和泡制酒，对调味料酒不再征收消费税。

调味料酒是指以白酒、黄酒或食用酒精为主要原料，添加食盐、植物香辛料等配制加工而成的产品名称标注(在食品标签上标注)为调味料酒的液体调味品。

◎果啤是否属于消费税征收范围

问题：我企业是一家啤酒企业，生产销售部分果啤，请问需要缴纳消费税吗？

解答：《国家税务总局关于果啤征收消费税的批复》(国税函[2005]333号)批复如下："经向中国酿酒协会啤酒分会了解，果啤是一种口味介于啤酒和饮料之间的低度酒精饮料，主要成份为啤酒和果汁。尽管果啤在口味和成份上与普通啤酒有所区别，但无论是从产品名称，还是从产品含啤酒的本质上看，果啤均属于啤酒，应按规定征收消费税。"

◎啤酒源是否属于消费税征收范围

问题：我单位生产销售啤酒源，请问需要缴纳消费税吗？

解答：《国家税务总局关于印发〈消费税问题解答〉的通知》(国税函[1997]306号)作如下答复："啤酒源是以大麦或其他粮食为原料，加入啤酒

花，经糖化、发酵酿制而成的含二氧化碳的酒。在产品特性、使用原料和生产工艺流程上，啤酒源与啤酒一致，只缺少过滤过程。因此，对啤酒源应按啤酒征收消费税。”

◎啤酒屋（啤酒坊）利用啤酒生产设备生产的啤酒，是否应缴纳消费税

问题：啤酒屋利用啤酒生产设备生产啤酒，仅在啤酒屋内销售，是否要缴纳消费税？

解答：《国家税务总局关于消费税若干征税问题的通知》（国税发[1997]84号）规定，饮食业、商业、娱乐业举办的啤酒屋（啤酒坊）利用啤酒生产设备生产的啤酒，应当征收消费税。

◎化妆品的消费税征税范围

问题：我企业是一家化妆品生产企业，请问化妆品的消费税征税范围具体包括哪些？

解答：国家税务总局印发的《消费税征税范围注释》（国税发[1993]153号）规定，化妆品是日常生活中用于修饰美化人体表面的用品。化妆品品种较多，所用原料各异，按其类别划分，可分为美容和芳香两类。美容类有香粉、口红、指甲油、胭脂、眉笔、蓝眼油、眼睫毛及成套化妆品等；芳香类有香水、香水精等。本税目的征收范围包括：香水、香水精、香粉、口红、指甲油、胭脂、眉笔、唇笔、蓝眼油、眼睫毛、成套化妆品等等。

成套化妆品是指由各种用途的化妆品配套盒装而成的系列产品。一般采用精制的金属或塑料盒包装，盒内常备有镜子、梳子等化妆工具，具有多功能性和使用方便的特点。舞台、戏剧、影视演员化妆用的上妆油、卸妆油、油彩、发胶和头发漂白剂等，不属于本税目征收范围。

2006年，为适应社会经济形势的客观发展需要，进一步完善消费税制，经国务院批准，财政部、国家税务总局对消费税税目、税率及相关政策进行调整。该次调整取消了护肤护发品税目，将原属于护肤护发品征税范围的高档护肤类化妆品列入化妆品税目。

《财政部、国家税务总局关于调整和完善消费税政策的通知》（财税[2006]33号）附件《消费税新增和调整税目征收范围注释》中规定，化妆品税目征收范围包括各类美容、修饰类化妆品、高档护肤类化妆品和成套化妆品。

美容、修饰类化妆品是指香水、香水精、香粉、口红、指甲油、胭脂、眉笔、唇笔、蓝眼油、眼睫毛以及成套化妆品。舞台、戏剧、影视演员化妆用的上妆油、卸装油、油彩、不属于本税目的征收范围。高档护肤类化妆品征收范围另行制定。

目前，高档护肤类化妆品征收范围还没有发布，执行中存在很多争议。

◎甲醇汽油、乙醇汽油是否属于消费税征收范围

问题：成品油的征税范围包括汽油、柴油、航空煤油、石脑油、溶剂油、润滑油、燃料油，那么，甲醇汽油、乙醇汽由是否属于消费税征税范围？

解答：汽油是指用原油或其他原料加工生产的辛烷值不小于66的可用做汽油发动机燃料的各种轻质油。含铅汽油是指铅含量每升超过0.013克的汽油。汽油分为车用汽油和航空汽油。

以汽油、汽油组分调和生产的甲醇汽油、乙醇汽油也属于本税目征收范围。纳税人用自产汽油生产的乙醇汽油，按照生产乙醇汽油所耗用的汽油数量申报纳税。

纳税人既生产销售汽油又生产销售乙醇汽油的，应分别核算，未分别核算的，生产销售的乙醇汽油不得按照生产乙醇汽油所耗用的汽油数量申报纳税，一律按照乙醇汽油的销售数量征收消费税。

◎生产、加工润滑脂，是否应征消费税

问题：我企业生产润滑脂出售，请问需要缴纳消费税吗？

解答：国税函(2009)709号规定，根据润滑油消费税征收范围注释，用原油或其他原料加工生产的用于内燃机、机械加工过程的润滑产品均属于润滑油征税范围。润滑脂是润滑产品，属润滑油消费税征收范围，生产、加工润滑脂应当征收消费税。

需要注意的是，国家税务总局公告2010年第12号规定，变压器油、导热类油等绝缘油类产品不属于《财政部国家税务总局关于提高成品油消费税税率的通知》(财税[2008]167号)规定的应征消费税的“润滑油”，不征收消费税。

◎滑板车轮胎是否属于消费税征税范围

问题：我企业是一家滑板车生产企业，请问滑板车使用的轮胎需要缴纳消费税吗？

解答：《消费税征税范围注释》(国税发[1993]153号)规定，汽车轮胎是指用于各种汽车、挂车、专用车和其他机动车上的内、外胎。本税目征收范围包括：

1)轻型乘用汽车轮胎；

2)载重及公共汽车、无轨电车轮胎；

3)矿山、建筑等车辆用轮胎；

4)特种车辆用轮胎(指行驶于无路面或雪地、沙漠等高越野轮胎)；

5)摩托车轮胎；

6)各种挂车用轮胎；

7)工程车轮胎；

8)其他机动车轮胎；

9)汽车与农用拖拉机、收割机、手扶拖拉机通用轮胎。

国税函[2007]114号批复如下："根据《国家税务总局关于印发〈消费税征收范围注释〉的通知》(国税发[1993]153号)，汽车轮胎包括各种汽车、挂车、专用车和其他机动车上的内、外胎。滑板车、沙滩车、卡丁车等小全地形车虽然不同于行驶于一般道路的汽车，但仍属于机动车；用于这类车辆的轮胎虽具有断面较宽、速度较低等特点，但没有改变其作为机动车轮胎的本质，属于消费税征税范围。"

其实轮胎的征税范围是存在很大问题的，比如农用拖拉机、收割机和手扶拖拉机使用的轮胎，与汽车轮胎并无多大差别。但是，《国家税务总局关于农用拖拉机、收割机和手扶拖拉机专用轮胎不征收消费税问题的公告》(国家税务总局公告2010年第16号)规定："农用拖拉机、收割机和手扶拖拉机专用轮胎不属于《中华人民共和国消费税暂行条例》(中华人民共和国国务院令第539号)规定的应征消费税的"汽车轮胎"范围，不征收消费税。"

◎变压器油是否缴纳消费税

问题：某企业准备生产变压器油，请问生产销售的变压器油除应缴纳增值税外，是否还应缴纳消费税？

解答：根据《国家税务总局关于绝缘油类产品不征收消费税问题的公告》（国家税务总局公告 2010 年第 12 号）规定："变压器油、导热类油等绝缘油类产品不属于《财政部、国家税务总局关于提高成品油消费税税率的通知》（财税[2008]167 号）规定的应征消费税的"润滑油"，不征收消费税。"因此，该企业准备生产的变压器油不缴纳消费税。

◎生产销售催化料、焦化料是否缴纳消费税

问题：我单位生产销售催化料、焦化料，请问需要缴纳消费税吗？

解答：《国家税务总局关于催化料、焦化料征收消费税的公告》（国家税务总局公告 2012 年第 46 号）明确："催化料、焦化料属于燃料油的征收范围，应当征收消费税。"

所谓燃料油，也称重油、渣油，是用原油或其他原料加工生产，主要用做电厂发电、锅炉用燃料、加热炉燃料、冶金和其他工业炉燃料。根据《财政部、国家税务总局关于提高成品油消费税税率的通知》（财税[2008]167 号）附件中《成品油消费税征收范围注释》第七项的规定，燃料油具体包括腊油、船用重油、常压重油、减压重油、180CTS 燃料油、7 号燃料油、糠醛油、工业燃料、4－6 号燃料油等油品。由于催化料、焦化料是石油炼化企业对原油在常减压生产工艺环节产生的产品，其特性属于重质燃料油，同类产品如腊油、渣油等就在财税[2008]167 号文中明确为燃料油的征收范围。

催化料、焦化料要缴消费税，该怎么缴呢？根据财税[2008]167 号文件规定，燃料油的消费税单位税额为每升 0.8 元。这里需要提醒注意的是，国家税务总局公告 2012 年第 46 号文自 2012 年 11 月 1 日起执行，也就是说，企业生产销售催化料、焦化料应申报缴纳的消费税是 2012 年 11 月 1 日起开始计算，首个申报期为 2012 年 12 月 15 日前；而 2012 年 11 月 1 日之前生产销售的催化料、焦化料是不用申报缴纳消费税的。

◎用废弃的动植物油生产的纯生物柴油是否要缴纳消费税

问题：我企业准备利用废弃的动植物油生产纯生物柴油，请问是否需要缴纳消费税？

解答：根据《财政部、国家税务总局关于对利用废弃的动植物油生产纯生物柴油免征消费税的通知》(财税[2010]118号)规定，从2009年1月1日起，对同时符合下列条件的纯生物柴油免征消费税：①生产原料中废弃的动物油和植物油用量所占比重不低于70%。②生产的纯生物柴油符合国家《柴油机燃料调合生物柴油(BD100)》标准。对不符合上述规定的生物柴油，或者以柴油、柴油组分调合生产的生物柴油照章征收消费税。

随后，财政部、国家税务总局又下发《财政部、国家税务总局关于明确废弃动植物油生产纯生物柴油免征消费税适用范围的通知》(财税[2011]46号)，对“废弃的动物油和植物油”的范围明确如下：①餐饮、食品加工单位及家庭产生的不允许食用的动植物油脂。主要包括泔水油、煎炸废弃油、地沟油和抽油烟机凝析油等。②利用动物屠宰分割和皮革加工修削的废弃物处理提炼的油脂，以及肉类加工过程中产生的非食用油脂。③食用油脂精炼加工过程中产生的脂肪酸、甘油脂及含少量杂质的混合物。主要包括酸化油、脂肪酸、棕榈酸化油、棕榈油脂肪酸、白土油及脱臭馏出物等。④油料加工或油脂储存过程中产生的不符合食用标准的油脂。

◎成品油自用是否要缴纳消费税

问题：一家生产成品油的炼油厂，将自产的成品油用于本单位的客运汽车(接送员工上下班)，是否可以免缴消费税？

解答：《财政部、国家税务总局关于对成品油生产企业生产自用油免征消费税的通知》(财税[2010]98号) 规定如下。

1)从2009年1月1日起，对成品油生产企业在生产成品油过程中，作为燃料、动力及原料消耗掉的自产成品油，免征消费税。对用于其他用途或直接对外销售的成品油照章征收消费税。

2)从2009年1月1日到本通知下发前，成品油生产企业生产自用油已经缴纳的消费税，符合上述免税规定的，予以退还。

因此，该单位将自产成品油用于汽车(接送员工上下班)不符合上述规定，应按规定缴纳消费税。

◎将购进的汽油与乙醇混掺制成乙醇汽油后销售，应缴纳消费税吗

问题：用汽油与乙醇混掺制成乙醇汽油后对外销售，是否需要缴纳消费税？

解答：根据《财政部、国家税务总局关于提高成品油消费税税率的通知》(财税[2008]167号)附件《成品油消费税征收范围注释》规定，汽油是指用原油或其他原料加工生产的辛烷值不小于66的可用做汽油发动机燃料的各种轻质油。含铅汽油是指铅含量每升超过0.013克的汽油。汽油分为车用汽油和航空汽油，以汽油、汽油组分调和生产的甲醇汽油、乙醇汽油也属于本税目征收范围。

另外，根据《国家税务总局关于加强成品油消费税征收管理有关问题的通知》(国税函[2008]1072号)规定，下列纳税人应于2009年1月24日前到所在地主管税务机关办理消费税税种管理事项：

1)以原油以外的其他原料加工汽油、柴油、石脑油、溶剂油、航空煤油、润滑油和燃料油的。

2)用外购汽油和乙醇调和乙醇汽油的。

因此，成品油批发企业，将购进的各种标号汽油与乙醇混掺制成乙醇汽油后对外销售，需要缴纳消费税。

◎啤酒包装物押金要缴纳消费税吗

问题：企业销售啤酒，啤酒包装物押金要缴纳消费税吗？

解答：根据《消费税暂行条例实施细则》第十三条规定，应税消费品连同包装物销售的，无论包装物是否单独计价以及在会计上如何核算，均应并入应税消费品的销售额中缴纳消费税。

如果包装物不作价随同产品销售，而是收取押金，此项押金则不应并入应税消费品的销售额中征税。但对因逾期未收回的包装物不再退还的，或者已收取的时间超过12个月的押金，应并入应税消费品的销售额，按照应税消费品的适用税率缴纳消费税。

对既作价随同应税消费品销售，又另外收取押金的包装物的押金，凡纳

税人在规定的期限内没有退还的，均应并入应税消费品的销售额，按照应税消费品的适用税率缴纳消费税。

由于啤酒采用从量定额办法征收消费税，应税消费品的计税依据是销售数量而非销售金额，征税的多少与销售数量成正比，而与销售金额无直接关系。因此，企业销售啤酒时，如果发生包装物销售行为，或收取押金，均不存在计征消费税的问题。

◎商店零售金银首饰是否征消费税

问题：我商店零售金银首饰是否征消费税？税率多少？如何计算？

解答：《财政部、国家税务总局关于调整金银首饰消费税纳税环节有关问题的通知》(财税[1994]95号)内容如下。

经国务院批准，自1995年1月1日起，金银首饰消费税由生产销售环节征收改为零售环节征收。改为零售环节征收消费税的金银首饰范围仅限于：金、银和金基、银基合金首饰，以及金、银和金基、银基合金的镶嵌首饰(以下简称金银首饰)。不属于上述范围的应征消费税的首饰，仍在生产销售环节征收消费税。

对既销售金银首饰，又销售非金银首饰的生产、经营单位，应将两类商品划分清楚，分别核算销售额。凡划分不清楚或不能分别核算的，在生产环节销售的，一律从高适用税率征收消费税；在零售环节销售的，一律按金银首饰征收消费税。计税公式为：

$$应纳税额=销售额\times比例税率(5\%)$$

根据《国家税务总局关于使用消费税纳税申报表有关问题的通知》(国税函[2008]236号附件5)的规定，金银首饰消费税使用《其他应税消费品消费税纳税申报表》，于每月15日前向主管税务机关申报。

◎将委托加工收回的白酒重新贴标对外销售，是否缴纳消费税

问题：我公司是一家白酒生产企业，因为产品销售好，生产能力不足，因此委托其他酒厂加工生产白酒，再重新贴标对外销售，请问是否缴纳消费税？

解答：据《消费税暂行条例》(国务院令2008年第539号)第四条规定：纳税人生产的应税消费品，于纳税人销售时纳税。纳税人自产自用的应税消费

品，用于连续生产应税消费品的，不纳税；用于其他方面的，于移送使用时纳税。委托加工的应税消费品，除受托方为个人外，由受托方在向委托方交货时代收代缴税款。委托加工的应税消费品，委托方用于连续生产应税消费品的，所纳税款准予按规定抵扣。

据《消费税暂行条例实施细则》(财政部、国家税务总局令 2008 年第 51 号)第七条规定：条例第四条第二款所称委托加工的应税消费品，是指由委托方提供原料和主要材料，受托方只收取加工费和代垫部分辅助材料加工的应税消费品。对于由受托方提供原材料生产的应税消费品，或者受托方先将原材料卖给委托方，然后再接受加工的应税消费品，以及由受托方以委托方名义购进原材料生产的应税消费品，不论在财务上是否作销售处理，都不得作为委托加工应税消费品，而应当按照销售自制应税消费品缴纳消费税。委托加工的应税消费品直接出售的，不再缴纳消费税。

根据上述规定，如符合上述委托加工的应税消费品，除受托方为个人外，由受托方在向委托方交货时代收代缴税款。委托加工收回后再重新贴标属连续生产应税消费品，销售时应纳消费税，但委托加工时所纳税款准予按规定抵扣。但委托加工的应税消费品直接出售的，不用再缴纳消费税。

◎委托加工的应税消费品加价出售，是否缴纳消费税

问题：我公司委托其他企业加工一批烟丝，然后加价对外销售，因为在委托加工环节已经缴纳过消费税，请问出售时还用缴纳消费税吗？

解答：根据《消费税暂行条例实施细则》的规定，委托加工的应税消费品直接出售的，不再征收消费税。

消费税对委托加工的应税消费品实行了由受托方代收代缴委托方应纳税额的办法，这实际上是将应由委托方收回后销售时应纳的消费税提前到加工环节征收。这样规定后委托方将委托加工的产品收回后直接销售的，就不再征收消费税了。受托方在向委托方交货时代收代缴的消费税税款，一般可以按照受托方同类消费品的销售价格计算纳税；没有同类消费品销售价格的，可以按照组成计税价格计算纳税。应纳税额计算公式为：

应纳税额 = 组成计税价格 × 适用税率

组成计税价格 =（材料成本 + 加工费）÷（1 − 消费税税率）

但在经营中，有的委托方将收回的应税消费品以高于受托方的销售价格

出售，这就需要缴税了。《财政部、国家税务总局关于〈中华人民共和国消费税暂行条例实施细则〉有关条款解释的通知》(财法[2012]8号)规定，自2012年9月1日起，委托方将收回的应税消费品，以不高于受托方的计税价格出售的，为直接出售，不再缴纳消费税；委托方以高于受托方的计税价格出售的，不属于直接出售，需按照规定申报缴纳消费税，在计税时准予扣除受托方已代收代缴的消费税。

◎应征消费税的汽车如何界定

问题：请问含驾驶员座位在内最多不超过9个座位(含)的面包车2006年3月31日前按小客车缴纳消费税，2006年4月1日后是否按乘用车缴纳消费税？

解答：《财政部、国家税务总局关于调整和完善消费税政策的通知》(财税[2006]33号)附件《消费税新增和调整税目征收范围注释》规定，汽车是指由动力驱动，具有4个或4个以上车轮的非轨道承载的车辆。本税目征收范围包括乘用车、中轻型商用客车即含驾驶员座位在内最多不超过9个座位(含)的，在设计和技术特性上用于载运乘客和货物的各类乘用车，和含驾驶员座位在内的座位数在10至23座(含23座)的，在设计和技术特性上用于载运乘客和货物的各类中轻型商用客车。

根据上述规定，自2006年4月1日起，缴纳消费税汽车指乘用车包括含驾驶员座位在内最多不超过9个座位(含)的按气缸容量大小税率为1%～40%；中轻型商用客车含驾驶员座位在内的座位数在10至23座(含23座)的税率为5%。

◎工业企业以外的单位和个人应缴纳消费税问题

问题：请问工业企业以外的单位和个人的哪些行为应缴纳消费税？

解答：2012年11月6日，国家税务总局发布《国家税务总局关于消费税有关政策问题的公告》(国家税务总局公告2012年第47号)规定，下列行为视为应税消费品的生产行为，按规定征收消费税。

1)将外购的消费税非应税产品以消费税应税产品对外销售的；

2)将外购的消费税低税率应税产品以高税率应税产品对外销售的。

该公告自2013年1月1日起执行。

◎纳税人以原油或其他原料生产加工的液态产品，如何划分，是否征收消费税

问题：对纳税人以原油或其他原料生产加工的液态产品，如何划分，是否征收消费税？

解答：2012 年 11 月 6 日，国家税务总局发布《国家税务总局关于消费税有关政策问题的公告》(国家税务总局公告 2012 年第 47 号)作了如下规定。

1)纳税人以原油或其他原料生产加工的在常温常压条件下(25℃/一个标准大气压)呈液态状(沥青除外)的产品，按以下原则划分是否征收消费税：

①产品符合汽油、柴油、石脑油、溶剂油、航空煤油、润滑油和燃料油征收规定的，按相应的汽油、柴油、石脑油、溶剂油、航空煤油、润滑油和燃料油的规定征收消费税；

②本条第①项规定以外的产品，符合该产品的国家标准或石油化工行业标准的相应规定(包括产品的名称、质量标准与相应的标准一致)，且纳税人事先将省级以上(含)质量技术监督部门出具的相关产品质量检验证明报主管税务机关进行备案的，不征收消费税；否则，视同石脑油征收消费税。

2)纳税人以原油或其他原料生产加工的产品如以沥青产品对外销售时，该产品符合沥青产品的国家标准或石油化工行业标准的相应规定(包括名称、型号和质量标准等与相应标准一致)，且纳税人事先将省级以上(含)质量技术监督部门出具的相关产品质量检验证明报主管税务机关进行备案的，不征收消费税；否则，视同燃料油征收消费税。

◎啤酒生产集团内部企业间调拨销售的啤酒液是否缴纳消费税

问题：啤酒生产集团内部企业间调拨销售的啤酒液缴纳消费税吗？

解答：《国家税务总局关于啤酒集团内部企业间销售(调拨)啤酒液征收消费税问题的批复》(国税函[2003]382 号)规定如下。

1)啤酒生产集团内部企业间调拨销售的啤酒液，应由啤酒液生产企业按现行规定申报缴纳消费税。

2)购入方企业应依据取得的销售方销售啤酒液所开具的增值税专用发票上记载的销售数量、销售额、销售单价确认销售方啤酒液适用的消费税单位

税额，单独建立外购啤酒液购入使用台账，计算外购啤酒液已纳消费税额。

3)购入方使用啤酒液连续灌装生产并对外销售的啤酒，应依据其销售价格确定适用单位税额计算缴纳消费税，但其外购啤酒液已纳的消费税额，可以从其当期应纳消费税额中抵减。

◎实木地板的消费税征税范围

问题：实木地板需要缴纳消费税吗？

解答：《财政部、国家税务总局关于调整和完善消费税政策的通知》(财税[2006]33号)规定，实木地板是指以木材为原料，经锯割、干燥、刨光、截断、开榫、涂漆等工序加工而成的块状或条状的地面装饰材料。实木地板按生产工艺不同，可分为独板(块)实木地板、实木指接地板、实木复合地板三类；按表面处理状态不同，可分为未涂饰地板(白坯板、素板)和漆饰地板两类。

本税目征收范围包括各类规格的实木地板、实木指接地板、实木复合地板及用于装饰墙壁、天棚的侧端面为榫、槽的实木装饰板。未经涂饰的素板属于本税目征税范围。

《财政部、国家税务总局关于消费税若干具体政策的通知》(财税[2006]125号)进一步规定，实木复合地板是以木材为原料，通过一定的工艺将木材刨切加工成单板(刨切薄木)或旋切加工成单板，然后将多层单板经过胶压复合等工艺生产的实木地板。目前，实木复合地板主要为三层实木复合地板和多层实木复合地板。

第四节　消费税的计算和缴纳

消费税属于价内税，与增值税的计算不同，但也有一些相同的地方。需要强调的是，消费税有的按从价计征，有的按从量计征，有的则实行从价计征和从量计征的复合征税办法。因此，在缴纳消费税时，首先要确定具体的征税方法。

实行从价计征的，用销售额乘以税率即可得到应缴纳的消费税。在从价计征消费税的计算中，可能出现的纳税风险是没有正确确定销售额，没有准确适用消费税税率。实行从价计征和从量计征的，需要分别计算出从价计征应纳税额和从量计征应纳税额，二者相加即为生产、销售应税消费品应缴纳的消费税。

在消费税的计算中，涉及到外购应税消费品税款的抵扣、最低计税价格的确定等方面，这些是容易产生纳税风险的环节，纳税人需要特别注意。下面以问答的形式说明消费税的计算和缴纳。

◎消费税的税率

问题：消费税的税率是如何规定的？

解答：《消费税暂行条例》规定，消费税税目、税率的调整，由国务院决定。2009 年实施新的《消费税暂行条例》，目前的消费税税目、税率见表 3－1 所示。

表 3－1　消费税税目、税率

税　目	税　率
一、烟	
1. 卷烟	
(1) 甲类卷烟	56% 加 0.003 元/支
(2) 乙类卷烟	36% 加 0.003 元/支
2. 雪茄烟	36%
3. 烟丝	30%
二、酒及酒精	
1. 白酒	20% 加 0.5 元/500 克(或者 500 毫升)
2. 黄酒	240 元/吨
3. 啤酒	
(1) 甲类啤酒	250 元/吨
(2) 乙类啤酒	220 元/吨
4. 其他酒	10%
5. 酒精	5%

（续表）

税 目	税 率
三、化妆品	30%
四、贵重首饰及珠宝玉石	
1. 金银首饰、铂金首饰和钻石及钻石饰品	5%
2. 其他贵重首饰和珠宝玉石	10%
五、鞭炮、焰火	15%
六、成品油	
1. 汽油	
(1)含铅汽油	1.40 元/升
(2)无铅汽油	1.00 元/升
2. 柴油	0.80 元/升
3. 航空煤油	0.80 元/升
4. 石脑油	1.00 元/升
5. 溶剂油	1.00 元/升
6. 润滑油	1.00 元/升
7. 燃料油	0.80 元/升
七、汽车轮胎	3%
八、摩托车	
1. 气缸容量(排气量，下同)在 250 毫升(含 250 毫升)以下的	3%
2. 气缸容量在 250 毫升以上的	10%
九、小汽车	
1. 乘用车	
(1)气缸容量(排气量，下同)在 1.0 升(含 1.0 升)以下的	1%
(2)气缸容量在 1.0 升以上至 1.5 升(含 1.5 升)的	3%
(3)气缸容量在 1.5 升以上至 2.0 升(含 2.0 升)的	5%
(4)气缸容量在 2.0 升以上至 2.5 升(含 2.5 升)的	9%
(5)气缸容量在 2.5 升以上至 3.0 升(含 3.0 升)的	12%
(6)气缸容量在 3.0 升以上至 4.0 升(含 4.0 升)的	25%
(7)气缸容量在 4.0 升以上的	40%
2. 中轻型商用客车	5%

（续表）

税　目	税　率
十、高尔夫球及球具	10%
十一、高档手表	20%
十二、游艇	10%
十三、木制一次性筷子	5%
十四、实木地板	5%

◎纳税人兼营不同税率的应税消费品，如何确定适用税率

问题：我单位生产的烟包括不同的品牌，售价也不一样，该如何确定适用的税率？

解答：纳税人兼营不同税率的应当缴纳消费税的消费品，应当分别核算不同税率应税消费品的销售额、销售数量；未分别核算销售额、销售数量，从高适用税率。纳税人兼营不同税率的应当缴纳消费税的消费品，是指纳税人生产销售两种税率以上的应税消费品。纳税人将不同税率的应税消费品组成成套消费品销售的，从高适用税率。

根据以上规定，你企业应首先确定不同品牌香烟适用的税率，然后分别核算适用税率不同的香烟的销售额、销售数量。否则，你企业将按甲类卷烟的税率纳税。

◎配制酒，如何征收消费税

问题：配制酒，如何计算缴纳消费税？

解答：《国家税务总局关于配制酒消费税适用税率问题的公告》（国家税务总局公告2011年第53号）内容如下。

根据《消费税暂行条例》及《消费税暂行条例实施细则》的规定，现将配制酒消费税适用税率问题公告如下。

（1）配制酒（露酒）是指以发酵酒、蒸馏酒或食用酒精为酒基，加入可食用或药食两用的辅料或食品添加剂，进行调配、混合或再加工制成的、并改变了其原酒基风格的饮料酒。

(2)配制酒消费税适用税率。

1)以蒸馏酒或食用酒精为酒基，同时符合以下条件的配制酒，按消费税税目税率表“其他酒”10%适用税率征收消费税。

①具有国家相关部门批准的国食健字或卫食健字文号；

②酒精度低于38度(含)。

2)以发酵酒为酒基，酒精度低于20度(含)的配制酒，按消费税税目税率表“其他酒”10%适用税率征收消费税。

3)其他配制酒，按消费税税目税率表“白酒”适用税率征收消费税。

上述蒸馏酒或食用酒精为酒基是指酒基中蒸馏酒或食用酒精的比重超过80%(含)；发酵酒为酒基是指酒基中发酵酒的比重超过80%(含)。

《财政部关于竹叶青酒适用消费税率问题的意见函》(财税政字[1998]22号)内容如下：配置酒是在特写酒基中加入可食用的辅料(包括植物型与动物型)、食品添加剂等配制而成的一种酒。经了解，竹叶青酒主要是以汾酒为酒基配制而成，属于典型的配制酒。国家税务总局于1997年5月下发了《国家税务总局关于消费税若干征税问题的通知》(国税发[1997]84号，以下简称《通知》)，法规“对企业以折酒和酒精为酒基，加入果汁、香料、色素、药材、补品、糖、调料等配制或泡制的酒，不再按‘其他酒’子目中的‘复制酒’征税，一律按照酒基所用原材料确定白酒的适用税率。凡酒基所用原材料无法确定的，一律按粮食白酒的税率征收消费税”。为此，我们意见，为了维护税收政策的统一，避免引起企业间的相互攀比，竹叶青酒应按照《通知》的法规，以其酒基所适用的税率缴纳消费税。

◎如何具体确定啤酒适用的消费税单位税额

问题：如何具体确定啤酒适用的消费税单位税额？

解答：《财政部、国家税务总局关于调整酒类产品消费税政策的通知》(财税[2001]84号)规定如下。

1)每吨啤酒出厂价格(含包装物及包装物押金)在3 000元(含3 000元，不含增值税)以上的，单位税额250元/吨。

2)每吨啤酒出厂价格在3 000元(不含3 000元，不含增值税)以下的，单位税额220元/吨。

3）娱乐业、饮食业自制啤酒，单位税额250元/吨。

《财政部、国家税务总局关于明确啤酒包装物押金消费税政策的通知》（财税[2006]20号）内容如下：财政部和国家税务总局《关于调整酒类产品消费税政策的通知》（财税[2001]84号）规定啤酒消费税单位税额按照出厂价格（含包装物及包装物押金）划分档次，上述包装物押金不包括供重复使用的塑料周转箱的押金。

◎消费税实行从量定额计征办法的，如何计算应纳税额

问题：实行从量定额计征消费税的，具体如何计算？

解答：实行从量定额计征消费税的，应纳税额计算公式为：

应纳税额＝销售数量×定额税率

销售数量，是指应税消费品的数量。具体为：

1）销售应税消费品的，为应税消费品的销售数量；

2）自产自用应税消费品的，为应税消费品的移送使用数量；

3）委托加工应税消费品的，为纳税人收回的应税消费品数量；

4）进口应税消费品的，为海关核定的应税消费品进口征税数量。

对于酒、汽油等消费品，需要进行单位换算，具体换算表为：

黄酒1吨＝962升

啤酒1吨＝988升

汽油1吨＝1 388升

柴油1吨＝1 176升

航空煤油1吨＝1 246升

石脑油1吨＝1 385升

溶剂油1吨＝1 282升

润滑油1吨＝1 126升

燃料油1吨＝1 015升

◎实行从价定率计征消费税的，如何计算应纳税额

问题：实行从价定率计征消费税的，如何计算应纳税额？

解答：实行从价定率计征消费税的，计算公式为：

应纳税额=销售额×比例税率

在确定销售额时，应注意以下几点。

首先，应明确销售额包含的内容。销售额为纳税人销售应税消费品向购买方收取的全部价款和价外费用。不包括应向购货方收取的增值税税款。如果纳税人应税消费品的销售额中未扣除增值税税款或者因不得开具增值税专用发票而发生价款和增值税税款合并收取的，在计算消费税时，应当换算为不含增值税税款的销售额。其换算公式如下。

应税消费品的销售额=含增值税的销售额(1+增值税税率或者征收率)

价外费用，是指价外向购买方收取的手续费、补贴、基金、集资费、返还利润、奖励费、违约金、滞纳金、延期付款利息、赔偿金、代收款项、代垫款项、包装费、包装物租金、储备费、优质费、运输装卸费以及其他各种性质的价外收费。但下列项目不包括在内。

1)同时符合以下条件的代垫运输费用：

①承运部门的运输费用发票开具给购买方的；

②纳税人将该项发票转交给购买方的。

2)同时符合以下条件代为收取的政府性基金或者行政事业性收费：

①由国务院或者财政部批准设立的政府性基金，由国务院或者省级人民政府及其财政、价格主管部门批准设立的行政事业性收费；

②收取时开具省级以上财政部门印制的财政票据；

③所收款项全额上缴财政。

其次，应正确处理包装物及其押金。应税消费品连同包装物销售的，无论包装物是否单独计价以及在会计上如何核算，均应并入应税消费品的销售额中缴纳消费税。如果包装物不作价随同产品销售，而是收取押金，此项押金则不应并入应税消费品的销售额中征税。但对因逾期未收回的包装物不再退还的或者已收取的时间超过12个月的押金，应并入应税消费品的销售额，按照应税消费品的适用税率缴纳消费税。

对既作价随同应税消费品销售，包装物又另外收取押金的，凡纳税人在规定的期限内没有退还的，均应并入应税消费品的销售额，按照应税消费品的适用税率缴纳消费税。

最后，应注意最低计税价格的限制。纳税人应税消费品的计税价格明显偏低并无正当理由的，由主管税务机关核定其计税价格。

比如，国家对卷烟的消费税就规定：消费税计税价格按照卷烟零售价格扣除卷烟流通环节的平均费用和利润核定。卷烟流通环节的平均费用率和平均利润率暂定为45%。消费税计税价格的核定公式为：

某牌号、规格卷烟消费税计税价格＝零售价格÷(1＋45%)

◎关于纳税人自产自用的应税消费品，缴税问题

问题：纳税人自产自用的应税消费品，如何缴纳消费税？

解答：纳税人自产自用的应税消费品，按照纳税人生产的同类消费品的销售价格计算纳税；没有同类消费品销售价格的，按照组成计税价格计算纳税。

实行从价定率办法计算纳税的组成计税价格计算公式：

组成计税价格＝(成本＋利润)÷(1－比例税率)

实行复合计税办法计算纳税的组成计税价格计算公式：

组成计税价格＝(成本＋利润＋自产自用数量×定额税率)÷(1－比例税率)

对于自产自用，税法规定，纳税人自产自用的应税消费品，用于连续生产应税消费品的，不纳税；用于其他方面的，于移送使用时纳税。

需要解释的是，用于连续生产应税消费品，是指纳税人将自产自用的应税消费品作为直接材料生产最终应税消费品，自产自用应税消费品构成最终应税消费品的实体。

用于其他方面，是指纳税人将自产自用应税消费品用于生产非应税消费品、在建工程、管理部门、非生产机构、提供劳务、馈赠、赞助、集资、广告、样品、职工福利、奖励等方面。

◎关于委托加工的应税消费品缴税问题

问题：委托加工的应税消费品如何缴纳消费税？

解答：委托加工的应税消费品，按照受托方的同类消费品的销售价格计算纳税；没有同类消费品销售价格的，按照组成计税价格计算纳税。

实行从价定率办法计算纳税的组成计税价格计算公式：

组成计税价格＝(材料成本＋加工费)÷(1－比例税率)

实行复合计税办法计算纳税的组成计税价格计算公式：

组成计税价格 =（材料成本 + 加工费 + 委托加工数量 × 定额税率）÷（1 – 比例税率）

材料成本，是指委托方所提供加工材料的实际成本。

委托加工应税消费品的纳税人，必须在委托加工合同上如实注明（或者以其他方式提供）材料成本，凡未提供材料成本的，受托方主管税务机关有权核定其材料成本。

需要注意的是，税法规定，委托加工的应税消费品，委托方用于连续生产应税消费品的，所纳税款准予按规定抵扣。

当期准予扣除的委托加工应税消费品已纳税款 =
期初库存的委托加工应税消费品已纳税款 +
当期收回的委托加工应税消费品已纳税款 –
期末库存的委托加工应税消费品已纳税款

委托加工应税消费品已纳税款为代扣代收税款凭证注明的受托方代收代缴的消费税。

◎如何核定白酒消费税最低计税价格

问题：近日，税务机关认为我单位申报缴纳消费税的白酒销售价格过低，要按白酒消费税最低计税价格对我公司征税，请问如何核定白酒消费税最低计税价格？

解答：《国家税务总局关于加强白酒消费税征收管理的通知》（国税函[2009]380 号）附件《白酒消费税最低计税价格核定管理办法》（试行）规定，白酒生产企业销售给销售单位的白酒，生产企业消费税计税价格低于销售单位对外销售价格（不含增值税，下同）70% 以下的，税务机关应核定消费税最低计税价格。销售单位是指，销售公司、购销公司以及委托境内其他单位或个人包销本企业生产白酒的商业机构。销售公司、购销公司是指，专门购进并销售白酒生产企业生产的白酒，并与该白酒生产企业存在关联性质。包销是指，销售单位依据协定价格从白酒生产企业购进白酒，同时承担大部分包装材料等成本费用，并负责销售白酒。

白酒消费税最低计税价格由白酒生产企业自行申报，税务机关核定。主管税务机关应将白酒生产企业申报的销售给销售单位的消费税计税价格低于销售单位对外销售价格70%以下、年销售额1 000万元以上的各种白酒，按照本办法的式样及要求，在规定的时限内逐级上报至国家税务总局。税务总局选择其中部分白酒核定消费税最低计税价格。白酒消费税最低计税价格核定标准如下。

1)白酒生产企业销售给销售单位的白酒，生产企业消费税计税价格高于销售单位对外销售价格70%(含70%)以上的，税务机关暂不核定消费税最低计税价格。

2)白酒生产企业销售给销售单位的白酒，生产企业消费税计税价格低于销售单位对外销售价格70%以下的，消费税最低计税价格由税务机关根据生产规模、白酒品牌、利润水平等情况在销售单位对外销售价格50%至70%范围内自行核定。其中生产规模较大、利润水平较高的企业生产的需要核定消费税最低计税价格的白酒，税务机关核价幅度原则上应选择在销售单位对外销售价格60%至70%范围内。

已核定最低计税价格的白酒，销售单位对外销售价格持续上涨或下降时间达到3个月以上、累计上涨或下降幅度在20%(含)以上的白酒，税务机关重新核定最低计税价格。

◎以套装形式销售的，如何确定计税依据

问题：纳税人将自产的应税消费品与外购或自产的非应税消费品组成套装销售的，如何确定计税依据？

解答：纳税人将自产的应税消费品与外购或自产的非应税消费品组成套装销售的，以套装产品的销售额(不含增值税)为计税依据。

◎关于外购产品已纳消费税抵扣问题

问题：在计算消费税时，哪些外购产品已纳的消费税可以抵扣？

解答：按照有关政策规定，并不是所有外购产品已纳的消费税都可以抵扣。对这个问题，不同时期不同的法规规定有所不同，纳税人容易出错，需要特别注意。

1)以下外购产品已纳的消费税可以抵扣。

①外购已税烟丝生产的卷烟。

②外购已税化妆品生产的化妆品。

③外购已税珠宝玉石生产的贵重首饰及珠宝玉石。

④外购已税鞭炮、焰火生产的鞭炮、焰火。

⑤以外购或委托加工收回的已税杆头、杆身和握把为原料生产的高尔夫球杆。

⑥以外购或委托加工收回的已税木制一次性筷子为原料生产的木制一次性筷子。

⑦以外购或委托加工收回的已税实木地板为原料生产的实木地板。

⑧以外购或委托加工收回的已税石脑油为原料生产的应税消费品。

⑨以外购或委托加工收回的已税润滑油为原料生产的润滑油。

⑩对外购或委托加工收回的汽油、柴油用于连续生产甲醇汽油、生物柴油，准予从消费税应纳税额中扣除原料已纳的消费税税款。

2)根据《国家税务总局调整和完善消费税政策征收管理规定》(国税发[2006]49号)的规定，准予从消费税应纳税额中扣除原料已纳消费税税款的计算公式按照不同行为分别采取如下计算公式：

①实行从价定率办法计算应纳税额的：

当期准予扣除外购应税消费品已纳税款=

当期准予扣除外购应税消费品买价×外购应税消费品适用税率

当期准予扣除外购应税消费品买价=期初库存外购应税消费品买价+

当期购进的外购应税消费品买价-期末库存的外购应税消费品买价

外购应税消费品买价为纳税人取得的本规定第二条第(三)款规定的发票(含销货清单)注明的应税消费品的销售额(增值税专用发票必须是2006年4月1日以后开具的，下同)。

②实行从量定额办法计算应纳税额的：

当期准予扣除的外购应税消费品已纳税款=

当期准予扣除外购应税消费品数量×外购应税消费品单位税额30%

当期准予扣除外购应税消费品数量=期初库存外购应税消费品数量+

当期购进外购应税消费品数量-期末库存外购应税消费品数量

外购应税消费品数量为本规定第二条第(三)款规定的发票(含销货清单)注明的应税消费品的销售数量。

◎进口应税消费品如何计算缴纳消费税

问题：我企业是一家进出口贸易公司，进口的货物中有些商品需要缴纳消费税，请问进口应税消费品如何计算缴纳消费税？

解答：税法规定，进口的应税消费品，于报关进口时纳税。纳税人进口应税消费品，应当自海关填发海关进口消费税专用缴款书之日起15日内缴纳税款。

进口应税消费品，按照组成计税价格计算纳税。

实行从价定率办法计算纳税的组成计税价格计算公式：

组成计税价格＝(关税完税价格＋关税)÷(1－消费税比例税率)

实行复合计税办法计算纳税的组成计税价格计算公式：

组成计税价格＝(关税完税价格＋关税＋
进口数量×消费税定额税率)÷(1－消费税比例税率)

需要注意的是，关税完税价格，是指海关核定的关税计税价格。

对于纳税人进口应税消费品连续生产应税消费品的，可以扣除已纳消费税税款。

当期准予扣除的进口应税消费品已纳税款＝
期初库存的进口应税消费品已纳税款＋
当期进口应税消费品已纳税款－
期末库存的进口应税消费品已纳税款

◎小规模纳税人出口应税消费品不予免税的，如何计算应征消费税额

问题：我企业是一家小规模企业，出口的应税消费品中有不能免税的产品，请问如何计算应征消费税额？

解答：小规模纳税人出口下列货物，除另有规定者外，应征收增值税。下列货物为应税消费品的，若小规模纳税人为生产企业，还应征收消费税。

1)国家规定不予退(免)增值税、消费税的货物；

2)未进行免税申报的货物；

3)未在规定期限内办理免税核销申报的货物；

4)虽已办理免税核销申报，但未按规定向税务机关提供有关凭证的货物；

5)经主管税务机关审核不批准免税核销的出口货物；

6)未在规定期限内申报开具《代理出口货物证明》的货物。

上述小规模纳税人出口货物应征税额按以下方法确定：

1)增值税应征税额的计算公式。

增值税应征税额=(出口货物离岸价×外汇人民币牌价)÷(1+征收率)×征收率

2)消费税应征税额的计算公式。

①实行从量定额征税办法的出口应税消费品。

消费税应征税额=出口应税消费品数量×消费税单位税额

②实行从价定率征税办法的出口应税消费品。

消费税应征税额=(出口应税消费品离岸价×外汇人民币牌价)÷(1+增值税征收率)×消费税适用税率

③实行从量定额与从价定率相结合征税办法的出口应税消费品。

消费税应征税额=出口应税消费品数量×消费税单位税额+(出口应税消费品离岸价×外汇人民币牌价)÷(1+增值税征收率)×消费税适用税率

上述出口货物的离岸价及出口数量以出口发票上的离岸价或出口数量为准(委托代理出口的，出口发票可以是委托方开具的或受托方开具的)，若出口价格以其他价格条件成交的，应扣除按会计制度规定允许冲减出口销售收入的运费、保险费、佣金等。若出口发票不能真实反映离岸价或出口数量，小规模纳税人应当按照离岸价或真实出口数量申报，税务机关有权按照《中华人民共和国税收征收管理法》、《中华人民共和国增值税暂行条例》、《中华人民共和国消费税暂行条例》等有关规定予以核定。

◎既销售金银首饰，又销售非金银首饰，如何计缴消费税

问题：对既销售金银首饰，又销售非金银首饰的生产、经营单位，如何计缴消费税？

解答：对既销售金银首饰，又销售非金银首饰的生产、经营单位，应将两类商品划分清楚，分别核算销售额。凡划分不清楚或不能分别核算的，在生产环节销售的，一律从高适用税率征收消费税；在零售环节销售的，一律

按金银首饰征收消费税。

金银首饰与其他产品组成成套消费品销售的，应按销售额全额征收消费税。

经营单位兼营生产、加工、批发、零售业务的，应分别核算销售额，未分别核算销售额或者划分不清的，一律视同零售征收消费税。

对金银首饰的消费税，《财政部、国家税务总局关于调整金银首饰消费税纳税环节有关问题的通知》(财税字[1994]95 号)作了一些特殊的规定。

1)纳税人销售金银首饰，其计税依据为不含增值税的销售额。如果纳税人销售金银首饰的销售额中未扣除增值税税款，在计算消费税时，应按以下公式换算为不含增值税税款的销售额。

金银首饰的销售额 = 含增值税的销售额 ÷ (1 + 增值税税率或征收率)

2)金银首饰连同包装物销售的，无论包装是否单独计价，也无论会计上如何核算，均应并入金银首饰的销售额，计征消费税。

3)带料加工的金银首饰，应按受托方销售同类金银首饰的销售价格确定计税依据征收消费税。没有同类金银首饰销售价格的，按照组成计税价格计算纳税。组成计税价格的计算公式为：

组成计税价格 = (材料成本 + 加工费) ÷ (1 − 金银首饰消费税税率)

4)纳税人采用以旧换新(含翻新改制)方式销售的金银首饰，应按实际收取的不含增值税的全部价款确定计税依据征收消费税。

5)生产、批发、零售单位用于馈赠、赞助、集资、广告、样品、职工福利、奖励等方面的金银首饰，应按纳税人销售同类金银首饰的销售价格确定计税依据征收消费税；没有同类金银首饰销售价格的，按照组成计税价格计算纳税。组成计税价格的计算公式为：

组成计税价格 = 购进原价 × (1 + 利润率) ÷ (1 − 金银首饰消费税税率)

纳税人为生产企业时，公式中的“购进原价”为生产成本。公式中的“利润率”一律定为6%。

◎对卷烟批发环节如何征收消费税

问题：我企业是一家卷烟批发企业，请问卷烟批发环节如何征收消费税？

解答：《国家税务总局关于调整烟产品消费税政策的通知》(财税[2009]84号)规定，纳税人批发销售的所有牌号规格的卷烟，在批发环节加征一道从价税，税率为5%。卷烟消费税在生产和批发两个环节征收后，批发企业在计算纳税时不得扣除已含的生产环节的消费税税款。

第四章

营业税纳税风险管理及问题解答

第一节 什么是营业税

营业税是对在我国境内从事各应税劳务、转让无形资产和销售不动产的单位和个人就其取得的营业额征收的一种税。营业税具有税源普遍、征税面广、征收简单的特点。目前，营业税改征增值税试点正大范围推开，营业税成为税制改革的重点。

从目前情况看，在营业税改征增值税试点地区，原来属于营业税征收范围的交通运输业、现代服务业已转为缴纳增值税，而在非试点地区仍然缴纳营业税，这就出现了同一种业务在不同地区缴纳不同税种，税务有差异的特殊情况。这种局面只是暂时的，按国务院的计划，在“十二五”期间，现行缴纳营业税的大多数税日将变为缴纳增值税。在这特殊的时期，纳税人更应注意纳税风险的防范。

下面关于营业税的有关论述、解答，仅适用于“营改增”非试点地区，已经实施“营改增”并纳入“营改增”税目的，应按照增值税的有关规定缴纳增值税。

营业税的纳税人是指从事上述应税劳务和应税行为的单位和个人，具体包括各种性质的企业、行政单位、军事单位、社会团体和其他单位，个体经营者以及其他有经营活动的个人。

营业税的征税范围包括：交通运输业、建筑业、金融保险业、邮电通信业、文化体育业、娱乐服务业、转让无形资产、销售不动产。

营业税的税率共分三档：交通运输业、建筑业、邮电通信业、文化体育业的税率为3%；金融保险业、服务业、销售不动产和转让无形资产的税率为5%；娱乐业则适用5%~20%的幅度税率。

与增值税、企业所得税等税种相比，由于不涉及税款抵扣、费用扣除等麻烦的情况，营业税的纳税操作相对来说要简单一些。营业税的纳税操作可以分为以下几个步骤：

（一）首先确定自己是不是营业税纳税人

确定是不是营业税纳税人依据的是是否实施了《营业税暂行条例》及《营业税暂行条例实施细则》规定的应税行为。纳税人在进行税务登记时，税务机关都会按照纳税人申报的主营业务、兼营业务进行税种登记。如果纳税人的主营业务、兼营业务中有应纳营业税的行为，当这种行为发生时，纳税人就有缴纳营业税的业务，就要申报缴纳营业税。

目前，税法规定，在我国境内提供应税劳务、转让无形资产和销售不动产的单位和个人为营业税的纳税人。

提供应税劳务，是指提供属于交通运输业、建筑业、金融保险业、邮电通信业、文化体育业、娱乐业、服务业税目征收范围的劳务，加工和修理、修配业务不属于营业税的应税劳务。而是增值税的应税劳务。这里的提供，是有偿提供，即劳务人获得货币、货物或者其他经济利益。在现实中，如何判断是否“有偿”，往往会成为税企争议的焦点。一般而言，对于非关联方提供劳务，如果不是出于公益目的，多半会被税务机关认为是有偿；对于关联方提供应税劳务，不仅会被认为提供应税劳务，还会被关注服务价格是否正常。

《营业税暂行条例实施细则》规定，纳税人有下列情形之一的，视同发生应税行为：

1）单位或者个人将不动产或者土地使用权无偿赠送其他单位或者个人；

2）单位或者个人自己新建（以下简称自建）建筑物后销售，其所发生的自建行为；

3）财政部、国家税务总局规定的其他情形。

这里需要特别指出的是，纳税人应准确理解“境内”的含义。《营业税暂行条例实施细则》规定，境内提供条例规定的劳务、转让无形资产或者销售不动产，是指：

1）提供或者接受条例规定劳务的单位或者个人在境内；

2）所转让的无形资产（不含土地使用权）的接受单位或者个人在境内；

3）所转让或者出租土地使用权的土地在境内；

4）所销售或者出租的不动产在境内。

纳税人需要注意，现实中享受免税优惠和不负有纳税义务不是同一个概念。享受免税优惠，说明纳税人具有纳税义务，但国家为了扶持其发展，规定给予税收优惠。不负有纳税义务，则说明纳税人的行为根本上就不构成纳税义务。

（二）准确判定税目归属和适用的税率

目前营业税有 9 个税目，分别是交通运输业、建筑业、金融保险业、邮电通信业、文化体育业、娱乐业、服务业、转让无形资产、销售不动产。每个税目都有特定的征税范围，适用的税率也有所不同。营业税税目税率表见表 4－1 所示。

表 4－1　营业税税目税率表

税目	税率
交通运输业	3%
建筑业	3%
金融保险业	5%
邮电通信业	3%
文化体育业	3%
娱乐业	5%~20%
服务业	5%
转让无形资产	5%
销售不动产	5%

（三）准确计算营业税税额

营业税的计算公式为：

$$应纳税额 = 营业额 \times 税率$$

在营业税的计算中，准确确定营业额是一个关键环节。营业额为纳税人提供应税劳务、转让无形资产或者销售不动产收取的全部价款和价外费用。国家为了减轻营业税纳税人的负担，对一些特殊的经营行为规定了差额征税方法，即在计算营业额时，可以扣除支付给其他单位或者个人的费用，按余额纳税。

(四)按时申报缴纳营业税

营业税和增值税一样，需要按期申报缴纳。营业税的纳税期限分别为5日、10日、15日、1个月或者1个季度。纳税人的具体纳税期限，由主管税务机关根据纳税人应纳税额的大小分别核定；不能按照固定期限纳税的，可以按次纳税。

纳税人以1个月或者1个季度为一个纳税期的，自期满之日起15日内申报纳税；以5日、10日或者15日为一个纳税期的，自期满之日起5日内预缴税款，于次月1日起15日内申报纳税并结清上月应纳税款。

营业税扣缴义务人解缴税款的期限，依照上述规定执行。

第二节　营业税纳税风险管理

营业税纳税风险管理是针对消费税的特点，树立正确的理念，健全管理机制，依据营业税的各个风险点，采取风险管理措施，以避免、减轻营业税的纳税风险。

营业税有哪些纳税风险点呢？归纳起来主要有以下几个方面。

首先，对营业税的征税范围出现错误认识，该缴的营业税没有缴纳。

目前，由于“营改增”正在进行中，营业税正向增值税转换，在税制转换期，特别容易发生错误。纳税人应多关注“营改增”进展，和税务机关及时沟通，准确确定应税行为应缴纳的税种。

比如，“营改增”后，培训服务取得的培训收入应该缴纳营业税还是增值税？按照“营改增”试点方案和有关政策，培训服务目前不属于“营改增”范围，应缴纳营业税。但是在北京，因为培训服务应缴纳营业税还是增值税就发生了争议。有的纳税人咨询了主管税务机关，无论是国税局还是地税局，均给出了缴纳增值税的口头答复。后来，几家税务师事务所联合向北京市国税局反映，才最终确定税务师事务所的培训收入应继续向地税局缴纳营业税。

如果纳税人缴错了税种，不仅仅是税负轻重的问题，而是违反税法的行为，将来税务机关追究起来，纳税人不仅会面临重复纳税，还会受到税务处罚。

其次，没能准确计算应税营业额，多计或少计营业额，导致多缴税或少缴税。

一些特殊的经营行为可以按差额法缴税，即在计算营业额时，可以扣除支付给其他单位或者个人的费用，按余额纳税。但是，一些纳税人对此不了解，或者了解不准确，出现大量多纳税、少纳税的现象，都是纳税风险。

《营业税暂行条例》第五条规定，纳税人的营业额为纳税人提供应税劳务、转让无形资产或者销售不动产收取的全部价款和价外费用。但是，下列情形除外：

1）纳税人将承揽的运输业务分给其他单位或者个人的，以其取得的全部价款和价外费用扣除其支付给其他单位或者个人的运输费用后的余额为营业额；

2）纳税人从事旅游业务的，以其取得的全部价款和价外费用扣除替旅游者支付给其他单位或者个人的住宿费、餐费、交通费、旅游景点门票和支付给其他接团旅游企业的旅游费后的余额为营业额；

3）纳税人将建筑工程分包给其他单位的，以其取得的全部价款和价外费用扣除其支付给其他单位的分包款后的余额为营业额；

4）外汇、有价证券、期货等金融商品买卖业务，以卖出价减去买入价后的余额为营业额；

5）国务院财政、税务主管部门规定的其他情形。

在这个规定中，除了税法明确的列举外，财政部和国家税务总局还发布了一些可以按照差额纳税的法规，纳税人应予以特别关注。

最后，未能正确处理税收优惠，导致多缴税。

营业税与其他税种一样，国家也制订了一些税收优惠政策，但是一些纳税人在税收优惠的处理上不当，出现应享受的优惠没有享受到。

一个原因是纳税人不知道有这项税收优惠，稀里糊涂地纳税了。第二个原因是纳税人没有按规定进行优惠政策的备案和审批，最终没有享受到优惠。

第三节　营业税征税范围及税目确定

营业税的征税范围包括：交通运输业、建筑业、金融保险业、邮电通信业、文化体育业、娱乐业、服务业、转让无形资产、销售不动产 9 个税目，每个税目都有具体的征税范围，具体如下。

（一）交通运输业

是指使用运输工具或人力、畜力将货物或旅客送达目的地，使其空间位置得到转移的业务活动。征收范围包括：陆路运输、水路运输、航空运输、管道运输、装卸搬运。凡与运营业务有关的各项劳务活动，均属交通运输业的征税范围。

（二）建筑业

建筑业，是指建筑安装工程作业，包括建筑、安装、修缮、装饰、其他工程作业。

（三）金融保险业

是指经营金融、保险的业务。金融是指经营货币资金融通活动的业务，包括贷款、融资租赁、金融商品转让、金融经纪业和其他金融业务。保险是指将通过契约形式集中起来的资金，用以补偿被保险人的经济利益的业务。

（四）邮电通信业

是指专门办理信息传递的业务，包括邮政、电信。邮政是指传递实物信息的业务，包括传递函件或包件、邮汇、报刊发行、邮务物品销售、邮政储蓄及其他邮政业务。电信是指用各种电传设备传输电信号来传递信息的业务，包括电报、电传、电话、电话机安装、电信物品销售及其他电信业务。

（五）文化体育业

是指经营文化、体育活动的业务，包括文化业、体育业。文化业是指经营文化活动的业务，包括表演、播映、其他文化业。经营游览场所的业务，比照文化业征税。广告的播映不按文化业征税。其他文化业，是指经营上列活动以外的文化活动的业务，如各种展览、培训活动，举办文学、艺术、科技讲座、演讲、报告会，图书馆的图书和资料借阅业务等。体育业是指举办各种体育比赛和为体育比赛或体育活动提供场所的业务。以租赁方式为文化活动、体育比赛提供场所，不按体育业征税。

（六）娱乐业

娱乐业是指为娱乐活动提供场所和服务的业务，包括经营歌厅、舞厅、卡拉 OK 歌舞厅、音乐茶座、台球、高尔夫球、保龄球场、游艺场等娱乐场所，以及娱乐场所为顾客进行娱乐活动提供服务的业务。

（七）服务业

服务业，是指利用设备、工具、场所、信息或技能为社会提供服务的业务，包括代理业、旅店业、饮食业、旅游业、仓储业、租赁业、广告业、其他服务业。

（八）转让无形资产

转让无形资产是指转让无形资产的所有权或使用权的行为。无形资产，是指不具实物形态、但能带来经济利益的资产。征税范围包括：转让土地使用权、转让商标权、转让专利权、转让非专利技术、转让著作权、转让商誉。

需要注意：土地所有者出让土地使用权和土地使用者将土地使用权归还给土地所有者的行为，不征收营业税。土地租赁，不按本税目征税。提供无所有权技术的行为，不按本税目征税。以无形资产投资入股，参与接受投资方的利润分配、共同承担投资风险的行为，不征收营业税。但转让该项股权，应按本税目征税。

（九）销售不动产

销售不动产，是指有偿转让不动产所有权的行为。不动产，是指不能移动，移动后会引起性质、形状改变的财产。征税范围包括：销售建筑物或构筑物、销售其他土地附着物。

特别注意：以转让有限产权或永久使用权方式销售建筑物，视同销售建筑物。单位将不动产无偿赠与他人，视同销售不动产。在销售不动产时连同不动产所占土地的使用权一并转让的行为，比照销售不动产征税。以不动产投资入股，参与接受投资方利润分配、共同承担投资风险的行为，不征营业税。但转让该项股权，应按本税目征税。不动产租赁，不按本税目征税。

◎境内提供《营业税暂行条例》规定的劳务、转让无形资产或者销售不动产，对此判断标准是什么

问题：在中华人民共和国境内提供本条例规定的劳务、转让无形资产或者销售不动产的单位和个人，为营业税的纳税人，那么，境内的判断标准是什么？

解答：条例第一条所称在中华人民共和国境内（以下简称境内）提供条例规定的劳务、转让无形资产或者销售不动产，是指：

1）提供或者接受条例规定劳务的单位或者个人在境内；

2）所转让的无形资产（不含土地使用权）的接受单位或者个人在境内；

3）所转让或者出租土地使用权的土地在境内；

4)所销售或者出租的不动产在境内。

◎混合销售行为如何纳税

问题：我企业是一家施工企业，在为客户修建房屋时，使用了自己生产的砖头，请问如何纳税？

解答：《营业税暂行条例实施细则》规定，一项销售行为如果既涉及应税劳务又涉及货物，为混合销售行为。除本细则第七条的规定外，从事货物的生产、批发或者零售的企业、企业性单位和个体工商户的混合销售行为，视为销售货物，不缴纳营业税；其他单位和个人的混合销售行为，视为提供应税劳务，缴纳营业税。第七条规定，提供建筑业劳务的同时销售自产货物的行为；财政部、国家税务总局规定的其他情形的混合销售行为，应当分别核算应税劳务的营业额和货物的销售额，其应税劳务的营业额缴纳营业税，货物销售额不缴纳营业税；未分别核算的，由主管税务机关核定其应税劳务的营业额。

《国家税务总局关于纳税人销售自产货物并同时提供建筑业劳务有关税收问题的公告》(国家税务总局公告2011年第23号)规定，纳税人销售自产货物同时提供建筑业劳务，须向建筑业劳务发生地主管地方税务机关提供其机构所在地主管国家税务机关出具的本纳税人属于从事货物生产的单位或个人的证明。建筑业劳务发生地主管地方税务机关根据纳税人持有的证明，按有关规定计算征收营业税。

因为你企业提供的是建筑劳务，属于特殊的混合销售行为，如果分别核算应税劳务的营业额和货物的销售额，可以分别缴纳营业税和增值税；如果未分别核算，税务机关将单独对应税劳务的营业额进行核定，征收营业税。

◎兼营行为如何缴纳营业税

问题：我企业是一家物业管理公司，经营范围为房屋维修、保洁，同时还经营一个小卖部，销售各种物品，请问如何纳税？

解答：《营业税暂行条例实施细则》第八条规定，纳税人兼营应税行为和货物或者非应税劳务的，应当分别核算应税行为的营业额和货物或者非应税劳务的销售额，其应税行为营业额缴纳营业税，货物或者非应税劳务销售额不缴纳营业税；未分别核算的，由主管税务机关核定其应税行为营业额。

◎住房专项维修基金，是否征收营业税

问题：我企业是一家房地产企业，在销售商品房时代收的住房专项维修基金，是否缴纳营业税？

解答：住房专项维修基金是属全体业主共同所有的一项代管基金，专项用于物业保修期满后物业共用部位、共用设施设备的维修和更新、改造。鉴于住房专项维修基金资金所有权及使用的特殊性，对房地产主管部门或其指定机构、公积金管理中心、开发企业以及物业管理单位代收的住房专项维修基金，不计征营业税。

◎对处置危险废物取得的收入，是否征收营业税

问题：我企业是一家污物处理企业，负责处理医院的医疗废弃物，请问要缴纳营业税吗？

解答：《国家税务总局关于处置危险废物取得收入征免营业税问题的批复》(国税函[2009]587号)规定，根据《营业税暂行条例》的规定，单位和个人处置危险废物以及医疗废物、放射性废物业务属于垃圾处置劳务的范畴，不属于营业税应税劳务，对其取得的处置费收入不征收营业税。

◎出租境外电信网络资源收入，是否缴纳营业税

问题：单位或个人出租境外电信网络资源取得的收入，是否缴纳营业税？

解答：《国家税务总局关于国际电信业务营业税问题的通知》(国税函[2010]300号)规定，根据《营业税暂行条例》及《营业税暂行条例实施细则》的有关规定，单位或个人出租境外的属于不动产的电信网络资源(包括境外电路、海缆、卫星转发器等)取得的收入，不属于营业税征税范围，不征收营业税。

此外，根据《财政部、国家税务总局关于个人金融商品买卖等营业税若干免税政策的通知》(财税[2009]111号)的有关规定，境外单位或个人在境外向境内单位或个人提供的国际通信服务(包括国际间通话服务、移动电话国际漫游服务、移动电话国际互联网服务、国际间短信互通服务、国际间彩信互通服务)，不属于营业税征税范围，不征收营业税。

◎为开采矿产资源提供的劳务如何纳税

问题：我企业是一家专业爆破公司，为矿山开采企业提供爆破服务，需要缴纳营业税吗？

解答：《国家税务总局关于纳税人为其他单位和个人开采矿产资源提供劳务有关货物和劳务税问题的公告》(国家税务总局公告2011年第56号)规定，纳税人提供的矿山爆破、穿孔、表面附着物(包括岩层、土层、沙层等)剥离和清理劳务，以及矿井、巷道构筑劳务，属于营业税应税劳务，应当缴纳营业税。

纳税人提供的矿产资源开采、挖掘、切割、破碎、分拣、洗选等劳务，属于增值税应税劳务，应当缴纳增值税。

你企业提供的爆破服务，应按服务业缴纳营业税。

◎关于学校取得的赞助收入，是否要缴纳营业税问题

问题：学校取得的赞助收入，是否要缴纳营业税？

解答：《国家税务总局关于印发〈营业税问题解答(之一)的通知〉的通知》(国税函发[1995]156号)规定，根据《营业税暂行条例》及《营业税暂行条例实施细则》的规定，凡有偿提供应税劳务、有偿转让无形资产或者有偿转让不动产所有权的单位和个人，均应依照税法规定缴纳营业税，而所谓"有偿"是指取得货币、货物或其他经济利益。根据以上规定，对学校取得的各种名目的赞助收入是否征税，要看学校是否发生向赞助方提供应税劳务、转让无形资产或转让不动产所有权的行为。学校如果没有向赞助方提供应税劳务、转让无形资产或转让不动产所有权，此项赞助收入系属无偿取得，不征收营业税；反之，学校如果向赞助方提供应税劳务、转让无形资产或转让不动产所有权，此项赞助收入系属有偿取得，应征收营业税。这里需要附带说明的是，不仅对学校取得的赞助收入应按这一原则确定应否征收营业税，对于其他单位和个人取得的赞助收入也应按这一原则确定是否征收营业税。

◎会员费类的收入是否需要缴纳营业税

问题：会员入会时收取的会员费、席位费和资格保证金等，是否需要缴纳营业税？

解答：《国家税务总局关于营业税若干问题的通知》(国税发[1995]76号)

规定，对俱乐部、交易所或类似的会员制经济、文化、体育组织(以下简称会员组织)，在会员入会时收取的会员费、席位费、资格保证金和其他类似费用，应按营业税有关规定确定适用税目征收营业税。其营业税纳税义务发生时间为会员组织收讫会员费、席位费、资格保证金和其他类似费用款项或者取得索取这些费用款项凭据的当天。

会员组织的上述费用，如果在会员退会时予以退还，并且账务上直接冲减退还当期的营业收入，在计征营业税时可以从当期的营业额中减除。

但是,《财政部、国家税务总局关于对社会团体收取的会费收入不征收营业税的通知》(财税[1997]63 号)又规定，社会团体按财政部门或民政部门规定标准收取的会费，是非应税收入，不属于营业税的征收范围，不征收营业税。

社会团体会费，是指社会团体在国家法规、政策许可的范围内，依照社团章程的规定，收取的个人会员和团体会员的款额。本通知所称的社会团体是指在中华人民共和国境内经国家社团主管部门批准成立的非营利性的协会、学会、联合会、研究会、基金会、联谊会、促进会、商会等民间群众社会组织。各党派、共青团、工会、妇联、中科协、青联、台联、侨联收取的党费、会费，比照上述规定执行。

《国家税务总局关于在京外国商会征免营业税的批复》(国税函[2005]370 号)又规定，根据《财政部、国家税务总局关于对社会团体收取的会费收入不征收营业税的通知》(财税字[1997]63 号)第一条的规定，对在京外国商会按财政部门或民政部门规定标准收取的会费，不征收营业税。对其会费以外各种名目的收入，凡属于营业税应税范围的，一律照章征收营业税。

◎代收费用是否缴纳营业税

问题：纳税人在销售货物或提供增值税应税劳务时，代有关部门收取的集资费、手续费、代收款等，是否需要缴纳营业税？

解答：《财政部、国家税务总局关于营业税若干政策问题的通知》(财税[2003]16 号)规定，燃气公司和生产、销售货物或提供增值税应税劳务的单位，在销售货物或提供增值税应税劳务时，代有关部门向购买方收取的集资费(包括管道煤气集资款〈初装费〉)、手续费、代收款等，属于增值税价外收费，应征收增值税，不征收营业税。

◎非营利性科研机构取得的收入是否要缴纳营业税

问题：非营利性科研机构从事与其科研业务无关的其他服务所取得的收入，是否征税？

解答：《财政局、国家税务总局关于非营利性科研机构税收政策的通知》（财税[2001]5号）规定，非营利性科研机构从事与其科研业务无关的其他服务所取得的收入，如租赁收入、财产转让收入、对外投资收入等，应当按规定征收各项税收。

◎电力运营维护费如何征税

问题：电力企业收取的运营维护费是否要缴纳营业税？

解答：《国家税务总局关于电力运营维护费征收营业税问题的批复》（国税函[2004]961号）规定，山东电力集团公司受中国华能公司、山东中华发电公司的委托，对其发电机组、电厂进行经营管理，并向委托方收取运营维护费。该项收入属于营业税的应税劳务收入，应当征收营业税，不征收增值税。但企业必须就运营维护费单独核算，其物耗不得作为增值税的进项抵扣。

◎远洋运输企业从事程租等业务取得的收入要缴纳营业税吗

问题：对远洋运输企业从事程租业务、期租业务和航空运输企业从事湿租业务取得的收入，如何征收营业税？

解答：《国家税务总局关于交通运输企业征收营业税问题的通知》（国税发[2002]25号）规定，对远洋运输企业从事程租、期租业务和航空运输企业从事湿租业务取得的收入，按"交通运输业"税目征收营业税。

程租业务，是指远洋运输企业为租船人完成某一特定航次的运输任务并收取租赁费的业务。

期租业务，是指远洋运输企业将配备有操作人员的船舶承租给他人使用一定期限，承租期内听候承租方调遣，不论是否经营，均按天向承租方收取租赁费，发生的固定费用（如人员工资、维修费用等）均由船东负担的业务。

湿租业务，是指航空运输企业将配备有机组人员的飞机承租给他人使用一定期限，承租期内听候承租方调遣，不论是否经营，均按一定标准向承租方收取租赁费，发生的固定费用（如人员工资、维修费用等）均由承租方负担的业务。

◎物流劳务单位开展物流业务，如何缴纳营业税

问题：自开票物流劳务单位开展物流业务，是否缴纳营业税？

解答：《国家税务总局关于货物运输业若干税收问题的通知》（国税发[2004]88号）规定，自开票的物流劳务单位开展物流业务应按其收入性质分别核算，提供运输劳务取得的运输收入按“交通运输业”税目征收营业税并开具货物运输业发票；提供其他劳务取得的收入按“服务业”税目征收营业税并开具服务业发票。

凡未按规定分别核算其应税收入的，一律按“服务业”税目征收营业税。

◎绿化工程，如何征收营业税

问题：对绿化工程应按何税目征税？

解答：《国家税务总局关于印发〈营业税问题解答（之一）的通知〉的通知》（国税函发[1995]156号）作如下答复：绿化工程往往与建筑工程相连，或者本身就是某个建筑工程的一个组成部分，例如，绿化与平整土地就分不开，而平整土地本身就属于建筑业中的“其他工程作业”。为了减少划分，便于征管，对绿化工程按“建筑业——其他工程作业”征收营业税。

◎关于房地产企业“代建”房屋行为征收营业税问题

问题：房地产企业“代建”房屋行为，如何征收营业税？

解答：《国家税务总局关于“代建”房屋行为应如何征收营业税问题的批复》（国税函[1998]554号）批复如下：房地产开发企业（以下简称甲方）取得土地使用权并办理施工手续后根据其他单位（以下简称乙方）的要求进行施工，并按施工进度向乙方预收房款，工程完工后，甲方替乙方办理产权转移等手续。

甲方的上述行为属于销售不动产，应按“销售不动产”税目征收营业税；如甲方自备施工力量修建该房屋，还应对甲方的自建行为，按“建筑业”税目征收营业税。

◎关于纳税人代垫拆迁补偿费缴纳营业税问题

问题：纳税人代垫拆迁补偿费，如何缴纳营业税？

解答：《国家税务总局关于政府收回土地使用权及纳税人代垫拆迁补偿费有关营业税问题的通知》(国税函[2009]520号)规定，纳税人受托进行建筑物拆除、平整土地并代委托方向原土地使用权人支付拆迁补偿费的过程中，其提供建筑物拆除、平整土地劳务取得的收入应按照“建筑业”税目缴纳营业税；其代委托方向原土地使用权人支付拆迁补偿费的行为属于“服务业——代理业”行为，应以提供代理劳务取得的全部收入减去其代委托方支付的拆迁补偿费后的余额为营业额计算缴纳营业税。

◎建筑劳务承包业务，如何征收营业税

问题：建筑劳务承包业务，如何征收营业税？

解答：《国家税务总局关于劳务承包行为征收营业税问题的批复》(国税函[2006]493号)规定，建筑安装企业将其承包的某一工程项目的纯劳务部分分包给若干个施工企业，由该建筑安装企业提供施工技术、施工材料并负责工程质量监督，施工劳务由施工企业的职工提供，施工企业按照其提供的工程量与该建筑安装企业统一结算价款。按照现行营业税的有关规定，施工企业提供的施工劳务属于提供建筑业应税劳务，因此，对其取得的收入应按照“建筑业”税目征收营业税。

◎水泥预制构件、其他构件或建筑材料是否缴纳营业税

问题：基本建设单位和从事建筑安装业务的企业生产的水泥预制构件、其他构件或建筑材料，如何征税？

解答：《国家税务总局关于印发〈增值税若干具体问题的规定〉的通知》(国税发[1993]154号)规定，基本建设单位和从事建筑安装业务的企业附设的工厂、车间生产的水泥预制构件、其他构件或建筑材料，用于本单位或本企业的建筑工程的，应在移送使用时征收增值税。但对其在建筑现场制造的预制构件，凡直接用于本单位或本企业建筑工程的，不征收增值税。

◎高校承办各项比赛收取的报名费是否缴纳营业税

问题：高校承办各项比赛，向参赛方收取的报名费是否免征营业税？

解答：根据《营业税暂行条例》第八条第四项规定，学校和其他教育机构提供的教育劳务，免征营业税。但高校承办比赛收取的报名费属于非教育劳务，不适用于本条规定，不能减免营业税。

◎企业买卖股票是否缴纳营业税

问题：企业在证券市场上买卖股票的行为，是否需要缴纳营业税？

解答：根据《营业税暂行条例》第五条第四项规定，纳税人从事的外汇、有价证券、期货等金融商品买卖业务，以卖出价减去买入价后的余额为营业额，计算缴纳营业税，所称外汇、有价证券、期货等金融商品买卖业务，是指纳税人从事的外汇、有价证券、非货物期货和其他金融商品买卖业务，货物期货不缴纳营业税。因此从 2009 年 1 月 1 日起，企业(包括金融机构和非金融机构)在证券市场上的股票买卖行为均应缴纳营业税。

◎关于包销房地产缴纳营业税问题

问题：包销房地产应如何缴纳营业税？

解答：根据《国家税务总局关于房产开发企业销售不动产征收营业税问题的通知》(国税函[1996]684 号)规定，在合同期内房产企业将房产交给包销商承销，包销商是代理房产开发企业进行销售，所取得的手续费收入或者价差应按“服务业”税目中的“代理业”项目缴纳营业税。在合同期满后，房屋未售出，由包销商进行收购，其实质是房产开发企业将房屋销售给包销商，对房产开发企业应按“销售不动产”税目缴纳营业税。包销商将房产再次销售，对包销商也应按“销售不动产”税目缴纳营业税。

◎装修费按什么税目缴纳营业税

问题：企业将装修后的一处房产转让，与购买方签订两份合同，分别收取转让房屋的价款和装修费，装修费部分是否可按“建筑业——装饰业”税目缴纳营业税？

解答：根据《国家税务总局关于销售不动产兼装修行为征收营业税问题的

批复》(国税函[1998]53 号)规定，纳税人将销售房屋的行为分解成销售房屋与装修房屋两项行为，分别签订两份契约(或合同)，向对方收取两份价款。鉴于其装修合同中明确规定，装修合同为房地产买卖契约的一个组成部分，与买卖契约共同成为认购房产的全部合同。因此，根据《中华人民共和国营业税暂行条例》第五条关于“纳税人的营业额为纳税人提供应税劳务、转让无形资产或者销售不动产向对方收取的全部价款和价外费用”的规定，对纳税人向对方收取的装修及安装设备的费用，应一并列入房屋售价，按“销售不动产”税目征收营业税。

◎关于婚姻中介取得的收入缴纳营业税问题

问题：**单位从事婚姻介绍取得的收入，是否缴纳营业税**？

解答：根据《营业税暂行条例》第八条第一项规定，婚姻介绍收入免征营业税。

◎拆迁收入是否缴纳营业税

问题：**某公司受托拆除建筑物取得收入，如何缴纳营业税**？

解答：根据《国家税务总局关于政府收回土地使用权及纳税人代垫拆迁补偿费有关营业税问题的通知》(国税函[2009]520 号)第二条规定，纳税人受托进行建筑物拆除、平整土地并代委托方向原土地使用权人支付拆迁补偿费的过程中，其提供建筑物拆除、平整土地劳务取得的收入，应按照“建筑业”税目缴纳营业税。其代委托方向原土地使用权人支付拆迁补偿费的行为属于“服务业——代理业”行为，应以提供代理劳务取得的全部收入减去其代委托方支付的拆迁补偿费后的余额为营业额，计算缴纳营业税。

◎关于金融机构办理贴现等业务，是否缴纳营业税问题

问题：**金融机构办理贴现、再贴现、转贴现业务，是否缴纳营业税**？

解答：根据《财政部、国家税务总局关于转发〈国务院关于调整金融保险业税收政策有关问题的通知〉的通知》(财税字[1997]45 号)规定，对金融机构办理贴现、押汇业务按“其他金融业务”征收营业税。金融机构从事再贴现、转贴现业务取得的收入，属于金融机构往来，暂不征收营业税。

◎企业集团内部统借统还业务，是否需要缴纳营业税

问题：企业集团内部统借统还业务，是否需要缴纳营业税？

解答：根据《财政部、国家税务总局关于非金融机构统借统还业务征收营业税问题的通知》(财税[2000]7号)规定，对企业主管部门或企业集团中的核心企业等单位(以下简称统借方)向金融机构借款后，将所借资金分拨给下属单位(包括独立核算单位和非独立核算单位)，并按支付给金融机构的借款利率水平向下属单位收取用于归还金融机构的利息不征收营业税。同时规定，统借方将资金分拨给下属单位，不得按高于支付给金融机构的借款利率水平向下属单位收取利息，否则，将视为具有从事贷款业务的性质，应对其向下属单位收取的利息全额征收营业税。

另外，根据《国家税务总局关于贷款业务征收营业税问题的通知》(国税发[2002]13号)规定，企业集团或集团内的核心企业(以下简称企业集团)委托企业集团所属财务公司代理统借统还贷款业务，从财务公司取得的用于归还金融机构的利息不征收营业税。财务公司承担此项统借统还委托贷款业务，从贷款企业收取贷款利息不代扣代缴营业税。

◎单位和个人受托种植植物、饲养动物的行为，按哪个税目缴纳营业税

问题：单位和个人受托种植植物、饲养动物的行为，按哪个税目缴纳营业税？

解答：根据《国家税务总局关于受托种植植物饲养动物征收流转税问题的通知》(国税发[2007]17号)规定，单位和个人受托种植植物、饲养动物的行为，应按照营业税“服务业”税目征收营业税，不征收增值税。上述单位和个人受托种植植物、饲养动物的行为是指，委托方向受托方提供其拥有的植物或动物，受托方提供种植或饲养服务并最终将植物或动物归还给委托方的行为。

◎关于专利代理机构取得收入缴纳营业税问题

问题：专利代理机构取得收入如何计算缴纳营业税？

解答：根据《国家税务总局关于印发〈营业税税目注释(试行稿)〉的通知》(国税发[1993]149号)中“代理业，是指代委托人办理受托事项业务”的规定，

专利代理机构从事专业代理业务，并取得代理费收入的行为，应按“服务业”税目“代理业”项目征收营业税。

《国家税务总局关于营业税若干问题的通知》(国税发[1995]76号)第四条“代理业的营业额为纳税人从事代理业务向委托方实际收取的报酬”的规定，专利代理机构从事专利代理业务如符合上述规定，以其向委托方实际收取的报酬为营业额计征营业税。

◎分立资产成立酒店是否需要缴纳营业税

问题：我公司是房地产开发企业，拟分立新设一家酒店管理公司，并将公司旗下某一已开发完成的商业地产项目全部划入新设的酒店公司，请问此行为是否需要缴纳营业税？

解答：《财政部、国家税务总局关于股权转让有关营业税问题的通知》(财税[2002]191号)以及《国家税务总局关于转让企业产权不征收营业税问题的批复》(国税函[2002]165号)有关规定，对企业在分立过程中所产生的资产转移不征收营业税。

◎个人将不动产或者土地使用权无偿赠与他人，是否缴纳营业税

问题：个人将不动产或者土地使用权无偿赠与他人，是否缴纳营业税？

解答：根据《营业税暂行条例实施细则》第五条第一项“对单位或者个人将不动产或者土地使用权无偿赠送其他单位或者个人，视同发生应税行为”的规定，上述行为应该缴纳营业税。也就是说从2009年1月1日开始，个人将不动产或者土地使用权无偿赠与他人的行为需要缴纳营业税。

◎开发商要求买房人缴纳营业税是否合法

问题：开发商要求买房人缴纳营业税是否合法？

解答：根据《营业税暂行条例》第一条规定，在中华人民共和国境内提供本条例规定的劳务、转让无形资产或者销售不动产的单位和个人，为营业税的纳税人，应当依照本条例缴纳营业税。这里销售商品房的单位和个人，为营业税的纳税人，应当依法缴纳营业税。而商品房购买者，不是营业税的纳税人。所以，开发商要求购房人缴纳营业税，不符合税法规定。

◎关于外国机构在我国境内提供劳务是否缴纳营业税问题

问题：外国机构在我国境内提供劳务是否缴纳营业税？

解答：根据《营业税暂行条例》及《营业税暂行条例实施细则》的规定，自2009年1月1日起，提供或者接受《营业税暂行条例》规定劳务的单位或个人在境内的，属于在境内提供应税劳务。故该外国企业给境内企业提供咨询劳务，属于在境内提供应税劳务，因而应在境内缴纳营业税。

◎企业代有关单位、部门收取的费用是否要计征营业税

问题：代有关单位、部门收取的费用是否要计征营业税？

解答：根据《营业税暂行条例实施细则》第十三条规定，营业税的计税依据包括价外费用，但不包括同时符合以下条件代为收取的政府性基金或者行政事业性收费：①由国务院或者财政部批准设立的政府性基金，由国务院或者省级人民政府及其财政、价格主管部门批准设立的行政事业性收费；②收取时开具省级以上财政部门印制的财政票据；③所收款项全额上缴财政。只有同时符合上述三个条件的代收政府性基金或者行政事业性收费才不作为营业税计税依据，除此以外任何代收项目费用都应并入营业税计税依据申报缴纳营业税(前提是属于营业税征税范围)。

◎有线电视安装费如何征收营业税

问题：对有线电视安装费如何征收营业税？

解答：《国家税务总局关于营业税若干征税问题的通知》(国税发[1994]159号)规定，有线电视安装费，是指有线电视台为用户安装有线电视接收装置，一次性向用户收取的安装费，也称之为“初装费”。对有线电视安装费，应按“建筑业”税目征税。

◎个人取得的年度客房利润分红是否缴纳营业税

问题：个人购买酒店客房，并将其委托酒店管理公司统一经营管理，个人取得的年度客房利润分红是否缴纳营业税？

解答：根据《国家税务总局关于酒店产权式经营业主税收问题的批复》(国税函[2006]478号)规定，酒店产权式经营业主在约定的时间内提供房产使用

权与酒店进行合作经营，如果房产产权并未归属新的经济实体，业主按照约定取得的固定收入和分红收入均应视为租金收入，根据有关税收法律、行政法规的规定，应按照“服务业——租赁业”税目缴纳营业税，按照财产租赁项目缴纳个人所得税。

◎挂靠运输车辆如何缴纳营业税

问题：我公司是运输企业，有朋友的几部车挂靠在我公司跑业务，请问这部分业务收入的营业税应由谁来缴纳？

解答：根据《营业税暂行条例实施细则》第十一条规定，单位以承包、承租、挂靠方式经营的，承包人、承租人、挂靠人(以下统称承包人)发生应税行为，承包人以发包人、出租人、被挂靠人(以下统称发包人)名义对外经营并由发包人承担相关法律责任的，以发包人为纳税人，否则以承包人为纳税人。

◎房地产开发公司将开发产品转为自用，是否缴纳营业税

问题：房地产开发公司将开发产品转为自用(转为出租用或固定资产)，是否要视同销售计缴营业税？

解答：根据《营业税暂行条例实施细则》第三条规定，《营业税暂行条例》第一条所称提供条例规定的劳务、转让无形资产或者销售不动产，是指有偿提供条例规定的劳务、有偿转让无形资产或者有偿转让不动产所有权的行为。因此，房地产企业将开发产品转为自用，没有发生所有权的转移，也没有取得经济利益收入，即没有发生销售不动产的行为，不征收营业税。

◎委托他人转让著作权，应按哪个税目缴纳营业税

问题：委托他人转让著作权，应按哪个税目缴纳营业税？

解答：根据《国家税务总局关于转让著作权征收营业税问题的通知》(国税发[2001]44号)规定，拥有无形资产所有权的单位或个人(以下简称“所有权人”)授权或许可他人(以下简称“受托方”)向第三者转让“所有权人”的无形资产时，如“受托方”以“所有权人”的名义向第三者转让无形资产，转让过程中产生的权利和义务由“所有权人”承担，“所有权人”应按照“受托方”向第三者收取的全部转让费依“转让无形资产”税目缴纳营业税，“受托方”取得的佣金

或手续费等价款按照“服务业”税目中的“代理业”项目缴纳营业税。如“受托方”以自己的名义向第三者转让无形资产，转让过程中产生的权利和义务均由“受托方”承担，“所有权人”向“受托方”收取的全部转让费和“受托方”向第三者收取的全部转让费，均按照“转让无形资产”税目缴纳营业税。如受托方所转让的无形资产不在我国境内使用，根据《营业税暂行条例实施细则》第七条的规定，不缴纳营业税。

◎违约金是否要缴纳营业税

问题：由于房东突然违约，致使我单位承租的房屋租赁合同未能执行，我单位因此按照合同规定取得的违约金是否要缴纳营业税？

解答：根据《营业税暂行条例》规定，上述单位未提供营业税应税劳务，按照合同规定从房东处取得的赔偿金收入，不属于营业税征收范围，不征收营业税。

第四节　应纳税额的计算

在计算营业税应纳税额时，需要准确确定营业额、适用税目、税率，其中营业额的确定是关键环节。

◎有关营业税计税依据确定原则问题

问题：确定营业税计税依据的原则是什么？

解答：《营业税暂行条例》第五条规定，纳税人的营业额为纳税人提供应税劳务、转让无形资产或者销售不动产收取的全部价款和价外费用。但是，下列情形除外：

1）纳税人将承揽的运输业务分给其他单位或者个人的，以其取得的全部价款和价外费用扣除其支付给其他单位或者个人的运输费用后的余额为营业额；

2）纳税人从事旅游业务的，以其取得的全部价款和价外费用扣除替旅游者支付给其他单位或者个人的住宿费、餐费、交通费、旅游景点门票和支付给其他接团旅游企业的旅游费后的余额为营业额；

3)纳税人将建筑工程分包给其他单位的，以其取得的全部价款和价外费用扣除其支付给其他单位的分包款后的余额为营业额；

4)外汇、有价证券、期货等金融商品买卖业务，以卖出价减去买入价后的余额为营业额；

5)国务院财政、税务主管部门规定的其他情形。

纳税人按照上述规定扣除有关项目，取得的凭证不符合法律、行政法规或者国务院税务主管部门有关规定的，该项目金额不得扣除。

纳税人提供应税劳务、转让无形资产或者销售不动产的价格明显偏低并无正当理由的，由主管税务机关核定其营业额。

◎通信线路工程和输送管道工程，如何确定营业额

问题：通信线路工程和输送管道工程，如何确定营业额？

解答：《财政部、国家税务总局关于营业税若干政策问题的通知》(财税[2003]16号)规定，通信线路工程和输送管道工程所使用的电缆、光缆和构成管道工程主体的防腐管段、管件(弯头、三通、冷弯管、绝缘接头)、清管器、收发球筒、机泵、加热炉、金属容器等物品均属于设备，其价值不包括在工程的计税营业额中。

◎网络公司的广告代理业务如何缴纳营业税

问题：网络公司的广告代理业务取得的收入如何缴纳营业税？

解答：《国家税务总局关于互联网广告代理业务营业税问题的批复》(国税函[2008]660号)规定，纳税人从事广告代理业务时，委托广告发布单位制作并发布其承接的广告，无论该广告是通过何种媒体或载体(包括互联网)发布，无论委托广告发布单位是否具有工商行政管理部门颁发的《广告经营许可证》，纳税人都应该按照《财政部、国家税务总局关于营业税若干政策问题的通知》规定，以其从事广告代理业务实际取得的收入为计税营业额计算缴纳营业税，其向广告发布单位支付的全部广告发布费，可以从其从事广告代理业务取得的全部收入中减除。

◎非金融机构通过银行购买的理财产品、信托产品等，是否应纳入金融产品计征营业税？应纳税营业额应如何确定

问题：非金融机构通过银行购买的理财产品、信托产品等，是否应纳入金融产品计征营业税？应纳税营业额应如何确定？

解答：根据《营业税暂行条例》及《营业税暂行条例实施细则》的规定，在我国境内提供应税劳务的单位和个人为营业税的纳税人。纳税人的营业额为纳税人提供应税劳务、转让无形资产或者销售不动产收取的全部价款和价外费用。外汇、有价证券、期货等金融商品买卖业务，以卖出价减去买入价后的余额为营业额。《财政部、国家税务总局关于个人金融商品买卖等营业税若干免税政策的通知》（财税[2009]111号）规定，对个人（包括个体工商户及其他个人，下同）从事外汇、有价证券、非货物期货和其他金融商品买卖业务取得的收入暂免征收营业税。因此，上述非金融机构通过银行购买理财商品，属于金融商品买卖中的其他金融商品买卖，除了个人取得的收入暂免征收营业税外，单位取得的收入应按照上述规定差额征收营业税。买卖金融商品的营业税税率为5%。

◎个人转让住房，如何计算营业税

问题：个人转让住房，如何计算营业税？

解答：个人转让住房，以转让方取得的全部价款和价外费用为计税依据，按“销售不动产”税目计算缴纳。《营业税暂行条例实施细则》第二十条规定，个人转让住房价格明显偏低并无正当理由的，主管税务机关可按下列顺序确定其营业额：①按纳税人最近时期发生同类应税行为的平均价格核定；②按其他纳税人最近时期发生同类应税行为的平均价格核定；③按下列公式核定：营业额＝营业成本或者工程成本×（1＋10%）÷（1－5%）。房屋成交价格按购房合同价格、契税完税证载明价格、收付款凭单等材料为准。

《财政部、国家税务总局关于营业税若干政策问题的通知》（财税[2003]16号）规定，单位和个人销售或转让其购置的不动产或受让的土地使用权，以全部收入减去不动产或土地使用权的购置或受让原价后的余额为营业额。根据《财政部、国家税务总局关于调整个人住房转让营业税政策的通知》（财税[2009]157号）规定，自2010年1月1日起，个人将购买不足5年的非普通住

房对外销售的，全额征收营业税。个人将购买超过5年(含5年)的非普通住房或者不足5年的普通住房对外销售的，按照其销售收入减去购买房屋的价款后的差额征收营业税。个人将购买超过5年(含5年)的普通住房对外销售的，免征营业税。

◎转让在建工程应如何缴纳营业税

问题：转让在建工程应如何缴纳营业税？在计算缴纳营业税时，已实际发生并已对外支付的工程款是否可在转让收入中扣除？

解答：根据《财政部、国家税务总局关于营业税若干政策问题的通知》(财税[2003]16号)第二条第七项规定，单位和个人转让在建项目时，不管是否办理立项人和土地使用人的更名手续，其实质是发生了转让不动产所有权或土地使用权的行为。对于转让在建项目行为应按以下办法征收营业税：①转让已完成土地前期开发或正在进行土地前期开发，但尚未进入施工阶段的在建项目，按“转让无形资产”税目中“转让土地使用权”项目征收营业税。②转让已进入建筑物施工阶段的在建项目，按“销售不动产”税目征收营业税。在建项目是指立项建设但尚未完工的房地产项目或其他建设项目。该文件第三条第二十项规定，单位和个人销售或转让其购置的不动产或受让的土地使用权，以全部收入减去不动产或土地使用权的购置或受让原价后的余额为营业额。

◎从事代理报关业务的纳税人如何确定计税营业额

问题：从事代理报关业务的纳税人如何确定计税营业额，开具发票时有何规定？

解答：《国家税务总局关于加强代理报关业务营业税征收管理有关问题的通知》(国税函[2006]1310号)规定，代理报关业务是指接受进出口货物收、发货人的委托，代为办理报关相关手续的业务，应按照“服务业——代理业”税目征收营业税。纳税人从事代理报关业务，以其向委托人收取的全部价款和价外费用扣除以下项目金额后的余额，为计税营业额申报缴纳营业税：①支付给海关的税金、签证费、滞报费、滞纳金、查验费、打单费、电子报关平台费、仓储费；②支付给检验检疫单位的三检费、熏蒸费、消毒费、电子保险平台费；③支付给预录入单位的预录费；④国家税务总局规定的其他费用。

纳税人从事代理报关业务，应按其从事代理报关业务取得的全部价款和价外费用向委托人开具发票。纳税人从事代理报关业务，应凭其取得的开具给本纳税人的发票或其他合法有效凭证，作为差额征收营业税的扣除凭证。

◎保安服务费用如何缴纳营业税

问题：保安公司派遣保安人员到相关单位负责保安工作，相关单位支付保安公司保安服务费用，保安公司取得该笔收入，如何缴纳营业税？

解答：根据《财政部、国家税务总局关于营业税若干政策问题的通知》(财税[2003]16号)规定，劳务公司接受用工单位的委托，为其安排劳动力，凡用工单位将其应支付给劳动力的工资和为劳动力上交的社会保险(包括养老保险金、医疗保险、失业保险、工伤保险等，下同)以及住房公积金统一交给劳务公司代为发放或办理的，以劳务公司从用工单位收取的全部价款减去代收转付给劳动力的工资和为劳动力办理社会保险及住房公积金后的余额为营业额。

◎货物运输代开票纳税人，能否按交通运输业差额计征营业税

问题：货物运输代开票纳税人，能否按交通运输业差额计征营业税？

解答：根据《国家税务总局关于货物运输业若干税收问题的通知》(国税发[2004]88号)第七条"关于代开票纳税人从事联营业务的计税依据问题"规定，代开票纳税人从事联运业务的，其计征营业税的营业额为代开的货物运输业发票注明的营业税应税收入，不得减除支付给其他联运合作方的各种费用。即在代开发票时，应全额按开票金额计征营业税。

◎装潢公司为客户代购辅助材料，如何缴纳营业税

问题：某装饰装潢公司为客户代购辅助材料，主要原材料则由客户自购。请问，该装饰装潢公司应如何缴纳营业税？

解答：根据《营业税暂行条例》第五条规定，纳税人的营业额为纳税人提供应税劳务、转让无形资产或者销售不动产向对方收取的全部价款和价外费用。据此，该装饰装潢公司应以向客户收取的全部价款和价外费用确认计税营业额，并计算缴纳营业税。

◎公司转包的技术服务费如何缴纳营业税

问题：公司转包的技术服务费用在计征营业税时，能否从营业额中扣除？

解答：根据《营业税暂行条例》第五条规定，纳税人的营业额为纳税人提供应税劳务、转让无形资产或者销售不动产向对方收取的全部价款和价外费用。据此，公司从事技术服务支付给分包方的费用，在计征营业税时不得从营业额中扣除。

◎工程分包给个人能否差额纳税

问题：总包方将建筑工程分包给个人的，总包方能否扣除分包款后缴纳营业税？

解答：根据《营业税暂行条例》第五条第三项规定，纳税人将建筑工程分包给其他单位的，以其取得的全额价款和价外费用扣除其支付给其他单位分包款后的余额为营业额。《营业税暂行条例实施细则》第九条规定，单位是指企业、行政单位、事业单位、军事单位、社会团体及其他单位。因此，纳税人将建筑工程分包给个人或个体户的，其支付的分包款项不能扣除。

◎建筑业分包单位如何缴纳营业税并开具发票

问题：建筑业分包单位如何缴纳营业税并开具发票？

解答：根据《营业税暂行条例》第一条规定，在中华人民共和国境内提供本条例规定的劳务、转让无形资产或者销售不动产的单位和个人，为营业税纳税人，应当依照本条例缴纳营业税。第五条第三项规定，纳税人将建筑工程分包给其他单位的，以其取得的全部价款和价外费用扣除其支付给其他单位分包款后的余额为营业额。条例第十一条取消了原“建筑安装业务实行分包或者转包的，以总承包人为扣缴义务人”的规定。在新营业税条例下，建筑安装业务总承包人对分包收入不再负有法定扣缴营业税的义务，而应该由分包单位以其取得的分包收入全额自行申报缴纳营业税，不管总包方与分包方间关于税金负担问题如何约定，均改变不了分包方营业税纳税义务人的性质，故分包单位应当就其取得的分包收入全额向总包单位开具建筑业发票。如分包单位属于提供建筑业务的同时销售自产货物的，应按规定分别开具建筑业发票和增值税发票。

◎境外单位支付给中国劳务人员的管理费是否缴纳营业税

问题：境外单位支付给中国劳务人员的管理费是否缴纳营业税？

解答：《财政部、国家税务总局关于外派海员等劳务免征营业税的通知》(财税[2012]54号)规定，自2012年1月1日起，对中华人民共和国境内(以下简称境内)单位以对外劳务合作方式，向境外单位提供的完全发生在境外的人员管理劳务，免征营业税。对外劳务合作，指境内单位与境外单位签订劳务合作合同，按照合同约定组织和协助中国公民赴境外工作的活动。因此，境内劳务派遣公司以对外劳务合作方式取得境外单位支付的管理费免征营业税。

◎建筑施工企业在境外施工，是否应在境内缴纳营业税

问题：建筑施工企业在境外施工，是否应在境内缴纳营业税？

解答：《财政部、国家税务总局关于个人金融商品买卖等营业税若干免税政策的通知》(财税[2009]111号)第三条规定，对中华人民共和国境内单位或者个人在中华人民共和国境外提供建筑业、文化体育业(除播映)劳务暂免征收营业税。

◎资产重组涉及不动产和土地使用权转让的，是否缴纳营业税

问题：纳税人进行资产重组，涉及不动产和土地使用权转让的，是否缴纳营业税？

解答：根据《国家税务总局关于纳税人资产重组有关营业税问题的公告》(国家税务总局公告2011年第51号)规定，纳税人在资产重组过程中，通过合并、分立、出售、置换等方式，将全部或者部分实物资产以及与其相关联的债权、债务和劳动力一并转让给其他单位和个人的行为，不属于营业税征收范围，其中涉及的不动产、土地使用权转让，不征收营业税。如不符合上述规定，照章征收营业税。

◎装修公司发生的设计费，能否合并申报建筑安装业营业税

问题：装修公司发生的设计费，能否合并申报建筑安装业营业税？

解答：根据《营业税暂行条例》第三条规定，纳税人兼有不同税目的应缴纳营业税的劳务、转让无形资产或者销售不动产，应分别核算不同税目的营

业额、转让额、销售额；未分别核算营业额的，从高适用税率。因此装修公司单独收取的设计收入与装修收入应分别核算，不能合并申报建筑安装业营业税。

◎境内到境外运输收入是否缴纳营业税

问题：某运输公司承揽运输业务，将货物由广东中山运到外国码头，该公司取得的收入是否缴纳营业税？

解答：根据《财政部、国家税务总局关于国际运输劳务免征营业税的通知》(财税[2010]8号)规定，对中华人民共和国境内(以下简称境内)单位或者个人提供的国际运输劳务免征营业税。国际运输劳务包括在境内载运旅客或者货物出境。因此，该公司取得的运输业务收入如符合财税[2010]8号文件规定，可免征营业税。

◎集体土地承包或出租，需要缴纳营业税吗

问题：村里的土地承包(出租)给个人或公司种菜，是否需要缴纳营业税？

解答：根据《财政部、国家税务总局关于对若干项目免征营业税的通知》(财税[1994]2号)和《国家税务总局关于农业土地出租征税问题的批复》(国税函[1998]82号)规定，将土地使用权转让给农业生产者用于农业生产，免征营业税。农村、农场将土地承包(出租)给个人或公司用于农业生产，收取的固定承包金(租金)，免征营业税。据此，村里的土地承包(出租)给个人或公司种菜，如符合上述文件规定，可享受营业税免税优惠。

◎铁路运输企业之间合作完成运输业务，应如何计算缴纳营业税

问题：铁路运输企业之间合作完成运输业务，应如何计算缴纳营业税？

解答：根据《国家税务总局关于铁路运输企业之间合作完成运输业务有关营业税问题的公告》(国家税务总公告2011年第52号)规定，根据《营业税暂行条例》第五条的有关规定，现将合资铁路运输公司、股改铁路运输企业和其他铁路运输企业相互之间合作完成运输业务有关营业税问题公告如下：合资铁路运输公司、股改铁路运输企业和其他铁路运输企业相互之间合作完成运输业务，承运人应以取得的全部价款和价外费用扣除支付给其他合作运输方的运输费用后的余额为营业额，以《铁路运输企业提供服务清算票据》为营业

额扣除凭证，计算缴纳营业税。

上述合资铁路运输公司是指由铁道部及其所属铁路运输企业与地方政府、企业或其他投资者共同出资成立的铁路运输企业。上述股改铁路运输企业是指经国务院批准进行股份制改革成立的铁路运输企业。本公告自公布之日起施行。公告施行前已作税务处理的，不再调整，尚未处理的，依本公告执行。

◎车辆通行费收入，应如何缴纳营业税

问题：公路经营企业收取的高速公路车辆通行费收入，应如何缴纳营业税？

解答：根据《财政部、国家税务总局关于公路经营企业车辆通行费收入营业税政策的通知》(财税[2005]77 号)规定，自 2005 年 6 月 1 日起，对公路经营企业收取的高速公路车辆通行费收入统一减按 3% 的税率征收营业税。

第五节　营业税的申报与缴纳

纳税人发生营业税纳税义务后，应按税法的规定及时申报纳税，否则会受到处罚 。营业税申报与缴纳的关键环节是准确判定营业税纳税义务发生时间和纳税地点。

◎有关营业税纳税义务发生时间的基本规定问题

问题：营业税纳税义务发生时间的基本规定是什么？

解答：《营业税暂行条例》第十二条规定，营业税纳税义务发生时间为纳税人提供应税劳务、转让无形资产或者销售不动产并收讫营业收入款项或者取得索取营业收入款项凭据的当天。国务院财政、税务主管部门另有规定的，从其规定。

营业税扣缴义务发生时间为纳税人营业税纳税义务发生的当天。

《营业税暂行条例实施细则》第二十四条规定，收讫营业收入款项，是指纳税人应税行为发生过程中或者完成后收取的款项。取得索取营业收入款项凭据的当天，为书面合同确定的付款日期的当天；未签订书面合同或者书面合同未确定付款日期的，为应税行为完成的当天。

◎如何确定营业税纳税地点

问题：如何确定营业税纳税地点？

解答：《营业税暂行条例》第十四条规定了营业税纳税地点：

1）纳税人提供应税劳务应当向其机构所在地或者居住地的主管税务机关申报纳税。但是，纳税人提供的建筑业劳务以及国务院财政、税务主管部门规定的其他应税劳务，应当向应税劳务发生地的主管税务机关申报纳税。

2）纳税人转让无形资产应当向其机构所在地或者居住地的主管税务机关申报纳税。但是，纳税人转让、出租土地使用权，应当向土地所在地的主管税务机关申报纳税。

3）纳税人销售、出租不动产应当向不动产所在地的主管税务机关申报纳税。

扣缴义务人应当向其机构所在地或者居住地的主管税务机关申报缴纳其扣缴的税款。

《营业税暂行条例实施细则》第二十六条规定，按照条例第十四条规定，纳税人应当向应税劳务发生地、土地或者不动产所在地的主管税务机关申报纳税而自应当申报纳税之月起超过六个月没有申报纳税的，由其机构所在地或者居住地的主管税务机关补征税款。

◎异地取得租金收入在哪儿纳税

问题：某公司在其他城市有房产出租，取得的租金收入应在何地申报缴纳营业税？

解答：根据《营业税暂行条例》第十四条规定，纳税人销售、出租不动产应当向不动产所在地的主管税务机关申报纳税。因此，上述公司应向出租房产所在地的主管税务机关申报缴纳房产租金收入的营业税。

◎营业税纳税人发生退款后，已缴纳的营业税如何处理

问题：营业税纳税人发生退款后，已缴纳的营业税如何处理？

解答：自结算缴纳税款之日起三年内，纳税人发现因发生退款应减除营业额的，可以退还已缴纳营业税税款或者从纳税人以后的应缴纳营业税税额中减除。具体依据是：《营业税暂行条例实施细则》第十四条规定，纳税人的营业额计算缴纳营业税后因发生退款减除营业额的，应当退还已缴纳

营业税税款或者从纳税人以后的应缴纳营业税税额中减除。《税收征收管理法》第五十一条规定，纳税人超过应纳税额缴纳的税款，税务机关发现后应当立即退还；纳税人自结算缴纳税款之日起三年内发现的，可以向税务机关要求退还多缴的税款并加算银行同期存款利息，税务机关及时查实后应当立即退还；涉及从国库中退库的，依照法律、行政法规有关国库管理的规定退还。

◎房屋退租是否可以退还营业税?

问题：个人出租房屋并一次性收取1年的租金，半年后双方解除合同，房东退回多收的半年租金。请问房东是否可以申请退回半年租金的营业税?

解答：《营业税暂行条例实施细则》第十四条规定，纳税人的营业额计算缴纳营业税后因发生退款减除营业额的，应当退还已缴纳的营业税税款或者从纳税人以后应缴纳营业税税额中减除。据此，纳税人可申请退回半年租金的营业税税款。

第六节 营业税优惠政策

国家为了扶持某些产业和纳税人，制订了一些营业税税收优惠政策。纳税人如果用好用足这些政策，可以有效减轻税负。

营业税税收优惠政策包括减免税、递延纳税等。营业税税收优惠政策的应用一是要求纳税人清楚、准确地了解优惠政策的条件，然后以适当的经营内容、模式去享受这些优惠政策。比如，税法要求纳税人兼营免税、减税项目的，应当分别核算免税、减税项目的营业额；未分别核算营业额的，不得免税、减税。二是要按照优惠政策的要求到税务机关办理审批或备案手续。如果没有办理审批或备案手续，纳税人自行计算享受的优惠无效。

◎《营业税暂行条例》规定哪些可以减免营业税

问题：《营业税暂行条例》规定哪些可以减免营业税?

解答：《营业税暂行条例》第八条规定，下列项目免征营业税：

1)托儿所、幼儿园、养老院、残疾人福利机构提供的育养服务，婚姻介绍，殡葬服务；

2）残疾人员个人提供的劳务；

3）医院、诊所和其他医疗机构提供的医疗服务；

4）学校和其他教育机构提供的教育劳务，学生勤工俭学提供的劳务；

5）农业机耕、排灌、病虫害防治、植物保护、农牧保险以及相关技术培训业务，家禽、牲畜、水生动物的配种和疾病防治；

6）纪念馆、博物馆、文化馆、文物保护单位管理机构、美术馆、展览馆、书画院、图书馆举办文化活动的门票收入，宗教场所举办文化、宗教活动的门票收入；

7）境内保险机构为出口货物提供的保险产品。

◎境外提供建筑业、文化体育业劳务能否免税

问题：境内单位或者个人在境外提供建筑业、文化体育业劳务，是否要缴纳营业税？

解答：《财政部、国家税务总局关于个人金融商品买卖等营业税若干免税政策的通知》（财税［2009］111 号）规定，境内单位或者个人在中华人民共和国境外（以下简称境外）提供建筑业、文化体育业（除播映）劳务暂免征收营业税。

◎个人从事金融商品买卖是否免征营业税

问题：个人金融商品买卖业务取得的收入，是否免征营业税？

解答：《财政部、国家税务总局关于个人金融商品买卖等营业税若干免税政策的通知》（财税［2009］111 号）规定，对个人从事外汇、有价证券、非货物期货和其他金融商品买卖业务取得的收入暂免征收营业税。

◎金融机构的农户小额贷款是否免征营业税

问题：对金融机构农户小额贷款的利息收入，是否免征营业税？

解答：《财政部、国家税务总局关于农村金融有关税收政策的通知》（财税［2010］4 号）规定，自 2009 年 1 月 1 日至 2013 年 12 月 31 日，对金融机构农户小额贷款的利息收入，免征营业税。

农户，是指长期（一年以上）居住在乡镇（不包括城关镇）行政管理区域内

的住户，还包括长期居住在城关镇所辖行政村范围内的住户和户口不在本地而在本地居住一年以上的住户，国有农场的职工和农村个体工商户。位于乡镇(不包括城关镇)行政管理区域内和在城关镇所辖行政村范围内的国有经济的机关、团体、学校、企事业单位的集体户；有本地户口，但举家外出谋生一年以上的住户，无论是否保留承包耕地均不属于农户。农户以户为统计单位，既可以从事农业生产经营，也可以从事非农业生产经营。农户贷款的判定应以贷款发放时的承贷主体是否属于农户为准。

小额贷款，是指单笔且该户贷款余额总额在5万元以下(含5万元)的贷款。

金融机构应对符合条件的农户小额贷款利息收入进行单独核算，不能单独核算的不得享受优惠政策。

◎对于公司以参股、控股方式对外投资取得的收入，是否免征营业税

问题：对于公司以参股、控股方式对外投资取得的收入，是否免征营业税？

解答：《国家税务总局关于财政资金增值收入征收营业税问题的批复》(国税函[2001]1007号)批复如下：根据现行营业税政策规定，对投资公司将财政资金存入金融机构而取得的存款利息收入，以及以参股、控股方式对外投资而取得的收入，不征收营业税。

◎学校举办培训班取得的收入是否缴纳营业税

问题：学校举办培训班取得的收入是否缴纳营业税？

解答：《财政部、国家税务总局关于加强教育劳务营业税征收管理有关问题的通知》(财税[2006]3号)规定，对政府举办的高等、中等和初等学校(不含下属单位)举办进修班、培训班取得的收入，收入全部归学校所有的，免征营业税。“收入全部归学校所有”是指：举办进修班、培训班取得的收入进入学校统一账户，并作为预算外资金全额上缴财政专户管理，同时由学校对有关票据进行统一管理、开具。进入学校下属部门自行开设账户的进修班、培训班收入，不属于收入全部归学校所有的收入，不予免征营业税。

◎对科研单位承担国家财政资金设立的科技项目而取得的收入，是否免征营业税

问题：对科研单位承担国家财政资金设立的科技项目而取得的收入，是否免征营业税？

解答：《国家税务总局关于科研单位和铁道部所属勘测设计院营业税问题的通知》（国税发［2001］100号）规定，科研单位承担国家财政资金设立的科技项目而取得的收入（包括科研经费），属于技术开发而取得的收入，免征营业税。

以上所称“国家财政资金设立的科技项目”是指：

- 国家自然科学基金项目
- 国家高技术研究发展项目（又称863计划）
- 国家重点基础研究发展规划项目（又称973项目）
- 攀登计划以及攀登计划预选项目
- 国防军工项目以及军品配套研制项目
- 国家科技三项费项目
- 国家一次性科学事业专项经费
- 国家科学事业费政策性调节费
- 国家基础研究特别支持费
- 国家科技攻关项目
- 国家高技术产业化示范工程项目
- 国家工程研究中心项目
- 国家技术工程研究中心项目
- 国家载人航天工程项目（又称921项目）

◎企业安置残疾人就业，有没有营业税优惠

问题：对安置残疾人就业的用人单位，如何享受营业税优惠政策？

解答：《财政部、国家税务总局关于促进残疾人就业税收优惠政策的通知》（财税［2007］92号）规定，对安置残疾人的单位，实行由税务机关按单位实际安置残疾人的人数，限额即征即退增值税或减征营业税的办法。

实际安置的每位残疾人每年可退还的增值税或减征的营业税的具体限额，

由县级以上税务机关根据单位所在区县(含县级市、旗，下同)适用的经省(含自治区、直辖市、计划单列市，下同)级人民政府批准的最低工资标准的6倍确定，但最高不得超过每人每年3.5万元。

营业税优惠政策仅适用于提供服务业税目(广告业除外)取得的收入占增值税业务和营业税业务收入之和达到50%的单位，但不适用于上述单位提供广告业劳务以及不属于服务业税目的营业税应税劳务取得的收入。

单位应当分别核算上述享受税收优惠政策和不得享受税收优惠政策业务的销售收入或营业收入，不能分别核算的，不得享受本通知规定的增值税或营业税优惠政策。

如果既适用促进残疾人就业税收优惠政策，又适用下岗再就业、军转干部、随军家属等支持就业的税收优惠政策的，单位可选择适用最优惠的政策，但不能累加执行。

◎企业新招用下岗失业人员的，如何享受税收优惠

问题：对符合条件的企业在新增加的岗位中，当年新招用下岗失业人员的，如何享受税收优惠？

解答：《财政部、国家税务总局关于延长下岗失业人员再就业有关税收政策的通知》(财税[2009]23号)规定，对符合条件的企业在新增加的岗位中，当年新招用持《再就业优惠证》人员，与其签订1年以上期限劳动合同并缴纳社会保险费的，3年内按实际招用人数予以定额依次扣减营业税、城市维护建设税、教育费附加和企业所得税。定额标准为每人每年4 000元，可上下浮动20%。由各省、自治区、直辖市人民政府根据本地区实际情况在此幅度内确定具体定额标准，并报财政部和国家税务总局备案。

◎示范城市离岸服务外包业务是否应征营业税

问题：示范城市离岸服务外包业务是否应征营业税？

解答：《财政部、国家税务总局、商务部关于示范城市离岸服务外包业务免征营业税的通知》(财税[2010]64号)规定，自2010年7月1日起至2013年12月31日，对注册在北京、天津、大连、哈尔滨、大庆、上海、南京、苏州、无锡、杭州、合肥、南昌、厦门、济南、武汉、长沙、广州、深圳、重庆、成都、西安等21个中国服务外包示范城市的企业从事离岸服务外包业

务取得的收入免征营业税。

从事离岸服务外包业务取得的收入，是指以上规定的企业根据境外单位与其签订的委托合同，由本企业或其直接转包的企业为境外提供本通知附件规定的信息技术外包服务（ITO）、技术性业务流程外包服务（BPO）或技术性知识流程外包服务（KPO），从上述境外单位取得的收入。

◎个体诊所的药品收入是否缴纳营业税

问题：个体诊所的药品收入是否缴纳营业税？

解答：个体诊所销售的药品收入，按照《营业税暂行条例》第八条第三项规定，医院、诊所和其他医疗机构提供的医疗服务免征营业税。但对个体诊所单独设立柜台或门面从事药品零售的，按《增值税暂行条例》的规定缴纳增值税。

◎跨境设备租赁老合同取得的收入可以免缴营业税吗

问题：对境外单位或个人执行跨境设备租赁老合同取得的收入，还免营业税吗？

解答：根据《财政部、国家税务总局关于跨境设备租赁合同继续实行过渡性营业税免税政策的通知》（财税[2011]48号）规定，自2010年1月1日起至合同到期日，对境外单位或个人执行跨境设备租赁老合同（包括融资租赁和经营性租赁老合同）取得的收入，继续实行免征营业税的过渡政策。跨境设备租赁老合同是指同时符合以下条件的合同：①2008年12月31日前（含）以书面形式订立，且租赁期限超过365天。②合同标的物为飞机、船舶、飞机发动机、大型发电设备、机械设备、大型环保设备、大型建筑施工机械、大型石油化工成套设备、集装箱及其他设备，且合同约定的年均租赁费不低于50万元人民币。③合同标的物、租赁期限、租金条款不发生变更；合同标的物、租赁期限、租金条款未变更而出租人发生变更的，仍属于本通知所称跨境设备租赁老合同。④2009年12月31日前（含）境内承租人（或通过其境外所属公司）按合同约定的金额已通过金融机构向境外出租人以外汇形式支付了租金（包括保证金或押金）。

◎污水处理费是否应缴纳营业税

问题：污水处理费是否应缴纳营业税？

解答：根据《国家税务总局关于污水处理费不征收营业税的批复》（国税函[2004]1366 号）规定，单位和个人提供的污水处理劳务不属于营业税应税劳务，其处理污水取得的污水处理费，不缴纳营业税。

◎邮政企业代办邮政速递物流业务，有营业税优惠吗

问题：对邮政企业代办邮政速递物流业务，在营业税方面是否有税收优惠？

解答：《财政部、国家税务总局关于邮政企业代办邮政速递物流业务免征营业税的通知》（财税[2011]24 号）规定，对中国邮政集团公司及其所属邮政企业为中国邮政速递物流股份有限公司及其子公司（含各级分支机构）代办速递、物流、国际包裹、快递包裹以及礼仪业务等速递物流类业务取得的代理速递物流业务收入，自 2010 年 6 月 1 日至 2013 年 5 月 31 日免征营业税。对本通知发布之日前已缴纳的应予免征的营业税，应从以后应缴的营业税税款中抵减。

◎金融机构取得的农户小额贷款利息收入能否免征营业税

问题：金融机构取得的农户小额贷款利息收入能否免征营业税？

解答：根据《财政部、国家税务总局关于农村金融有关税收政策的通知》（财税[2010]4 号）规定，自 2009 年 1 月 1 日至 2013 年 12 月 31 日，对金融机构农户小额贷款的利息收入，免征营业税。

◎个人将林地使用权转让，取得的收入是否缴纳营业税

问题：个人将林地使用权转让，取得的收入是否缴纳营业税？

解答：根据《国家税务总局关于林地使用权转让行为征收营业税问题的批复》（国税函[2002]700 号）规定，单位和个人将其拥有的人工用材林使用权转让给其他单位和个人并取得货币、货物或其他经济利益的行为，应按转让无形资产税目中转让土地使用权项目征收营业税。如果转让的人工用材林是转让给农业生产者用于农业生产的，按照《财政部、国家税务总局关于对若干项目免征营业税的通知》（财税[1994]2 号）规定，可免征营业税。

◎销售林木和提供林木管护行为如何征免营业税

问题：销售林木和提供林木管护行为如何征免营业税？

解答：《国家税务总局关于林木销售和管护征收流转税问题的通知》（国税函[2008]212号）规定，纳税人销售林木以及销售林木的同时提供林木管护劳务的行为，属于增值税征收范围，应当征收增值税。纳税人单独提供林木管护劳务行为属于营业税征收范围，其取得的收入，如果属于提供农业机耕、排灌、病虫害防治、植保劳务取得的收入，免征营业税。如果属于其他收入，应照章征收营业税。

第五章

企业所得税纳税风险管理及问题解答

第一节 什么是企业所得税

企业所得税是以企业和其他取得收入的组织的生产经营所得和其他所得为征税对象征收的一种税，是企业经营者获得税后利润前缴纳的最后一道税，缴纳企业所得税后，经营所得就变成企业的纯利了。

企业所得税的纳税操作与其他税种相比，涉及面广，难度大，是纳税人很容易出错的税种。纳税人该如何操作企业所得税呢?

(一)要准确区分纳税身份

企业所得税纳税人可分为居民企业和非居民企业两大类，两类纳税人纳税的税基、适用的税率存在很大不同，税收管理方式也有很大不同。

居民企业，是指依法在中国境内成立，或者依照外国(地区)法律成立但实际管理机构在中国境内的企业。这类企业在我国负有完全的纳税义务，需要就其全球所得在中国纳税。依法在中国境内成立的企业包括依照中国法律、行政法规在中国境内成立的企业、事业单位、社会团体以及其他取得收入的组织。依照外国(地区)法律成立但实际管理机构在中国境内的企业主要是指境外中资企业，即由中国境内的企业或企业集团作为主要控股投资者，在境外依据外国(地区)法律注册成立的企业。

非居民企业，是指依照外国(地区)法律成立且实际管理机构不在中国境内，但在中国境内设立机构、场所的，或者在中国境内未设立机构、场所，但有来源于中国境内所得的企业。非居民企业在我国仅负有限纳税义务，仅就来源于中国境内的收入缴纳企业所得税。

（二）要正确适用企业所得税征收方式

企业所得税的征收方式包括查账征收和核定征收两种。

查账征收方式是指纳税人依据税法的规定，将经营所得扣除成本、费用、税金等准确核算出应纳税所得额，再用应纳税所得额乘以适用税率，得出应纳税额的方式。这是一种规范的、普遍的征收方式。

核定征收针对存在以下情形之一的纳税人：依照法律、行政法规的规定可以不设置账簿的；依照法律、行政法规的规定应当设置但未设置账簿的；擅自销毁账簿或者拒不提供纳税资料的；虽设置账簿，但账目混乱或者成本资料、收入凭证、费用凭证残缺不全，难以查账的；发生纳税义务，未按照规定的期限办理纳税申报，经税务机关责令限期申报，逾期仍不申报的；申报的计税依据明显偏低，又无正当理由的，由税务机关核定征收企业所得税的方式。核定征收又包括核定应税所得率或者核定应纳所得税额两种方式。核定应税所得率是对能正确核算（查实）收入总额，但不能正确核算（查实）成本费用总额的纳税人；能正确核算（查实）成本费用总额，但不能正确核算（查实）收入总额的纳税人；通过合理方法，能计算和推定纳税人收入总额或成本费用总额的纳税人适用的方法。

需要强调的是，一般而言，小规模的企业大多采用核定征收方式，但不是所有的企业都可以适用核定征收方式，一些特殊企业只能适用查账征收方式。

（三）准确计算应纳税额

企业所得税的计算公式为：

$$应纳税额 = 应纳税所得额 \times 税率 - 减免税额 - 抵免税额$$

在这个公式中，如果企业没有享受低税率优惠，则居民企业的企业所得税的税率为25%，非居民企业所得税的税率为20%。如果企业享受低税率优惠，比如高新技术企业，西部大开发企业，税率为15%；非居民企业按照有关税收协定的规定，可以适用10%的低税率优惠。

要准确计算企业所得税税额，前提条件是正确核算企业的应纳税所得额。企业所得税法规定，企业每一纳税年度的收入总额，减除不征税收入、免税收入、各项扣除以及允许弥补的以前年度亏损后的余额，为应纳税所得额。因此，计算应纳税所得额，首先要正确核算收入总额，再汇总可税前扣除的成本、费用、税金。

企业应纳税所得额的计算，以权责发生制为原则，属于当期的收入和费用，不论款项是否收付，均作为当期的收入和费用；不属于当期的收入和费用，即使款项已经在当期收付，均不作为当期的收入和费用。企业以货币形式和非货币形式从各种来源取得的收入，为收入总额。包括销售货物收入，提供劳务收入，转让财产收入，股息、红利等权益性投资收益，利息收入，租金收入，特许权使用费收入，接受捐赠收入，其他收入。企业在确认收入时，必须按照税法规定的时机、方法及时确认，不能人为调节收入的确认时间。此外，要准确理解不征税收入和免税收入的概念、范围，不能混淆。

准确核算成本和费用也是计算应纳税所得额的关键因素。按税法规定，企业实际发生的与取得收入有关的、合理的支出，包括成本、费用、税金、损失和其他支出，准予在计算应纳税所得额时扣除。也就是说，可税前扣除的各项支出，必须是真实发生的，与企业经营收入相关的支出。

很多纳税人在核算收入、成本、费用时，由于法规、政策规定很多，又变化频繁，往往难以准确把握。其实，只要深入理解并应用好以下原则，很多疑难问题就可以迎刃而解。

1）税法独立性原则。会计处理有会计处理的规定，税务处理有税务处理的规定，当二者存在差异时，应按照税法的规定处理。这就是税法与会计差异的调整问题。

2）权责发生制原则。属于当期的收入和费用，不论款项是否收付，均作为当期的收入和费用；不属于当期的收入和费用，即使款项已经在当期收付，均不作为当期的收入和费用。

3）相关性、合理性原则。税前能扣除的费用必须是与取得收入直接相关的、合理的支出。

4）区分资本性和收益性支出的原则。按税法规定应该进入资本的支出，需要进入资本提取折旧或摊销。而收益性支出则可以直接扣除。

5）凭合法的凭证扣除的原则。税前可扣除的费用，需要取得符合税法要求的合法凭证，否则不许扣除。

由于有些企业能够享受减免税优惠，所以在计算应纳税额时应扣除可减免的税额。一些企业有国外经营业务并取得所得，这些所得在国外已经缴纳企业所得税，为了避免重复征税，税法规定国外缴纳的所得税可以按一定的办法在国内抵免。

（四）要按时纳税

按税法规定，居民企业以企业登记注册地为纳税地点；但登记注册地在境外的，以实际管理机构所在地为纳税地点。企业所得税按纳税年度计算，按月或季度预缴，年终汇算清缴的制度。企业应当自月份或者季度终了之日起十五日内，向税务机关报送预缴企业所得税纳税申报表，预缴税款。企业应当自年度终了之日起五个月内，向税务机关报送年度企业所得税纳税申报表，并汇算清缴，结清应缴应退税款。

第二节　企业所得税纳税风险管理

企业所得税纳税风险管理是所有税种中难度最大的，也是很多企业出现纳税风险最多的税种。原因何在?

前面说过，企业所得税实行按纳税年度计算，按月或季度预缴，年终汇算清缴的制度。企业在每个月、每个季度只是预缴税款，在年度终了后还需要进行汇总计算，算出一年的应纳税额，扣除预缴税款后多退少补。这就需要计算清楚企业一个年度内所有的收入和支出，准确划分各项收入、支出的性质，依法需要计入应税收入的必须计入，不能扣除的支出必须剔除。不仅工作量大，而且政策性强，需要企业财务人员既有很强的业务能力，又有高度的责任感。

从很多企业被处罚的案例来看，有的企业是因为不懂税法、政策规定出错被处罚，有的则是为了少缴税，故意隐瞒收入、多列支费用，甚至是用假发票冲账偷税而被处罚。

对于故意偷税行为，企业应提高纳税意识，充分认识到依法纳税是企业的法定义务，减轻税负、增加经营效益绝不能在偷税上做文章，而要在经营管理、税收筹划上下功夫。

对于因为不懂税法、政策规定出错被处罚的企业，则需要加强财务人员培训、从提高财务人员的业务能力入手，提高企业的财务核算能力，做到依法纳税，才能避免纳税人风险。

自 2008 年实施新的企业所得税法以来，企业所得税的法规、政策与以前相比变化很大，税务机关的征管力度越来越强，管理越来越细，这是企业进行纳税风险管理面临的新特点。

具体来说，纳税人要规避企业所得税的纳税风险，要从以下几方面努力。

1)建立健全财务管理制度，从收入核算、支出管理等方面建立起完善的管理制度，规范票据的取得、开具，为年终核算打下良好的基础。很多企业是在票据上出错，出错的原因是随心所欲地处理收入和支出，管理非常混乱。

2)由于企业所得税的核算是在其他税种的核算上进行的，与增值税、营业税、个人所得税等税种关系紧密，只有其他税种核算准确，企业所得税才能做到依法纳税。因此，企业财务、税务人员应提前介入各项业务，在算清税收账的基础上再开展业务。如果等业务做完、纳税义务产生后发现税收问题，再要求财务人员通过做账减轻税负，已经为时已晚，很容易产生偷税问题。

3)随着税务机关征管水平的提高，税务稽查的突破口、重点不仅仅是看企业的账务有没有问题，而是看企业的盈利水平、税负率与以前及同行业相比是否正常。这就要求企业高度关注各项经营、税负指标，出现异常时及时查找问题改进。如果确实是因为经营情况引起，应事先准备好证据。

4)特别关注关联交易的处理。现在很多企业越做越大，关联交易越来越多，税务机关对关联交易的管理非常重视，出台了很多管理关联交易的办法、措施，需要企业按照税务机关的要求准备各种材料并备案。如果企业不这样做，会引来很多麻烦。

5)规范完成企业所得税汇算清缴。企业所得税采取预缴与年终汇算清缴相结合的方式。企业不规范的、存在风险的很多问题，都可以在年终汇算清缴时调整过来，此时还不算偷税。

第三节　应纳税所得额的计算

应纳税所得额的计算是企业所得税纳税操作中的关键环节，准确计算应纳税所得额，需要准确核算企业当期的收入、成本和费用，这就涉及收入的确认、成本的核算和费用的归集。

◎什么是不征税收入

问题：我企业是一家高科技企业，每年都取得数百万元的财政扶持资金，请问这样的收入需要缴纳企业所得税吗？

解答：不征税收入是《中华人民共和国企业所得税法》(以下简称《企业所得税法》)新引入的一个概念，是指从税法原理上不列入征税范围的收入。《企业所得税法》规定：收入总额中的财政拨款；依法收取并纳入财政管理的行政事业性收费、政府性基金；国务院规定的其他不征税收入为不征税收入，不计入应纳税所得额。财政拨款，是指各级人民政府对纳入预算管理的事业单位、社会团体等组织拨付的财政资金，但国务院和国务院财政、税务主管部门另有规定的除外。行政事业性收费，是指依照法律法规等有关规定，按照国务院规定程序批准，在实施社会公共管理，以及在向公民、法人或者其他组织提供特定公共服务过程中，向特定对象收取并纳入财政管理的费用。政府性基金，是指企业依照法律、行政法规等有关规定，代政府收取的具有专项用途的财政资金。《财政部、国家税务总局关于财政性资金、行政事业性收费、政府性基金有关企业所得税政策问题的通知》(财税[2008]151号)规定，对企业依照法律、法规及国务院有关规定收取并上缴财政的政府性基金和行政事业性收费，准予作为不征税收入，于上缴财政的当年在计算应纳税所得额时从收入总额中减除；未上缴财政的部分，不得从收入总额中减除。

对企业取得的由国务院财政、税务主管部门规定专项用途并经国务院批准的财政性资金，准予作为不征税收入，在计算应纳税所得额时从收入总额中减除。《财政部、国家税务总局关于专项用途财政性资金企业所得税处理问题的通知》(财税[2011]70号)规定，企业从县级以上各级人民政府财政部门及其他部门取得的应计入收入总额的财政性资金，凡同时符合以下条件的，可以作为不征税收入，在计算应纳税所得额时从收入总额中减除：

1)企业能够提供规定资金专项用途的资金拨付文件；

2)财政部门或其他拨付资金的政府部门对该资金有专门的资金管理办法或具体管理要求；

3)企业对该资金以及以该资金发生的支出单独进行核算。

对于你单位取得的财政扶持资金，如果符合上述条件，可以不用缴纳企业所得税，反之，则应缴纳企业所得税。需要注意的是，财政性资金作不征税收入处理后，在5年(60个月)内未发生支出且未缴回财政部门或其他拨付资金的政府部门的部分，应计入取得该资金第六年的应税收入总额；计入应税收入总额的财政性资金发生的支出，允许在计算应纳税所得额时扣除。

◎不征税收入形成的费用、资产，能否税前扣除

问题：我单位取得一笔财政性资金列入了不征税收入，那么，这笔收入在使用时形成的费用、资产，能否扣除或计提折旧？

解答：企业的不征税收入用于支出所形成的费用，不得在计算应纳税所得额时扣除；企业的不征税收入用于支出所形成的资产，其计算的折旧、摊销不得在计算应纳税所得额时扣除。

◎什么是免税收入

问题：什么是免税收入？免税收入对应的费用能否税前扣除？

解答：免税收入是依法免予纳税的收入，属于税收优惠的范畴。《企业所得税法》及《企业所得税法实施条例》规定了不少的优惠政策，凡符合优惠政策的收入，即属于免税收入。《国家税务总局关于贯切落实企业所得税法若干税收问题的通知》(国税函[2010]79号)规定，企业取得的各项免税收入所对应的各项成本费用，除另有规定者外，可以在计算企业应纳税所得额时扣除。

◎非货币性资产交换如何确认收入

问题：企业发生非货币性资产交换的，如何确认收入？

解答：企业发生非货币性资产交换，以及将货物、财产、劳务用于捐赠、偿债、赞助、集资、广告、样品、职工福利或者利润分配等用途的，应当视同销售货物、转让财产或者提供劳务，但国务院财政、税务主管部门另有规定的除外。《国家税务总局关于企业取得财产转让等所得企业所得税处理问题的公告》(国家税务总局公告2010年第19号)规定，企业取得财产(包括各类资产、股权、债权等)转让收入、债务重组收入、接受捐赠收入、无法偿付的应付款收入等，不论是以货币形式、还是非货币形式体现，除另有规定外，均应一次性计入确认收入的年度计算缴纳企业所得税。

◎企业内部处置资产，是否视同销售确认收入

问题：企业内部处置资产，是否视同销售确认收入？

解答：《国家税务总局关于企业处置资产所得税处理问题的通知》(国税函[2008]828 号)规定：企业发生下列情形的处置资产，除将资产转移至境外以外，由于资产所有权属在形式和实质上均不发生改变，可作为内部处置资产，不视同销售确认收入，相关资产的计税基础延续计算。

1)将资产用于生产、制造、加工另一产品；

2)改变资产形状、结构或性能；

3)改变资产用途(如自建商品房转为自用或经营)；

4)将资产在总机构及其分支机构之间转移；

5)上述两种或两种以上情形的混合；

6)其他不改变资产所有权属的用途。

◎因资产所有权属发生改变的处置资产，是否视同销售确认收入

问题：因资产所有权属发生改变的处置资产，是否视同销售确认收入？

解答：《国家税务总局关于企业处置资产所得税处理问题的通知》(国税函[2008]828 号)规定，企业将资产移送他人的下列情形，因资产所有权属已发生改变而不属于内部处置资产，应按规定视同销售确定收入。

1)用于市场推广或销售；

2)用于交际应酬；

3)用于职工奖励或福利；

4)用于股息分配；

5)用于对外捐赠；

6)其他改变资产所有权属的用途。

企业发生上述情形时，属于企业自制的资产，应按企业同类资产同期对外销售价格确定销售收入；属于外购的资产，可按购入时的价格确定销售收入。

◎企业销售商品，如何确认收入

问题：企业销售商品，如何确认收入？

解答：《国家税务总局关于确认企业所得税收入若干问题的通知》(国税函

[2008]875 号)规定，除《企业所得税法》及《企业所得税法实施条例》另有规定外，企业销售收入的确认，必须遵循权责发生制原则和实质重于形式原则。

1)企业销售商品同时满足下列条件的，应确认收入的实现。

①商品销售合同已经签订，企业已将商品所有权相关的主要风险和报酬转移给购货方。

②企业对已售出的商品既没有保留通常与所有权相联系的继续管理权，也没有实施有效控制。

③收入的金额能够可靠地计量。

④已发生或将发生的销售方的成本能够可靠地核算。

2)符合上款收入确认条件，采取下列商品销售方式的，应按以下规定确认收入实现时间。

①销售商品采用托收承付方式的，在办妥托收手续时确认收入。

②销售商品采取预收款方式的，在发出商品时确认收入。

③销售商品需要安装和检验的，在购买方接受商品以及安装和检验完毕时确认收入。如果安装程序比较简单，可在发出商品时确认收入。

④销售商品采用支付手续费方式委托代销的，在收到代销清单时确认收入。

3)采用售后回购方式销售商品的，销售的商品按售价确认收入，回购的商品作为购进商品处理。有证据表明不符合销售收入确认条件的，如以销售商品方式进行融资，收到的款项应确认为负债，回购价格大于原售价的，差额应在回购期间确认为利息费用。

4)销售商品以旧换新的，销售商品应当按照销售商品收入确认条件确认收入，回收的商品作为购进商品处理。

5)企业为促进商品销售而在商品价格上给予的价格扣除属于商业折扣，商品销售涉及商业折扣的，应当按照扣除商业折扣后的金额确定销售商品收入金额。

债权人为鼓励债务人在规定的期限内付款而向债务人提供的债务扣除属于现金折扣，销售商品涉及现金折扣的，应当按扣除现金折扣前的金额确定销售商品收入金额，现金折扣在实际发生时作为财务费用扣除。

企业因售出商品的质量不合格等原因而在售价上给的减让属于销售折让；企业因售出商品质量、品种不符合要求等原因而发生的退货属于销售退回。

企业已经确认销售收入的售出商品发生销售折让和销售退回，应当在发生当期冲减当期销售商品收入。

◎企业提供劳务，如何确认收入

问题：企业提供劳务，如何确认收入？

解答：《国家税务总局关于确认企业所得税收入若干问题的通知》(国税函[2008]875号)规定，企业在各个纳税期末，提供劳务交易的结果能够可靠估计的，应采用完工进度(完工百分比)法确认提供劳务收入。

1)提供劳务交易的结果能够可靠估计，是指同时满足下列条件。

①收入的金额能够可靠地计量。

②交易的完工进度能够可靠地确定。

③交易中已发生和将发生的成本能够可靠地核算。

2)企业提供劳务完工进度的确定，可选用下列方法。

①已完工作的测量。

②已提供劳务占劳务总量的比例。

③发生成本占总成本的比例。

3)企业应按照从接受劳务方已收或应收的合同或协议价款确定劳务收入总额，根据纳税期末提供劳务收入总额乘以完工进度扣除以前纳税年度累计已确认提供劳务收入后的金额，确认为当期劳务收入；同时，按照提供劳务估计总成本乘以完工进度扣除以前纳税期间累计已确认劳务成本后的金额，结转为当期劳务成本。

4)下列提供劳务满足收入确认条件的，应按规定确认收入。

①安装费。应根据安装完工进度确认收入。安装工作是商品销售附带条件的，安装费在确认商品销售实现时确认收入。

②宣传媒介的收费。应在相关的广告或商业行为出现于公众面前时确认收入。广告的制作费，应根据制作广告的完工进度确认收入。

③软件费。为特定客户开发软件的收费，应根据开发的完工进度确认收入。

④服务费。包含在商品售价内可区分的服务费，在提供服务的期间分期确认收入。

⑤艺术表演、招待宴会和其他特殊活动的收费。在相关活动发生时确认

收入。收费涉及几项活动的，预收的款项应合理分配给每项活动，分别确认收入。

⑥会员费。申请入会或加入会员，只允许取得会籍，所有其他服务或商品都要另行收费的，在取得该会员费时确认收入。申请入会或加入会员后，会员在会员期内不再付费就可得到各种服务或商品，或者以低于非会员的价格销售商品或提供服务的，该会员费应在整个受益期内分期确认收入。

⑦特许权费。属于提供设备和其他有形资产的特许权费，在交付资产或转移资产所有权时确认收入；属于提供初始及后续服务的特许权费，在提供服务时确认收入。

⑧劳务费。长期为客户提供重复的劳务收取的劳务费，在相关劳务活动发生时确认收入。

◎股息、红利等权益性投资收益的确认

问题：股息、红利等权益性投资收益，如何确认收入？

解答：国税函(2010)79号规定，企业权益性投资取得股息、红利等收入，应以被投资企业股东会或股东大会作出利润分配或转股决定的日期，确定收入的实现。

被投资企业将股权(票)溢价所形成的资本公积转为股本的，不作为投资方企业的股息、红利收入，投资方企业也不得增加该项长期投资的计税基础。

◎租金收入的确认

问题：租金收入，如何确认？

解答：《国家税务总局关于贯彻落实企业所得税法若干税收问题的通知》(国税函[2010]79号)内容如下：根据《企业所得税法实施条例》第十九条的规定，企业提供固定资产、包装物或者其他有形资产的使用权取得的租金收入，应按交易合同或协议规定的承租人应付租金的日期确认收入的实现。其中，如果交易合同或协议中规定租赁期限跨年度，且租金提前一次性支付的，根据《企业所得税法实施条例》第九条规定的收入与费用配比原则，出租人可对上述已确认的收入，在租赁期内，分期均匀计入相关年度收入。出租方如为在我国境内设有机构场所、且采取据实申报缴纳企业所得税的非居民企业，也按本条规定执行。

◎企业发生的支出税前扣除的范围

问题：企业发生的支出税前扣除的范围包括哪些？

解答：《企业所得税法》规定，企业实际发生的与取得收入有关的、合理的支出，包括成本、费用、税金、损失和其他支出，准予在计算应纳税所得额时扣除。有关的支出，是指与取得收入直接相关的支出；合理的支出，是指符合生产经营活动常规，应当计入当期损益或者有关资产成本的必要和正常的支出。企业实际发生的成本、费用、税金、损失和其他支出，不得重复扣除。

企业发生的支出应当区分收益性支出和资本性支出。收益性支出在发生当期直接扣除；资本性支出应当分期扣除或者计入有关资产成本，不得在发生当期直接扣除。

成本，是指企业在生产经营活动中发生的销售成本、销货成本、业务支出以及其他耗费。费用，是指企业在生产经营活动中发生的销售费用、管理费用和财务费用，已经计入成本的有关费用除外。税金，是指企业发生的除企业所得税和允许抵扣的增值税以外的各项税金及其附加。损失，是指企业在生产经营活动中发生的固定资产和存货的盘亏、毁损、报废损失，转让财产损失，呆账损失，坏账损失，自然灾害等不可抗力因素造成的损失以及其他损失。企业发生的损失，减除责任人赔偿和保险赔款后的余额，依照国务院财政、税务主管部门的规定扣除。企业已经作为损失处理的资产，在以后纳税年度又全部收回或者部分收回时，应当计入当期收入。

◎以前年度发生应扣未扣的支出，如何处理

问题：以前年度发生应扣未扣的支出，如何处理？

解答：《国家税务总局关于企业所得税应纳税所得额若干税务处理问题的公告》(国家税务总局公告2012年第15号)规定，根据《税收征收管理法》的有关规定，对企业发现以前年度实际发生的、按照税收规定应在企业所得税前扣除而未扣除或者少扣除的支出，企业作出专项申报及说明后，准予追补至该项目发生年度计算扣除，但追补确认期限不得超过5年。

企业由于上述原因多缴的企业所得税税款，可以在追补确认年度企业所得税应纳税款中抵扣，不足抵扣的，可以向以后年度递延抵扣或申请退税。

亏损企业追补确认以前年度未在企业所得税前扣除的支出，或盈利企业经过追补确认后出现亏损的，应首先调整该项支出所属年度的亏损额，然后再按照弥补亏损的原则计算以后年度多缴的企业所得税款，并按前款规定处理。

◎工资薪金支出的税前扣除

问题：工资薪金支出，如何税前扣除？

解答：《企业所得税法》规定，企业发生的合理的工资薪金支出，准予扣除。工资薪金，是指企业每一纳税年度支付给在本企业任职或者受雇的员工的所有现金形式或者非现金形式的劳动报酬，包括基本工资、奖金、津贴、补贴、年终加薪、加班工资，以及与员工任职或者受雇有关的其他支出。

《国家税务总局关于企业工资薪金及职工福利费扣除问题的通知》(国税函[2009]3号)作如下规定。

(1)关于合理工资薪金问题。

《企业所得税法实施条例》第三十四条所称的合理工资薪金，是指企业按照股东大会、董事会、薪酬委员会或相关管理机构制订的工资薪金制度规定实际发放给员工的工资薪金。税务机关在对工资薪金进行合理性确认时，可按以下原则掌握：

1)企业制订了较为规范的员工工资薪金制度。

2)企业所制订的工资薪金制度符合行业及地区水平。

3)企业在一定时期所发放的工资薪金是相对固定的，工资薪金的调整是有序进行的。

4)企业对实际发放的工资薪金，已依法履行了代扣代缴个人所得税义务。

5)有关工资薪金的安排，不以减少或逃避税款为目的；

(2)关于工资薪金总额问题。

《企业所得税法实施条例》第四十、四十一、四十二条所称的工资薪金总额，是指企业按照本通知第一条规定实际发放的工资薪金总和，不包括企业的职工福利费、职工教育经费、工会经费以及养老保险费、医疗保险费、失业保险费、工伤保险费、生育保险费等社会保险费和住房公积金。属于国有性质的企业，其工资薪金，不得超过政府有关部门给予的限定数额；超过部分，不得计入企业工资薪金总额，也不得在计算企业应纳税所得额时扣除。

这里需要注意，企业可税前扣除的工资薪金，是指与企业签订有劳动合同的员工的工资薪金，对于没有签订劳动合同、属于提供劳务性质人员的费用，应按劳务报酬扣除。《国家税务总局关于企业所得税应纳税所得额若干税务处理问题的公告》(国家税务总局公告2012第15号)规定，企业因雇用季节工、临时工、实习生、返聘离退休人员以及接受外部劳务派遣用工所实际发生的费用，应区分为工资薪金支出和职工福利费支出，并按《企业所得税法》规定在企业所得税前扣除。其中属于工资薪金支出的，准予计入企业工资薪金总额的基数，作为计算其他各项相关费用扣除的依据。

◎职工福利费支出的税前扣除

问题：职工福利费支出，如何税前扣除？

解答：《企业所得税法实施条例》规定，企业发生的职工福利费支出，不超过工资薪金总额14%的部分，准予扣除。

《国家税务总局关于企业工资薪金及职工福利费扣除问题的通知》(国税函[2009]3号)规定，《企业所得税法实施条例》第四十条规定的企业职工福利费，包括以下内容：

1)尚未实行分离办社会职能的企业，其内设福利部门所发生的设备、设施和人员费用，包括职工食堂、职工浴室、理发室、医务所、托儿所、疗养院等集体福利部门的设备、设施及维修保养费用和福利部门工作人员的工资薪金、社会保险费、住房公积金、劳务费等。

2)为职工卫生保健、生活、住房、交通等所发放的各项补贴和非货币性福利，包括企业向职工发放的因公外地就医费用、未实行医疗统筹企业职工医疗费用、职工供养直系亲属医疗补贴、供暖费补贴、职工防暑降温费、职工困难补贴、救济费、职工食堂经费补贴、职工交通补贴等。

3)按照其他规定发生的其他职工福利费，包括丧葬补助费、抚恤费、安家费、探亲假路费等。

需要注意，企业发生的职工福利费，应该单独设置账册，进行准确核算。没有单独设置账册准确核算的，税务机关应责令企业在规定的期限内进行改正。逾期仍未改正的，税务机关可对企业发生的职工福利费进行合理的核定。

◎工会经费的税前扣除

问题：工会经费，如何税前扣除？

解答：《企业所得税法》规定，企业拨缴的工会经费，不超过工资薪金总额2%的部分，准予扣除。《国家税务总局关于工会经费企业所得税税前扣除凭据问题的公告》(国家税务总局公告2010年第24号)规定，自2010年7月1日起，企业拨缴的职工工会经费，不超过工资薪金总额2%的部分，凭工会组织开具的《工会经费收入专用收据》在企业所得税税前扣除。《国家税务总局关于税务机关代收工会经费企业所得税税前扣除凭据问题的公告》(国家税务总局公告2011年第30号)规定，自2010年1月1日起，在委托税务机关代收工会经费的地区，企业拨缴的工会经费，也可凭合法、有效的工会经费代收凭据依法在税前扣除。

◎职工教育经费支出的税前扣除

问题：职工教育经费支出，如何税前扣除？

解答：《企业所得税法》规定，除国务院财政、税务主管部门另有规定外，企业发生的职工教育经费支出，不超过工资薪金总额2.5%的部分，准予扣除；超过部分，准予在以后纳税年度结转扣除。对于软件企业、集成电路企业等，职工教育经费支出的扣除限额为工资薪金总额8%。另外，《国家税务总局关于企业所得税若干问题的公告》(国家税务总局公告2011年第34号)规定，航空企业实际发生的飞行员养成费、飞行训练费、乘务训练费、空中保卫员训练费等空勤训练费用，根据《企业所得税法实施条例》第二十七条规定，可以作为航空企业运输成本在税前扣除。

◎补充养老保险费、补充医疗保险费的税前扣除

问题：补充养老保险费、补充医疗保险费，如何税前扣除？

解答：《企业所得税法》规定，企业为投资者或者职工支付的补充养老保险费、补充医疗保险费，在国务院财政、税务主管部门规定的范围和标准内，准予扣除。《财政部、国家税务总局关于补充养老保险费、补充医疗保险费有关企业所得税政策问题的通知》(财税[2009]27号)规定，自2008年1月1日起，企业根据国家有关政策规定，为在本企业任职或者受雇的全体员工支付

的补充养老保险费、补充医疗保险费，分别在不超过职工工资总额5%标准内的部分，在计算应纳税所得额时准予扣除；超过的部分，不予扣除。

需要注意，对于商业保险费，除企业依照国家有关规定为特殊工种职工支付的人身安全保险费和国务院财政、税务主管部门规定可以扣除的其他商业保险费外，企业为投资者或者职工支付的商业保险费，不得扣除。

◎利息支出的税前扣除

问题：利息支出如何税前扣除？

解答：《企业所得税法实施条例》规定，非金融企业向金融企业借款的利息支出、金融企业的各项存款利息支出和同业拆借利息支出、企业经批准发行债券的利息支出可以税前扣除。

非金融企业向非金融企业借款的利息支出，不超过按照金融企业同期同类贷款利率计算的数额的部分。《国家税务总局关于企业所得税若干问题的公告》(国家税务总局公告2011年第34号)规定，企业在按照合同要求首次支付利息并进行税前扣除时，应提供"金融企业的同期同类贷款利率情况说明"，以证明其利息支出的合理性。"金融企业的同期同类贷款利率情况说明"中，应包括在签订该借款合同当时，本省任何一家金融企业提供同期同类贷款利率情况。该金融企业应为经政府有关部门批准成立的可以从事贷款业务的企业，包括银行、财务公司、信托公司等金融机构。"同期同类贷款利率"是指在贷款期限、贷款金额、贷款担保以及企业信誉等条件基本相同下，金融企业提供贷款的利率。既可以是金融企业公布的同期同类平均利率，也可以是金融企业对某些企业提供的实际贷款利率。

《国家税务总局关于企业向自然人借款的利息支出企业所得税税前扣除问题的通知》(国税函[2009]777号)规定，企业向内部职工或其他人员借款的利息支出，其借款情况同时符合以下条件的，其利息支出在不超过按照金融企业同期同类贷款利率计算的数额的部分，根据《企业所得税法》第八条和《企业所得税法实施条例》第二十七条规定，准予扣除。

1)企业与个人之间的借贷是真实、合法、有效的，并且不具有非法集资目的或其他违反法律、法规的行为；

2)企业与个人之间签订了借款合同。

需要提醒的是，《国家税务总局关于企业投资未到位而发生的利息支出企业所得税前扣除问题的批复》(国税函[2009]312 号)规定，凡企业投资者在规定期限内未缴足其应缴资本额的，该企业对外借款所发生的利息，相当于投资者实缴资本额与在规定期限内应缴资本额的差额应计付的利息，其不属于企业合理的支出，应由企业投资者负担，不得在计算企业应纳税所得额时扣除。

具体计算不得扣除的利息，应以企业一个年度内每一账面实收资本与借款余额保持不变的期间作为一个计算期，每一计算期内不得扣除的借款利息按该期间借款利息发生额乘以该期间企业未缴足的注册资本占借款总额的比例计算，公式为：

企业每一计算期不得扣除的借款利息＝

该期间借款利息额×该期间未缴足注册资本额÷该期间借款额

企业一个年度内不得扣除的借款利息总额为该年度内每一计算期不得扣除的借款利息额之和。

◎借款费用的税前扣除

问题：借款费用，如何税前扣除？

解答：《企业所得税法实施条例》规定，企业在生产经营活动中发生的合理的不需要资本化的借款费用，准予扣除。企业为购置、建造固定资产、无形资产和经过 12 个月以上的建造才能达到预定可销售状态的存货发生借款的，在有关资产购置、建造期间发生的合理的借款费用，应当作为资本性支出计入有关资产的成本，并依照本条例的规定扣除。《国家税务总局关于企业所得税应纳税所得额若干税务处理问题的公告》(国家税务总局公告 2012 年第 15 号)规定，企业通过发行债券、取得贷款、吸收保户储金等方式融资而发生的合理的费用支出，符合资本化条件的，应计入相关资产成本；不符合资本化条件的，应作为财务费用，准予在企业所得税前据实扣除。

◎保险公司提取的哪些准备金支出可在企业所得税税前扣除

问题：保险公司提取的哪些准备金支出可在企业所得税税前扣除？

解答：《财政部、国家税务总局关于保险公司准备金支出企业所得税税前扣除有关政策问题的通知》(财税[2012]45 号)规定，自 2011 年 1 月 1 日起至 2015 年 12 月 31 日止，保险公司按国务院财政部门的相关规定提取的未到期责任准备金、寿险责任准备金、长期健康险责任准备金、已发生已报案未决赔款准备金和已发生未报案未决赔款准备金，准予在税前扣除。

1）未到期责任准备金、寿险责任准备金、长期健康险责任准备金依据经中国保监会核准任职资格的精算师或出具专项审计报告的中介机构确定的金额提取。未到期责任准备金，是指保险人为尚未终止的非寿险保险责任提取的准备金。寿险责任准备金，是指保险人为尚未终止的人寿保险责任提取的准备金。长期健康险责任准备金，是指保险人为尚未终止的长期健康保险责任提取的准备金。

2）已发生已报案未决赔款准备金，按最高不超过当期已经提出的保险赔款或者给付金额的100%提取；已发生未报案未决赔款准备金按不超过当年实际赔款支出额的8%提取。已发生已报案未决赔款准备金，是指保险人为非寿险保险事故已经发生并已向保险人提出索赔、尚未结案的赔案提取的准备金。已发生未报案未决赔款准备金，是指保险人为非寿险保险事故已经发生、尚未向保险人提出索赔的赔案提取的准备金。

◎公司因担保所造成的损失可否税前扣除

问题：我公司两年前替一家企业担保，取得银行贷款100万元，因贷款到期企业无力偿还，银行便扣划我公司的存款。请问，这部分损失可否税前扣除？

解答：《企业资产损失所得税税前扣除管理办法》（国家税务总局公告2011年第25号）规定，企业对外提供与本企业生产经营活动有关的担保，因被担保人不能按期偿还债务而承担连带责任，经追索，被担保人无偿还能力，对无法追回的金额，比照应收款项损失进行处理。与本企业生产经营活动有关的担保是指企业对外提供的与本企业应税收入、投资、融资、材料采购、产品销售等生产经营活动相关的担保。因此，如果上述公司提供的担保与企业生产经营活动有关，这部分损失可以在税前扣除。反之，则不能在税前扣除。

◎业务招待费支出，如何税前扣除

问题：业务招待费支出，如何税前扣除？

解答：《企业所得税法实施条例》规定，企业发生的与生产经营活动有关的业务招待费支出，按照发生额的60%扣除，但最高不得超过当年销售（营业)收入的5‰。

《国家税务总局关于贯彻落实企业所得税法若干税收问题的通知》(国税函[2010]79号)规定，对从事股权投资业务的企业(包括集团公司总部、创业投资企业等)，其从被投资企业所分配的股息、红利以及股权转让收入，可以按规定的比例计算业务招待费扣除限额。

需要注意，企业在计算业务招待费、广告费和业务宣传费等费用扣除限额时，其销售(营业)收入额应包括《企业所得税法实施条例》第二十五条规定的视同销售(营业)收入额。

《国家税务总局关于企业所得税应纳税所得额若干税务处理问题的公告》(国家税务总局公告2012年第15号)规定，企业在筹建期间，发生的与筹办活动有关的业务招待费支出，可按实际发生额的60%计入企业筹办费，并按有关规定在税前扣除；发生的广告费和业务宣传费，可按实际发生额计入企业筹办费，并按有关规定在税前扣除。

◎广告费和业务宣传费支出，如何税前扣除

问题：广告费和业务宣传费支出，如何税前扣除？

解答：《企业所得税法实施条例》规定，企业发生的符合条件的广告费和业务宣传费支出，除国务院财政、税务主管部门另有规定外，不超过当年销售(营业)收入15%的部分，准予扣除；超过部分，准予在以后纳税年度结转扣除。

需要注意的是，对于烟草企业的烟草广告费和业务宣传费，按有关规定，自2008年1月1日起至2015年12月31日不得税前扣除。

◎劳动保护支出，能否税前扣除

问题：劳动保护支出，能否税前扣除？

解答：《企业所得税法实施条例》规定，企业发生的合理的劳动保护支出，准予扣除。《国家税务总局关于企业所得税若干问题的公告》(国家税务总局公告2011年第34号)规定，企业根据其工作性质和特点，由企业统一制作并要求员工工作时统一着装所发生的工作服饰费用，根据《企业所得税法实施条例》第二十七条的规定，可以作为企业合理的支出给予税前扣除。

◎公益性捐赠支出，如何税前扣除

问题：公益性捐赠支出，税前扣除标准？

解答：《企业所得税法》规定，企业发生的公益性捐赠支出，在年度利润总额12%以内的部分，准予在计算应纳税所得额时扣除。公益性捐赠，是指企业通过公益性社会团体或者县级以上人民政府及其部门，用于《中华人民共和国公益事业捐赠法》规定的公益事业的捐赠。

需要注意的是，对于特大灾害的捐赠，国家有时规定可以全额扣除。比如，对汶川、玉树等灾害地区捐赠的，可以税前全额扣除。

◎手续费及佣金支出，如何税前扣除

问题：手续费及佣金支出，如何税前扣除？

解答：《财政部、国家税务总局关于企业手续费及佣金支出税前扣除政策的通知》(财税[2009]29号)通知内容如下。

1)企业发生与生产经营有关的手续费及佣金支出，不超过以下规定计算限额以内的部分，准予扣除；超过部分，不得扣除。

①保险企业：财产保险企业按当年全部保费收入扣除退保金等后余额的15%(含本数，下同)计算限额；人身保险企业按当年全部保费收入扣除退保金等后余额的10%计算限额。

②其他企业：按与具有合法经营资格中介服务机构或个人(不含交易双方及其雇员、代理人和代表人等)所签订服务协议或合同确认的收入金额的5%计算限额。

2)企业应与具有合法经营资格中介服务企业或个人签订代办协议或合同，并按国家有关规定支付手续费及佣金。除委托个人代理外，企业以现金等非转账方式支付的手续费及佣金不得在税前扣除。企业为发行权益性证券支付给有关证券承销机构的手续费及佣金不得在税前扣除。

3)企业不得将手续费及佣金支出计入回扣、业务提成、返利、进场费等费用。

4)企业已计入固定资产、无形资产等相关资产的手续费及佣金支出，应当通过折旧、摊销等方式分期扣除，不得在发生当期直接扣除。

5)企业支付的手续费及佣金不得直接冲减服务协议或合同金额，并如实入账。

6)企业应当如实向当地主管税务机关提供当年手续费及佣金计算分配表和其他相关资料，并依法取得合法真实凭证。

《国家税务总局关于企业所得税应纳税所得额若干税务处理问题的公告》(国家税务总局公告2012年第15号)规定，电信企业在发展客户、拓展业务等过程中(如委托销售电话入网卡、电话充值卡等)，需向经纪人、代办商支付手续费及佣金的，其实际发生的相关手续费及佣金支出，不超过企业当年收入总额5%的部分，准予在企业所得税前据实扣除。

◎代理服务业营业成本如何扣除

问题：代理服务业营业成本如何扣除？

解答：《国家税务总局关于企业所得税应纳税所得额若干税务处理问题的公告》(国家税务总局公告2012年第15号)规定，从事代理服务、主营业务收入为手续费、佣金的企业(如证券、期货、保险代理等企业)，其为取得该类收入而实际发生的营业成本(包括手续费及佣金支出)，准予在企业所得税前据实扣除。

◎母公司为子公司提供服务而发生的费用，如何税前扣除

问题：母公司为子公司提供服务而发生的费用，如何税前扣除？

解答：《国家税务总局关于母子公司间提供服务支付费用有关企业所得税处理问题的通知》(国税发[2008]86号)通知内容如下。

1)母公司为其子公司(以下简称子公司)提供各种服务而发生的费用，应按照独立企业之间公平交易原则确定服务的价格，作为企业正常的劳务费用进行税务处理。

母子公司未按照独立企业之间的业务往来收取价款的，税务机关有权予以调整。

2)母公司向其子公司提供各项服务，双方应签订服务合同或协议，明确规定提供服务的内容、收费标准及金额等，凡按上述合同或协议规定所发生的服务费，母公司应作为营业收入申报纳税；子公司作为成本费用在税前扣除。

3)母公司向其多个子公司提供同类项服务，其收取的服务费可以采取分项签订合同或协议收取；也可以采取服务分摊协议的方式，即，由母公司与

各子公司签订服务费用分摊合同或协议，以母公司为其子公司提供服务所发生的实际费用并附加一定比例利润作为向子公司收取的总服务费，在各服务受益子公司(包括盈利企业、亏损企业和享受减免税企业)之间按《企业所得税法》第四十一条第二款规定合理分摊。

母公司以管理费形式向子公司提取费用，子公司因此支付给母公司的管理费，不得在税前扣除。

◎出版、发行企业库存呆滞出版物，如何税前扣除

问题：出版、发行企业库存呆滞出版物，如何税前扣除？

解答：《财政部、海关总署、国家税务总局关于支持文化企业发展若干税收政策问题的通知》(财税[2009]31号)规定，出版、发行企业库存呆滞出版物，纸质图书超过五年(包括出版当年，下同)、音像制品、电子出版物和投影片(含缩微制品)超过两年、纸质期刊和挂历年画等超过一年的，可以作为财产损失在税前据实扣除。

已作为财产损失税前扣除的呆滞出版物，以后年度处置的，其处置收入应纳入处置当年的应税收入。

◎哪些项目不得在税前扣除

问题：哪些项目不得在税前扣除？

解答：按《企业所得税法》的有关规定：向投资者支付的股息、红利等权益性投资收益款项；企业所得税税款；税收滞纳金；罚金、罚款和被没收财物的损失；非公益性捐赠支出；赞助支出，即企业发生的与生产经营活动无关的各种非广告性质支出；未经核定的准备金支出；与取得收入无关的其他支出；单独作为企业管理费列支的雇主为雇员负担的个人所得税款；企业之间支付的管理费、企业内营业机构之间支付的租金和特许权使用费，以及非银行企业内营业机构之间支付的利息。

◎企业亏损弥补的方法

问题：企业如何进行亏损弥补？

解答：《企业所得税法》规定，企业纳税年度发生的亏损，准予向以后年度结转，用以后年度的所得弥补，但结转年限最长不得超过五年。亏损，是

指企业依照《企业所得税法》和本条例的规定将每一纳税年度的收入总额减除不征税收入、免税收入和各项扣除后小于零的数额。

需要注意的是，企业在汇总计算缴纳企业所得税时，其境外营业机构的亏损不得抵减境内营业机构的盈利。税务机关对企业以前年度纳税情况进行检查时调增的应纳税所得额，凡企业以前年度发生亏损、且该亏损属于《企业所得税法》规定允许弥补的，应允许调增的应纳税所得额弥补该亏损。弥补该亏损后仍有余额的，按照《企业所得税法》规定计算缴纳企业所得税。对检查调增的应纳税所得额应根据其情节，依照《税收征收管理法》有关规定进行处理或处罚。

特别注意，对企业取得的免税收入、减计收入以及减征、免征所得额项目，不得弥补当期及以前年度应税项目亏损；当期形成亏损的减征、免征所得额项目，也不得用当期和以后纳税年度应税项目所得抵补。

《国家税务总局关于贯彻落实企业所得税法若干税收问题的通知》(国税函[2010]79号)规定，企业自开始生产经营的年度，为开始计算企业损益的年度。企业从事生产经营之前进行筹办活动期间发生筹办费用支出，不得计算为当期的亏损。

◎为什么要正确进行资产的税务处理

问题：为什么要正确进行资产的税务处理?

解答：在企业所得税的处理中，有关资产的税务处理是非常重要的内容，只有依法、正确进行资产的税务处理，才能正确计算企业的应纳税所得额和应纳税额。

资产是指过去的交易、事项形成并由企业拥有和控制的，能为企业带来未来经济利益的经济资源。由于资产的属性、价值总是处于变动状态，需要在税务上规定处理办法。

在资产的税务处理中，计税基础是关键的概念。计税基础也称为计税成本，指在税务处理时，相关资产以什么为成本。《企业所得税法》规定，企业的各项资产，包括固定资产、生物资产、无形资产、长期待摊费用、投资资产、存货等，以历史成本为计税基础。历史成本，是指企业取得该项资产时实际发生的支出。企业持有各项资产期间资产增值或者减值，除国务院财政、税务主管部门规定可以确认损益外，不得调整该资产的计税基础。这是税法与会计规定上一个很大的区别，也是许多差异产生的根源。

◎有关企业转让资产的净值税前扣除问题

问题：企业转让资产的净值，能否税前扣除？

解答：《企业所得税法》规定，企业转让资产，该项资产的净值，准予在计算应纳税所得额时扣除。资产的净值和财产净值，是指有关资产、财产的计税基础减除已经按照规定扣除的折旧、折耗、摊销、准备金等后的余额。

◎什么是"固定资产"，如何确定固定资产的计税基础

问题：什么是"固定资产"？如何确定固定资产的计税基础？

解答：《企业所得税法》规定，固定资产，是指企业为生产产品、提供劳务、出租或者经营管理而持有的、使用时间超过12个月的非货币性资产，包括房屋、建筑物、机器、机械、运输工具以及其他与生产经营活动有关的设备、器具、工具等。固定资产按照以下方法确定计税基础：

1）外购的固定资产，以购买价款和支付的相关税费以及直接归属于使该资产达到预定用途发生的其他支出为计税基础；

2）自行建造的固定资产，以竣工结算前发生的支出为计税基础；

3）融资租入的固定资产，以租赁合同约定的付款总额和承租人在签订租赁合同过程中发生的相关费用为计税基础，租赁合同未约定付款总额的，以该资产的公允价值和承租人在签订租赁合同过程中发生的相关费用为计税基础；

4）盘盈的固定资产，以同类固定资产的重置完全价值为计税基础；

5）通过捐赠、投资、非货币性资产交换、债务重组等方式取得的固定资产，以该资产的公允价值和支付的相关税费为计税基础；

6）改建的固定资产，除《企业所得税法》第十三条第（一）项和第（二）项规定的支出外，以改建过程中发生的改建支出增加计税基础。

《国家税务总局关于企业所得税若干问题的公告》（国家税务总局公告2011年第34号）规定，企业对房屋、建筑物固定资产在未足额提取折旧前进行改扩建的，如属于推倒重置的，该资产原值减除提取折旧后的净值，应并入重置后的固定资产计税成本，并在该固定资产投入使用后的次月起，按照税法规定的折旧年限，一并计提折旧；如属于提升功能、增加面积的，该固

定资产的改扩建支出，并入该固定资产计税基础，并从改扩建完工投入使用后的次月起，重新按税法规定的该固定资产折旧年限计提折旧，如该改扩建后的固定资产尚可使用的年限低于税法规定的最低年限的，可以按尚可使用的年限计提折旧。

◎固定资产如何计提折旧税前扣除，哪些固定资产不得计算折旧扣除

问题：固定资产如何计提折旧税前扣除？哪些固定资产不得计算折旧扣除？

解答：企业应当自固定资产投入使用月份的次月起计算折旧；停止使用的固定资产，应当自停止使用月份的次月起停止计算折旧。企业应当根据固定资产的性质和使用情况，合理确定固定资产的预计净残值。固定资产的预计净残值一经确定，不得变更。在计算应纳税所得额时，企业按照规定计算的固定资产折旧，准予扣除。

下列固定资产不得计算折旧扣除：

1）房屋、建筑物以外未投入使用的固定资产；

2）以经营租赁方式租入的固定资产；

3）以融资租赁方式租出的固定资产；

4）已足额提取折旧仍继续使用的固定资产；

5）与经营活动无关的固定资产；

6）单独估价作为固定资产入账的土地；

7）其他不得计算折旧扣除的固定资产。

◎有关“生物资产”

问题：什么是“生物资产”？

解答：《企业所得税法》规定，生物资产是指有生命的动物和植物。生物资产分为消耗性生物资产、生产性生物资产和公益性生物资产。

生产性生物资产按照以下方法确定计税基础。

1）外购的生产性生物资产，以购买价款和支付的相关税费为计税基础；

2）通过捐赠、投资、非货币性资产交换、债务重组等方式取得的生产性生物资产，以该资产的公允价值和支付的相关税费为计税基础。

生产性生物资产计算折旧的最低年限如下。

1）林木类生产性生物资产，为10年；

2）畜类生产性生物资产，为3年。

◎有关“无形资产”

问题：什么是《企业所得税法》所称的“无形资产”？

解答：无形资产，是指企业为生产产品、提供劳务、出租或者经营管理而持有的、没有实物形态的非货币性长期资产，包括专利权、商标权、著作权、土地使用权、非专利技术、商誉等。

无形资产按照以下方法确定计税基础：

1）外购的无形资产，以购买价款和支付的相关税费以及直接归属于使该资产达到预定用途发生的其他支出为计税基础；

2）自行开发的无形资产，以开发过程中该资产符合资本化条件后至达到预定用途前发生的支出为计税基础；

3）通过捐赠、投资、非货币性资产交换、债务重组等方式取得的无形资产，以该资产的公允价值和支付的相关税费为计税基础。

在计算应纳税所得额时，企业按照规定计算的无形资产摊销费用，准予扣除。

下列无形资产不得计算摊销费用扣除：

1）自行开发的支出已在计算应纳税所得额时扣除的无形资产；

2）自创商誉；

3）与经营活动无关的无形资产。

◎开办费如何税前扣除

问题：开办费如何税前扣除？

解答：《国家税务总局关于企业所得税若干税务事项衔接问题的通知》（国税函[2009]98号）规定，开（筹）办费未明确列做长期待摊费用，企业可以在开始经营之日的当年一次性扣除，也可以按照新税法有关长期待摊费用的处理规定处理，但一经选定，不得改变。

需要注意的是，企业在筹建期间，也会发生广告费、业务宣传费以及业务招待费，由于企业在筹建期间没有收入，这些费用如何扣除呢？

《国家税务总局关于企业所得税应纳税所得额若干税务处理问题的公告》

(国家税务总局公告2012年第15号)规定，企业在筹建期间，发生的与筹办活动有关的业务招待费支出，可按实际发生额的60%计入企业筹办费，并按有关规定在税前扣除；发生的广告费和业务宣传费，可按实际发生额计入企业筹办费，并按有关规定在税前扣除。可计入筹办费的广告费、业务宣传费以及业务招待费，不受营业收入比例的限制。

◎存货成本，能否税前扣除

问题：存货成本，能否税前扣除？

解答：存货，是指企业持有以备出售的产品或者商品、处在生产过程中的在产品、在生产或者提供劳务过程中耗用的材料和物料等。存货按照以下方法确定成本。

1)通过支付现金方式取得的存货，以购买价款和支付的相关税费为成本；

2)通过支付现金以外的方式取得的存货，以该存货的公允价值和支付的相关税费为成本；

3)生产性生物资产收获的农产品，以产出或者采收过程中发生的材料费、人工费和分摊的间接费用等必要支出为成本。

企业使用或者销售存货，按照规定计算的存货成本，准予在计算应纳税所得额时扣除。

企业使用或者销售的存货的成本计算方法，可以在先进先出法、加权平均法、个别计价法中选用一种。计价方法一经选用，不得随意变更。

◎关于投资资产的成本税前扣除问题

问题：投资资产的成本，如何税前扣除？

解答：投资资产，是指企业对外进行权益性投资和债权性投资形成的资产。投资资产按照以下方法确定成本：

1)通过支付现金方式取得的投资资产，以购买价款为成本；

2)通过支付现金以外的方式取得的投资资产，以该资产的公允价值和支付的相关税费为成本。

企业在转让或者处置投资资产时，投资资产的成本，准予扣除。《国家税务总局关于贯彻落实企业所得税法若干税收问题的通知》(国税函[2010]79号)规定，企业转让股权收入，应于转让协议生效、且完成股权变更手续时，确认收入的实现。转让股权收入扣除为取得该股权所发生的成本后，为股权转让所得。企业在计算股权转让所得时，不得扣除被投资企业未分配利润等股东留存收益中按该项股权所可能分配的金额。

◎资产损失税前扣除问题

问题：资产损失如何税前扣除？

解答：资产损失是可税前扣除的重要内容。税务机关对资产损失的税前扣除实行了比较严格的管理。资产损失，是指企业在生产经营活动中实际发生的、与取得应税收入有关的资产损失，包括现金损失，存款损失，坏账损失，贷款损失，股权投资损失，固定资产和存货的盘亏、毁损、报废、被盗损失，自然灾害等不可抗力因素造成的损失以及其他损失。

《企业资产损失所得税税前扣除管理办法》(国家税务总局公告 2011 年第 25 号)规定，准予在企业所得税税前扣除的资产损失，是指企业在实际处置、转让上述资产过程中发生的合理损失(以下简称实际资产损失)，以及企业虽未实际处置、转让上述资产，但符合《财政部、国家税务总局关于企业资产损失税前扣除的通知》(财税[2009]57 号)和本办法规定条件计算确认的损失(以下简称法定资产损失)。企业实际资产损失，应当在其实际发生且会计上已作损失处理的年度申报扣除；法定资产损失，应当在企业向主管税务机关提供证据资料证明该项资产已符合法定资产损失确认条件，且会计上已作损失处理的年度申报扣除。

企业发生的资产损失，应按规定的程序和要求向主管税务机关申报后方能在税前扣除。未经申报的损失，不得在税前扣除。企业资产损失按其申报内容和要求的不同，分为清单申报和专项申报两种申报形式。其中，属于清单申报的资产损失，企业可按会计核算科目进行归类、汇总，然后再将汇总清单报送税务机关，有关会计核算资料和纳税资料留存备查；属于专项申报的资产损失，企业应逐项(或逐笔)报送申请报告，同时附送会计核算资料及其他相关的纳税资料。

◎企业重组的税务处理

问题：请问企业重组的税务处理有几种方式？

解答：《财政部、国家税务总局关于企业重组业务企业所得税处理若干问题的通知》(财税[2009]59 号)规定，企业重组，是指企业在日常经营活动以外发生的法律结构或经济结构重大改变的交易，包括企业法律形式改变、债务重组、股权收购、资产收购、合并、分立等。企业重组的税务处理区分不同条件分别适用一般性税务处理规定和特殊性税务处理规定。同一重组业务的当事各方应采取一致税务处理原则，即统一按一般性或特殊性税务处理。

规范企业重组税务处理的文件主要包括《财政部、国家税务总局关于企业重组业务企业所得税处理若干问题的通知》(财税[2009]59 号)和《国家税务总局关于发布〈企业重组业务企业所得税管理办法〉的公告》(国家税务总局公告 2010 年第 4 号)。一般性税务处理的原则是重组应以公允价值确认资产的计税基础，并按公允价值确认资产转让所得或损失，缴纳企业所得税。具体而言，根据重组方式的不同，具体税务处理办法也有所不同。

特殊性税务处理是指符合一定条件的重组，重组方可以以历史成本确认资产的计税基础，暂时不确认资产转让所得或损失。这种税务处理方法可以起到递延纳税的好处。特殊性税务处理需要符合以下条件。

1)具有合理的商业目的，且不以减少、免除或者推迟缴纳税款为主要目的。

2)被收购、合并或分立部分的资产或股权比例符合本通知规定的比例。

3)企业重组后的连续 12 个月内不改变重组资产原来的实质性经营活动。

4)重组交易对价中涉及股权支付金额符合本通知规定比例。

5)企业重组中取得股权支付的原主要股东，在重组后连续 12 个月内，不得转让所取得的股权。

需要提醒的是，企业重组的形式不同，税务处理方法也不同。在特殊条件下，采取特殊性重组的税务处理方法，并不一定比一般性税务处理划算。

◎关于企业清算的所得税处理问题

问题：企业清算如何进行所得税处理？

解答：《财政部、国家税务总局关于企业清算业务企业所得税处理若干问题的通知》(财税[2009]60 号)规定，企业清算的所得税处理，是指企业在不再持续经营，发生结束自身业务、处置资产、偿还债务以及向所有者分配剩余财产等经济行为时，对清算所得、清算所得税、股息分配等事项的处理。

企业清算的所得税处理包括以下内容。

1)全部资产均应按可变现价值或交易价格，确认资产转让所得或损失；

2)确认债权清理、债务清偿的所得或损失；

3)改变持续经营核算原则，对预提或待摊性质的费用进行处理；

4)依法弥补亏损，确定清算所得；

5)计算并缴纳清算所得税；

6)确定可向股东分配的剩余财产、应付股息等。

企业的全部资产可变现价值或交易价格，减除资产的计税基础、清算费用、相关税费，加上债务清偿损益等后的余额，为清算所得。

第四节　企业所得税税额的计算

企业所得税税额的计算公式为：

企业所得税应纳税额＝应纳税所得额×税率－减免税额－抵免税额

《企业所得税法》第二十二条规定，企业的应纳税所得额乘以适用税率，减除依照《企业所得税法》关于税收优惠的规定减免和抵免的税额后的余额，为应纳税额。这个计算公式让企业充分了解各种税收优惠的实现环节：一是凡有关在收入中予以免除或者扣减的优惠，在计算应纳税所得额时实现；二是凡有关低税率和直接在税额上予以减免或者扣减的税收优惠，应当在计算应纳税额时实现。

《企业所得税法》规定的税收优惠方式中，除了原有的直接减免税额和低税率优惠外，又增加了投资抵免的优惠方式，即企业购置用于环境保护、节能节水、安全生产等专用设备的投资额，可以按一定比例实行税额抵免。企业在实际缴纳所得税时，需要再减去可以减免或者可以抵免的税额。

(一)计算出企业的应纳税所得额

根据《企业所得税法》第五条的规定，企业的应纳税所得额为：企业每一纳税年度的收入总额，减除不征税收入、免税收入、各项扣除以及允许弥补的以前年度亏损后的余额。其中，收入总额是指企业以货币形式和非货币形式从各种来源取得的收入；不征税收入包括《企业所得税法》第七条和《企业所得税法实施条例》(以下简称《条例》)第二十七条所界定的财政拨款、行政事业性收费、政府性基金以及国务院规定的其他不征税收入；免税收入是《企业所得税法》第二十六条和《条例》第八十二条至第八十五条界定的国债利息收入、权益性投资收益、非营利组织的收入；各项扣除则是指《条例》所具体规定的各项准予税前扣除的部分；允许弥补的以前年度的亏损，则是指《条例》第十条所界定的，企业根据《企业所得税法》和《条例》的规定将每一纳税年度的收入总额减除不征税收入、免税收入和各项扣除以后小于零的数额。

（二）计算出减除减免或者抵免税额前的企业应纳税额

将企业的应纳税所得额乘以该企业所得所适用的税率，得出没有减除减免或者抵免税额前的企业应纳税额。根据《企业所得税法》的规定，企业所得税的基本税率为25%，符合条件的小型微利企业税率为20%，国家需要重点扶持的高新技术企业的税率为15%。被认定为不同类型的企业，其适用的税率是不同的，如被认定为小型微利企业的，其适用税率是20%；被认定为属于国家需要重点扶持的高新技术企业，其适用税率为15%；其他的企业则适用25%的税率。应纳税所得额乘以适用税率后所计算出来的金额，就是没有减免或者抵免税额前的企业应纳税额。

（三）计算出企业享受的可以减免和抵免的优惠税额

将企业的应纳税所得额乘以适用税率得出的金额，并非企业实际应缴纳的所得税税额，还应减去企业享受的可以减免和抵免的优惠税额。减免税额，是指《企业所得税法》和《企业所得税法实施条例》在“税收优惠”一章或者国务院其他有关税收优惠规定中规定的，企业享受的直接减免税额。需要注意的是，《企业所得税法》规定的税收优惠的方式有很多种，包括直接的减免税额，加计扣除、减计收入、低税率、抵扣应纳税所得额和投资抵免应纳税额等，在应纳税额计算公式中反映的是直接的减免税额和投资抵免应纳税额，而加计扣除、减计收入和抵扣应纳税所得额等优惠方式，都只是涉及到应纳税所得额的计算，在计算应纳税所得额的环节就已考虑。

投资抵免应纳税额，即根据《企业所得税法》第三十四条和《条例》第一百条的规定，对企业购置用于环境保护、节能节水、安全生产等专用设备的投资额，其设备投资额的10%可以从企业当年的应纳税额中抵免，这是世界各国普遍采用的一种引导投资方向的税收优惠措施，其优惠力度较大，也是《企业所得税法》所新增的一种优惠方式。直接的减免税，《企业所得税法》是在第二十七条中有规定，《条例》第八十六条至第九十一条则对其作了具体的税收优惠方式规定。需要注意的是，根据《条例》规定的计算公式，仍是先应按法定税率计算这些享受税收优惠项目或者所得所应缴纳的税额，然后再根据《条例》确定的具体税收优惠方式减半或者免征、抵免企业所得税的规定，计算出可以被减免或者抵免的税额，两者之差才可能是企业要缴纳的税款。

另外，需要注意的是，《条例》第二款规定，公式中的减免税额和抵免税额，是指依照《企业所得税法》和国务院的税收优惠规定减征、免征和抵免的应纳税额。这里用的是“国务院的税收优惠规定”，主要是考虑到有关企业所得税优惠的内容，除了《企业所得税法实施条例》的有关规定外，国务院的其他规定也可能涉及到企业所得税的优惠规定，如国务院根据《企业所得税法》的授权，将另行出台的关于企业所得税过渡性优惠措施的规定，以及今后可能存在的专项性企业所得税优惠规定等。当计算出企业可以减免或者抵免的税额后，它与企业应纳税所得额乘以适用税率后得出的数字之差，如果不存在《企业所得税法》第二十三条、第二十四条规定的税收抵免情形，该数额就是企业最终实际应该缴纳的所得税税额。

◎企业所得税的税率问题

问题：企业所得税的税率有哪些？

解答：企业所得税的税率为25%，这是基本税率，是居民企业一般适用的税率；非居民企业在中国境内设立机构、场所的，其所设机构、场所取得的来源于中国境内的所得，以及发生在中国境外但与其所设机构、场所有实际联系的所得，也适用25%的税率。非居民企业在中国境内未设立机构、场所的，或者虽设立机构、场所但取得的所得与其所设机构、场所没有实际联系的，其所得适用20%的税率，但《企业所得税法实施条例》规定，这种所得减按10%的税率征税。除了基本税率之外，还有一些优惠税率，这是属于税收优惠政策的内容。

◎境外缴纳所得税税款在境内抵免问题

问题：境外缴纳所得税税款如何在境内抵免？

解答：居民企业来源于中国境外的应税所得，以及非居民企业在中国境内设立机构、场所，取得发生在中国境外但与该机构、场所有实际联系的应税所得已在境外缴纳的所得税税额，可以从其当期应纳税额中抵免。我国实行限额抵免法，即上述所得当期只能抵免按我国税法计算应缴纳的税额；超过抵免限额的部分，可以在以后五个年度内，用每年度抵免限额抵免当年应抵税额后的余额进行抵补。

《企业所得税法实施条例》规定，抵免限额应当分国(地区)不分项计算，计算公式如下：

抵免限额=中国境内、境外所得依照《企业所得税法》和本条例的规定计算的应纳税总额×来源于某国(地区)的应纳税所得额÷中国境内、境外应纳税所得总额

关于如何计算、抵免境外缴纳所得税税款，《国家税务总局关于发布〈企业境外所得税收抵免操作指南〉的公告》(国家税务总局公告2010年第1号)作了详细的规定，还附有示例，读者可以进一步了解。

◎纳税人具有哪些情形，可以核定征收企业所得税

问题：纳税人具有哪些情形的，可以核定征收企业所得税？

解答：《国家税务总局关于印发〈企业所得税核定征收办法〉(试行)的通知》(国税发[2008]30号)规定，纳税人具有下列情形之一的，核定征收企业所得税：

1)依照法律、行政法规的规定可以不设置账簿的；

2)依照法律、行政法规的规定应当设置但未设置账薄的；

3)擅自销毁账簿或者拒不提供纳税资料的；

4)虽设置账簿，但账目混乱或者成本资料、收入凭证、费用凭证残缺不全，难以查账的；

5)发生纳税义务，未按照规定的期限办理纳税申报，经税务机关责令限期申报，逾期仍不申报的；

6)申报的计税依据明显偏低，又无正当理由的。

《国家税务总局关于企业所得税核定征收若干问题的通知》(国税函[2009]377号)进一步规定了下述企业不能实行核定征收。

1)享受《企业所得税法》及《企业所得税法实施条例》和国务院规定的一项或几项企业所得税优惠政策的企业(不包括仅享受《企业所得税法》第二十六条规定免税收入优惠政策的企业)；

2)汇总纳税企业；

3)上市公司；

4)银行、信用社、小额贷款公司、保险公司、证券公司、期货公司、信托投资公司、金融资产管理公司、融资租赁公司、担保公司、财务公司、典当公司等金融企业；

5)会计、审计、资产评估、税务、房地产估价、土地估价、工程造价、律师、价格鉴证、公证机构、基层法律服务机构、专利代理、商标代理以及其他经济鉴证类社会中介机构；

6)国家税务总局规定的其他企业。

《国家税务总局关于企业所得税核定征收有关问题的公告》(国家税务总局公告2012年第27号)又规定，专门从事股权(股票)投资业务的企业，不得核定征收企业所得税。

依法按核定应税所得率方式核定征收企业所得税的企业，取得的转让股权(股票)收入等转让财产收入，应全额计入应税收入额，按照主营项目(业务)确定适用的应税所得率计算征税；若主营项目(业务)发生变化，应在当年汇算清缴时，按照变化后的主营项目(业务)重新确定适用的应税所得率计算征税。

◎核定征收纳税人经营多业的，如何确定应税所得率

问题：纳税人经营多业的，核定征收企业所得税时如何确定应税所得率？

解答：实行应税所得率方式核定征收企业所得税的纳税人，经营多业的，无论其经营项目是否单独核算，均由税务机关根据其主营项目确定适用的应税所得率。主营项目应为纳税人所有经营项目中，收入总额或者成本(费用)支出额或者耗用原材料、燃料、动力数量所占比重最大的项目。

另外，纳税人的生产经营范围、主营业务发生重大变化，或者应纳税所得额或应纳税额增减变化达到20%的，应及时向税务机关申报调整已确定的应纳税额或应税所得率。

◎核定征收纳税人申报纳税问题

问题：核定征收纳税人如何申报纳税？

解答：《国家税务总局关于印发〈企业所得税核定征收办法〉(试行)的通知》(国税发[2008]30号)规定，纳税人实行核定应税所得率方式的，按下列规定申报纳税。

1）主管税务机关根据纳税人应纳税额的大小确定纳税人按月或者按季预缴，年终汇算清缴。预缴方法一经确定，一个纳税年度内不得改变。

2）纳税人应依照确定的应税所得率计算纳税期间实际应缴纳的税额，进行预缴。按实际数额预缴有困难的，经主管税务机关同意，可按上一年度应纳税额的1/12或1/4预缴，或者按经主管税务机关认可的其他方法预缴。

3）纳税人预缴税款或年终进行汇算清缴时，应按规定填写《中华人民共和国企业所得税月（季）度预缴纳税申报表（B类）》，在规定的纳税申报时限内报送主管税务机关。

纳税人实行核定应纳所得税额方式的，按下列规定申报纳税。

1）纳税人在应纳所得税额尚未确定之前，可暂按上年度应纳所得税额的1/12或1/4预缴，或者按经主管税务机关认可的其他方法，按月或按季分期预缴。

2）在应纳所得税额确定以后，减除当年已预缴的所得税额，余额按剩余月份或季度均分，以此确定以后各月或各季的应纳税额，由纳税人按月或按季填写《中华人民共和国企业所得税月（季）度预缴纳税申报表（B类）》，在规定的纳税申报期限内进行纳税申报。

3）纳税人年度终了后，在规定的时限内按照实际经营额或实际应纳税额向税务机关申报纳税。申报额超过核定经营额或应纳税额的，按申报额缴纳税款，申报额低于核定经营额或应纳税额的，按核定经营额或应纳税额缴纳税款。

◎《企业所得税法》规定的反避税措施

问题：《企业所得税法》规定了哪些反避税措施？

解答：《企业所得税法》与其他税种法规有一个显著区别，就是引入了较为完善的反避税制度和方法。《企业所得税法》及《企业所得税法实施条例》单独设立了“特别纳税调整”一章，集中规定了反避税制度和方法。特别纳税调整是针对“一般纳税调整”而言的，是税务机关出于实施反避税目的而对纳税人特定纳税事项所作的税收调整，包括针对纳税人转让定价、资本弱化、受控外国公司及其他避税情形而进行的税收调整。简单说，就是纳税人的关联交易不符合独立交易的原则而减少企业或者其关联方应纳税收入或者所得额的，税务机关有权按照合理方法调整。具体来说，税务机关反避税措施主要包括以下内容：

1）对企业通过转让定价减少企业或者其关联方应纳税收入或者所得额的，税务机关可以按照可比非受控价格法、再销售价格法、成本加成法、交易净利润法、利润分割法调整其价格和利润。

2）要求关联交易企业向税务机关报送年度企业所得税纳税申报表时，附送年度关联业务往来报告表，并按纳税年度准备、保存、并按税务机关要求提供其关联交易的同期资料。

3）规范成本分摊协议，防止企业避税。企业与其关联方共同开发、受让无形资产，或者共同提供、接受劳务发生的成本，在计算应纳税所得额时应当按照独立交易原则进行分摊。《国家税务总局关于印发〈特别纳税调整实施办法（试行）的通知〉》（国税发[2009]2 号）对成本分摊协议的基本内容、协议各方权利义务、协议在执行期内的成本扣除、补偿调整和资产确认的税务处理等作了规定，并对可税前扣除的成本分摊协议规定了原则性的判定标准，即应符合独立交易原则、合理商业目的和经济实质原则、遵循成本与收益配比原则，并按有关规定备案或准备、保存和提供有关成本分摊协议的同期资料。

4）限制企业通过资本弱化避税。资本弱化是指关联企业间将投资转化为贷款，税前扣除利息避税。为此，《企业所得税法》规定，企业从其关联方接受的债权性投资与权益性投资的比例超过规定标准而发生的利息支出，不得在计算应纳税所得额时扣除。

5）对受控外国公司延迟纳税进行限制。居民企业或居民个人通过控制设立在避税港的外国企业，将利润滞留在外国企业不汇回，从而延迟本国的纳税义务。为此，《企业所得税法》规定，居民企业，或者由居民企业和中国居民控制的设立在实际税负明显低于本法第四条第一款规定税率水平的国家（地区）的企业，并非由于合理的经营需要而对利润不作分配或者减少分配的，上述利润中应归属于该居民企业的部分，应当计入该居民企业的当期收入。

6）其他反避税方法。《企业所得税法》规定，企业实施其他不具有合理商业目的的安排而减少其应纳税收入或者所得额的，税务机关有权按照合理方法调整。这是反避税的兜底条款，赋予税务机关对一切避税行为进行调整的权力。

◎关联方的判定

问题：如何判定关联方？

解答：关联方，是指与企业有下列关联关系之一的企业、其他组织或者个人：

1) 在资金、经营、购销等方面存在直接或者间接的控制关系；

2) 直接或者间接地同为第三者控制；

3) 在利益上具有相关联的其他关系。

《国家税务总局关于印发〈特别纳税调整实施办法〉(试行)的通知》(国税发[2009]2号)规定，关联关系，主要是指企业与其他企业、组织或个人具有下列之一关系：

1) 一方直接或间接持有另一方的股份总和达到25%以上，或者双方直接或间接同为第三方所持有的股份达到25%以上。若一方通过中间方对另一方间接持有股份，只要一方对中间方持股比例达到25%以上，则一方对另一方的持股比例按照中间方对另一方的持股比例计算。

2) 一方与另一方(独立金融机构除外)之间借贷资金占一方实收资本50%以上，或者一方借贷资金总额的10%以上是由另一方(独立金融机构除外)担保。

3) 一方半数以上的高级管理人员(包括董事会成员和经理)或至少一名可以控制董事会的董事会高级成员是由另一方委派，或者双方半数以上的高级管理人员(包括董事会成员和经理)或至少一名可以控制董事会的董事会高级成员同为第三方委派。

4) 一方半数以上的高级管理人员(包括董事会成员和经理)同时担任另一方的高级管理人员(包括董事会成员和经理)，或者一方至少一名可以控制董事会的董事会高级成员同时担任另一方的董事会高级成员。

5) 一方的生产经营活动必须由另一方提供的工业产权、专有技术等特许权才能正常进行。

6) 一方的购买或销售活动主要由另一方控制。

7) 一方接受或提供劳务主要由另一方控制。

8) 一方对另一方的生产经营、交易具有实质控制，或者双方在利益上具有相关联的其他关系，包括虽未达到本条第1)项持股比例，但一方与另一方的主要持股方享受基本相同的经济利益，以及家族、亲属关系等。

◎关于预约定价安排管理问题

问题：什么是预约定价安排管理？

解答：预约定价安排管理是指税务机关按照《企业所得税法》第四十二条和《税收征收管理法实施细则》第五十三条的规定，对企业提出的未来年度关联交易的定价原则和计算方法进行审核评估，并与企业协商达成预约定价安排等工作的总称。企业与税务机关签订预约定价协议后，在协议期间，企业关联交易的定价原则、成本分摊等事项只要符合协议事先规定的标准，就可以不受调整，增加了企业交易的确定性，减少了纳税风险。目前，谈签预约定价已成为跨国公司进行纳税风险管理的重要手段。

第五节　税收优惠

◎企业同时从事适用不同企业所得税待遇的项目，如何享受税收优惠

问题：企业同时从事适用不同企业所得税待遇的项目，如何享受税收优惠？

解答：企业同时从事适用不同企业所得税待遇的项目的，其优惠项目应当单独计算所得，并合理分摊企业的期间费用；没有单独计算的，不得享受企业所得税优惠。

◎新办企业标准问题

问题：新办企业标准是如何规定的？

解答：《财政部、国家税务总局关于享受企业所得税优惠政策的新办企业认定标准的通知》(财税[2006]1号)规定：

1)享受企业所得税定期减税或免税的新办企业标准。

①按照国家法律、法规以及有关规定在工商行政主管部门办理设立登记，新注册成立的企业。

②新办企业的权益性出资人(股东或其他权益投资方)实际出资中固定资产、无形资产等非货币性资产的累计出资额占新办企业注册资金的比例一般

不得超过25%。

其中，新办企业的注册资金为企业在工商行政主管部门登记的实收资本或股本。非货币性资产包括建筑物、机器、设备等固定资产，以及专利权、商标权、非专利技术等无形资产。新办企业的权益性投资人以非货币性资产进行出资的，经有资质的会计（审计、税务）事务所进行评估的，以评估后的价值作为出资金额；未经评估的，由纳税人提供同类资产或类似资产当日或最近月份的市场价格，由主管税务机关核定。

2）新办企业在享受企业所得税定期减税或免税优惠政策期间，从权益性投资人及其关联方累计购置的非货币性资产超过注册资金25%的，将不再享受相关企业所得税减免税政策优惠。

◎农、林、牧、渔业项目的所得能否免征、减征企业所得税

问题：企业从事农、林、牧、渔业项目的所得，如何免征、减征企业所得税？

解答：《企业所得税法》规定，企业从事下列项目的所得，免征企业所得税：

1）蔬菜、谷物、薯类、油料、豆类、棉花、麻类、糖料、水果、坚果的种植；

2）农作物新品种的选育；

3）中药材的种植；

4）林木的培育和种植；

5）牲畜、家禽的饲养；

6）林产品的采集；

7）灌溉、农产品初加工、兽医、农技推广、农机作业和维修等农、林、牧、渔服务业项目；

8）远洋捕捞。

企业从事下列项目的所得，减半征收企业所得税：

1）花卉、茶以及其他饮料作物和香料作物的种植；

2）海水养殖、内陆养殖。

企业从事国家限制和禁止发展的项目，不得享受本条规定的企业所得税优惠。

对于上述税收优惠的具体范围，财政部、国家税务总局发布了《享受企业所得税优惠政策的农产品初加工范围(试行)》，作了详细规定，读者可以查阅。

◎"公司+农户"经营模式能否享受企业所得税优惠

问题：以"公司+农户"经营模式从事农、林、牧、渔业项目生产的企业，能否享受所得税优惠？

解答：一些企业采取"公司+农户"经营模式从事牲畜、家禽的饲养，即公司与农户签订委托养殖合同，向农户提供畜禽苗、饲料、兽药及疫苗等(所有权〈产权〉仍属于公司)，农户将畜禽养大成为成品后交付公司回收。鉴于采取"公司+农户"经营模式的企业，虽不直接从事畜禽的养殖，但系委托农户饲养，并承担诸如市场、管理、采购、销售等经营职责及绝大部分经营管理风险，公司和农户是劳务外包关系。为此，对此类以"公司+农户"经营模式从事农、林、牧、渔业项目生产的企业，可以按照《中华人民共和国企业所得税法实施条例》第八十六条的有关规定，享受减免企业所得税优惠政策。

◎从事公共基础设施项目如何享受所得税优惠

问题：从事国家重点扶持的公共基础设施项目的投资经营所得，如何享受所得税优惠？

解答：企业从事国家重点扶持的公共基础设施项目的投资经营的所得，自项目取得第一笔生产经营收入所属纳税年度起，第一年至第三年免征企业所得税，第四年至第六年减半征收企业所得税。

需要注意的是，公共基础设施项目必须符合《公共基础设施项目企业所得税优惠目录》(以下简称《目录》)规定范围、条件和标准，企业如果同时从事不在《目录》范围的生产经营项目取得的所得，应与享受优惠的公共基础设施项目经营所得分开核算，并合理分摊企业的期间共同费用；没有单独核算的，不得享受上述企业所得税优惠。

同时，企业从事《目录》范围项目投资的居民企业应于从该项目取得的第一笔生产经营收入后15日内向主管税务机关备案并报送如下材料后，方可享受有关企业所得税优惠。

1)有关部门批准该项目文件复印件；

2）该项目完工验收报告复印件；

3）该项目投资额验资报告复印件；

4）税务机关要求提供的其他资料。

◎关于从事环境保护、节能节水项目享受所得税优惠问题

问题：企业从事环境保护、节能节水项目的所得，如何享受所得税优惠？

解答：《企业所税法》规定，企业从事环境保护、节能节水项目，包括公共污水处理、公共垃圾处理、沼气综合开发利用、节能减排技术改造、海水淡化等所得，符合《环境保护、节能节水项目企业所得税优惠目录》规定的标准和条件的，自项目取得第一笔生产经营收入所属纳税年度起，第一年至第三年免征企业所得税，第四年至第六年减半征收企业所得税。

需要注意的是，在减免税期限内转让上述可享受税收优惠项目的，受让方自受让之日起，可以在剩余期限内享受规定的减免税优惠；减免税期限届满后转让的，受让方不得就该项目重复享受减免税优惠。

◎企业技术转让有所得税优惠吗

问题：企业进行技术转让的所得，如何享受所得税优惠？

解答：《企业所得税法》规定，在一个纳税年度内，居民企业技术转让所得不超过500万元的部分，免征企业所得税；超过500万元的部分，减半征收企业所得税。技术转让的范围，包括居民企业转让专利技术、计算机软件著作权、集成电路布图设计权、植物新品种、生物医药新品种，以及财政部和国家税务总局确定的其他技术。同时，转让的技术还需属于纳税人拥有所有权或5年以上（含5年）全球独占许可使用权。享受减免企业所得税优惠的技术转让应符合以下条件：

1）享受优惠的技术转让主体是《企业所得税法》规定的居民企业；

2）技术转让属于财政部、国家税务总局规定的范围；

3）境内技术转让经省级以上科技部门认定；

4）向境外转让技术经省级以上商务部门认定。

享受技术转让所得减免企业所得税优惠的企业，应单独计算技术转让所得，并合理分摊企业的期间费用；没有单独计算的，不得享受技术转让所得企业所得税优惠。

◎高新技术企业享受的税收优惠

问题：高新技术企业可以享受什么税收优惠?

解答：《企业所得税法》规定，国家需要重点扶持的高新技术企业，减按15%的税率征收企业所得税。高新技术企业是指在《国家重点支持的高新技术领域目录》内，持续进行研究开发与技术成果转化，形成企业核心自主知识产权，并以此为基础开展经营活动，在中国境内(不包括港、澳、台地区)注册一年以上的居民企业。

享受税收优惠的高新技术企业需要经过认定，认定条件如下。

1)在中国境内(不含港、澳、台地区)注册的企业，近3年内通过自主研发、受让、受赠、并购等方式，或通过5年以上的独占许可方式，对其主要产品(服务)的核心技术拥有自主知识产权；

2)产品(服务)属于《国家重点支持的高新技术领域目录》规定的范围；

3)具有大学专科以上学历的科技人员占企业当年职工总数的30%以上，其中研发人员占企业当年职工总数的10%以上；

4)企业为获得科学技术(不包括人文、社会科学)新知识，创造性运用科学技术新知识，或实质性改进技术、产品(服务)而持续进行了研究开发活动，且近3个会计年度的研究开发费用总额占销售收入总额的比例符合如下要求：

①最近一年销售收入小于5 000万元的企业，比例不低于6%；

②最近一年销售收入在5 000万元至20 000万元的企业，比例不低于4%；

③最近一年销售收入在20 000万元以上的企业，比例不低于3%。

其中，企业在中国境内发生的研究开发费用总额占全部研究开发费用总额的比例不低于60%。企业注册成立时间不足3年的，按实际经营年限计算；

5)高新技术产品(服务)收入占企业当年总收入的60%以上；

6)企业研究开发组织管理水平、科技成果转化能力、自主知识产权数量、销售与总资产成长性等指标符合《高新技术企业认定管理工作指引》(另行制定)的要求。

◎小型微利企业享受的税收优惠

问题：小型微利企业可以享受什么税收优惠？

解答：《企业所得税法》规定，符合条件的小型微利企业，减按 20% 的税率征收企业所得税。自 2012 年 1 月 1 日至 2015 年 12 月 31 日，对年应纳税所得额低于 6 万元（含 6 万元）的小型微利企业，其所得减按 50% 计入应纳税所得额，按 20% 的税率缴纳企业所得税。

小型微利企业享受税收优惠需要符合以下条件：

1）工业企业，年度应纳税所得额不超过 30 万元，从业人数不超过 100 人，资产总额不超过 3 000 万元；

2）其他企业，年度应纳税所得额不超过 30 万元，从业人数不超过 80 人，资产总额不超过 1 000 万元。

小型微利企业条件中，“从业人数”按企业全年平均从业人数计算，“资产总额”按企业年初和年末的资产总额平均计算。从业人数，是指与企业建立劳动关系的职工人数和企业接受的劳务派遣用工人数之和；从业人数和资产总额指标，按企业全年月平均值确定，具体计算公式如下：

$$\text{月平均值}=(\text{月初值}+\text{月末值})\div 2$$

$$\text{全年月平均值}=\text{全年各月平均值之和}\div 12$$

需要特别提醒的是，非居民企业、实行核定征收的企业，不能享受上述优惠。

◎关于西部大开发企业所得税优惠政策的内容

问题：西部大开发企业所得税优惠政策的内容是什么？

解答：自 2011 年 1 月 1 日至 2020 年 12 月 31 日，对设在西部地区的鼓励类产业企业减按 15% 的税率征收企业所得税。

上述鼓励类产业企业是指以《西部地区鼓励类产业目录》中规定的产业项目为主营业务，且其主营业务收入占企业收入总额 70% 以上的企业。西部地区包括重庆市、四川省、贵州省、云南省、西藏自治区、陕西省、甘肃省、宁夏回族自治区、青海省、新疆维吾尔自治区、新疆生产建设兵团、内蒙古自治区和广西壮族自治区。湖南省湘西土家族苗族自治州、湖北省恩施土家族苗族自治州、吉林省延边朝鲜族自治州，可以比照西部地区的税收政策执行。

◎软件生产企业和集成电路生产企业，如何享受所得税优惠

问题：软件生产企业和集成电路生产企业，如何享受所得税优惠？

解答：《财政部、国家税务总局关于进一步鼓励软件产业和集成电路产业发展企业所得税政策的通知》（财税[2012]27号）规定：

1）集成电路线宽小于0.8微米（含）的集成电路生产企业，经认定后，在2017年12月31日前自获利年度起计算优惠期，第一年至第二年免征企业所得税，第三年至第五年按照25%的法定税率减半征收企业所得税，并享受至期满为止。

2）集成电路线宽小于0.25微米或投资额超过80亿元的集成电路生产企业，经认定后，减按15%的税率征收企业所得税，其中经营期在15年以上的，在2017年12月31日前自获利年度起计算优惠期，第一年至第五年免征企业所得税，第六年至第十年按照25%的法定税率减半征收企业所得税，并享受至期满为止。

3）我国境内新办的集成电路设计企业和符合条件的软件企业，经认定后，在2017年12月31日前自获利年度起计算优惠期，第一年至第二年免征企业所得税，第三年至第五年按照25%的法定税率减半征收企业所得税，并享受至期满为止。

第六节　企业所得税申报和缴纳

◎如何确定居民企业所得税纳税地点

问题：如何确定居民企业所得税纳税地点？

解答：除税收法律、行政法规另有规定外，居民企业以企业登记注册地为纳税地点；但登记注册地在境外的，以实际管理机构所在地为纳税地点。

居民企业在中国境内设立不具有法人资格的营业机构的，应当汇总计算并缴纳企业所得税。非居民企业在中国境内设立两个或者两个以上机构、场所的，经税务机关审核批准，可以选择由其主要机构、场所汇总缴纳企业所得税。

◎关于企业所得税的汇算清缴

问题：什么是企业所得税的汇算清缴？

解答：企业所得税汇算清缴，是指纳税人自纳税年度终了之日起 5 个月内或实际经营终止之日起 60 日内，依照税收法律、法规、规章及其他有关企业所得税的规定，自行计算本纳税年度应纳税所得额和应纳所得税额，根据月度或季度预缴企业所得税的数额，确定该纳税年度应补或者应退税额，并填写企业所得税年度纳税申报表，向主管税务机关办理企业所得税年度纳税申报、提供税务机关要求提供的有关资料、结清全年企业所得税税款的行为。

◎预缴企业所得税

问题：如何预缴企业所得税？

解答：企业所得税分月或者分季预缴。企业应当自月份或者季度终了之日起 15 日内，向税务机关报送预缴企业所得税纳税申报表，预缴税款。

企业所得税分月或者分季预缴，由税务机关具体核定。企业所得税应当按照月度或者季度的实际利润额预缴；按照月度或者季度的实际利润额预缴有困难的，可以按照上一纳税年度应纳税所得额的月度或者季度平均额预缴，或者按照经税务机关认可的其他方法预缴。为确保税款足额及时入库，各级税务机关对纳入当地重点税源管理的企业，原则上应按照实际利润额预缴方法征收企业所得税。

◎跨地区经营企业缴纳企业所得税问题

问题：跨地区经营企业如何缴纳企业所得税？

解答：居民企业在中国境内跨地区设立不具有法人资格的营业机构、场所的，该居民企业为汇总纳税企业。汇总纳税的方法是实行统一计算、分级管理、就地预缴、汇总清算、财政调库。

统一计算，是指企业总机构统一计算包括企业所属各个不具有法人资格的营业机构、场所在内的全部应纳税所得额、应纳税额。分级管理，是指总机构、分支机构所在地的主管税务机关都有对当地机构进行企业所得税管理的责任，总机构和分支机构应分别接受机构所在地主管税务机关的管理。就地预缴，是指总机构、分支机构应按本办法的规定，分月或分季分别向所在地主管税务机关申报预缴企业所得税。汇总清算，是指在年度终了后，总机构负责进行企业所得税的年度汇算清缴，统一计算企业的年度应纳所得税额，抵减总机构、分支机构当年已就地分期预缴的企业所得税款后，多退少补税款。

◎企业年度申报的资料

问题：企业年度申报应报送哪些资料？

解答：纳税人办理企业所得税年度纳税申报时，应如实填写和报送下列有关资料：

1）企业所得税年度纳税申报表及其附表；

2）财务报表；

3）备案事项相关资料；

4）总机构及分支机构基本情况、分支机构征税方式、分支机构的预缴税情况；

5）委托中介机构代理纳税申报的，应出具双方签订的代理合同，并附送中介机构出具的包括纳税调整的项目、原因、依据、计算过程、调整金额等内容的报告；

6）涉及关联方业务往来的，同时报送《中华人民共和国企业年度关联业务往来报告表》；

7）主管税务机关要求报送的其他有关资料。

纳税人采用电子方式办理企业所得税年度纳税申报的，应按照有关规定保存有关资料或附报纸质纳税申报资料。

第六章

个人所得税纳税风险管理及问题解答

第一节　什么是个人所得税

个人所得税是以自然人取得的各项法定应税所得为对象征收的一种所得税。《中华人民共和国个人所得税法》(以下简称《个人所得税法》)规定，在中国境内有住所，或者无住所而在境内居住满一年的个人，从中国境内和境外取得的所得，依照本法规定缴纳个人所得税。在中国境内无住所又不居住或者无住所而在境内居住不满一年的个人，从中国境内取得的所得，依照本法规定缴纳个人所得税。个人所得税是以自然人个人为纳税人，这是个人所得税与企业所得税的最大区别。

我国个人所得税有以下特点：

1)实行综合征收与分类征收相结合的模式，对工资、薪金所得、个体工商户经营所得、企业承包经营所得实行综合征收，按月或按年征收；对财产转让所得、劳务报酬所得、稿酬所得、利息、股息、红利所得等实行分类征收。

2)累进税率与比例税率并用。分类所得税制一般采用比例税率，综合所得税制通常采用累进税率。对工资、薪金所得，个体工商户的生产、经营所得，对企事业单位的承包经营、承租经营所得，采用累进税率，实行量能负担。对劳务报酬、稿酬等其他所得，采用比例税率，实行等比负担。

3)采取源泉扣缴和纳税人自行申报两种方法。对凡是可以在应税所得的支付环节扣缴个人所得税的，均由扣缴义务人履行代扣代缴义务；对于没有扣缴义务人的，个人在两处以上取得工资、薪金所得的，以及个人所得超过国务院规定数额(即年所得 12 万元以上)的，由纳税人自行申报纳税。

按《个人所得税法》的规定，目前我国个人所得税征税对象分为11类：工资、薪金所得；个体工商户的生产、经营所得；对企事业单位的承包经营、承租经营所得；劳务报酬所得；稿酬所得；特许权使用费所得；利息、股息、红利所得；财产租赁所得；财产转让所得；偶然所得；经国务院财政部门确定征税的其他所得。《中华人民共和国个人所得税法实施条例》(以下简称《个人所得税法实施条例》)及财政部、国家税务总局发布的文件，分别对各类所得的具体征免范围作出了规定。

税法分别对各类所得适用的税率、费用扣除和税额计算方法作出了规定。与企业所得税相比，由于个人所得税实行分类计税，纳税人只要准确计算各类所得的应纳税所得额，乘以相应的税率就可以得出应纳税额。

个体工商户的生产、经营所得，个人独资企业、合伙企业所得，企事业单位的承包经营、承租经营所得，由于涉及成本、费用等扣除，其计算上与企业所得税的计算有相似之处。

第二节　个人所得税纳税风险管理

随着我国经济的快速发展，公民获得收入的渠道越来越多，公民的收入额也有大幅提高。因此，以前不被人们所重视的个人所得税，已经成为社会普遍关注的热点问题。

由于个人所得税直接对自然人征税，税收无法转嫁，税负的高低直接关系个人的利益，因此企业职工往往会对企业施加压力，要求企业采取多种方式逃税、避税，这是很多企业在个人所得税上犯错受罚的重要根源。特别是一些国有企业，由于有工资总额的限制，向员工发放超过限额的工资，不仅员工要承担较多的个人所得税，企业也因为超过限额部分工资不能在企业所得税税前扣除，也会增加企业所得税税负。于是，一些企业把工资转化为较为隐蔽的补贴，或采取发票报销的方式发放，加大了纳税风险。

近年来，国家加大了对高收入者的税收稽查力度，个人所得税的征管越来越严，个人因偷逃税被处罚的案例很多。同时，单位未准确履行个人所得税扣缴义务被处罚的案例也不少。

总而言之，个人所得税的纳税风险可以分为两类：一是个人不履行纳税义务被处罚的风险，二是单位等扣缴义务人不履行扣缴义务被处罚的风险。

对于不履行纳税义务和扣缴义务，《税收征管法》规定，纳税人、扣缴义务人未按照规定的期限办理纳税申报和报送纳税资料的，由税务机关责令限期改正，可以处二千元以下的罚款；情节严重的，可以处二千元以上一万元以下的罚款。这是不纳税面临的最轻处罚。如果税务机关通知申报而拒不申报或者进行虚假的纳税申报，不缴或者少缴应纳税款的，就构成偷税。对纳税人偷税的，由税务机关追缴其不缴或者少缴的税款、滞纳金，并处不缴或者少缴的税款百分之五十以上五倍以下的罚款；构成犯罪的，依法追究刑事责任。同样，扣缴义务人采取上述所列手段，不缴或者少缴已扣、已收税款，由税务机关追缴其不缴或者少缴的税款、滞纳金，并处不缴或者少缴的税款百分之五十以上五倍以下的罚款；构成犯罪的，依法追究刑事责任。扣缴义务人应扣未扣、应收而不收税款的，由税务机关向纳税人追缴税款，对扣缴义务人处应扣未扣、应收未收税款百分之五十以上三倍以下的罚款。

除了上述少缴税、不缴税的风险外，也有一些个人和企业因不懂税法，特别是不了解个人所得税的优惠政策，把免税所得当做应税所得纳税的现象，或者没有扣足可扣的项目和数额，造成多纳税。

个人和企业进行个人所得税纳税风险管理应该注意以下几个方面。

1) 无论是单位和个人，都需要深入学习税法，按税法的规定处理个人所得税事宜，这是防范纳税风险的根本途径，而不是空话。

2) 由于每年国家税务总局都会确定个人所得税的稽查重点，个人和单位对稽查重点需要提前规范，避免风险。

3) 对于单位而言，附有代扣代缴个人所得税的义务，应当平衡企业和个人利益，既要依法履行扣缴义务，同时也要用好用足个人所得税优惠政策，在政策允许的前提下，减轻职工的个人税负。

需要强调的是，很多企业在代扣代缴个人所得税时，只注意现金发放的工资、薪金，而忽略了其他形式的所得。税法规定，个人所得的形式，包括现金、实物、有价证券和其他形式的经济利益。除了现金，其他所得也应纳税。

第三节　工资、薪金个人所得税的计算

◎居民纳税人与非居民纳税人在纳税上的区别

问题：居民纳税人与非居民纳税人在纳税上有什么区别？

解答：个人所得税的纳税人分为居民纳税人与非居民纳税人两类。居民纳税人和非居民纳税人的划分，是根据住所标准和居住时间标准进行的。在中国境内有住所，或者无住所而在境内居住满一年的个人，为居民纳税人；在中国境内无住所又不居住或者无住所而在境内居住不满一年的个人，为非居民纳税人。居民纳税人应就其从中国境内和境外取得的所得在我国缴纳个人所得税；非居民纳税人仅就从中国境内取得的所得纳税。但是，为了鼓励国际交流，实际执行中税法对居住时间进行了放宽，规定对于在中国境内无住所，但居住 1 年以上而未超过 5 年的个人，其来源于中国境内的所得应全部依法缴纳个人所得税。对于其来源于中国境外的各种所得，经主管税务机关批准，可以只就由中国境内公司、企业以及其他经济组织或个人支付的部分缴纳个人所得税。

◎工资、薪金所得的征税范围

问题：工资、薪金所得，如何确定个人所得税征税范围？

解答：工资、薪金所得，是指个人因任职或者受雇而取得的工资、薪金、奖金、年终加薪、劳动分红、津贴、补贴以及与任职或者受雇有关的其他所得：单位为个人办理商业性补充养老保险；雇员为本企业提供非有形商品推销、代理等服务活动取得佣金、奖励和劳务费等名目的收入；单位按低于购置或建造成本价格出售住房给职工，职工因此取得的差价收入；报刊、杂志等单位的职员在本单位的刊物上发表作品取得的所得；实行内部退养的个人在其办理内部退养手续后至法定离退休年龄之间从原任职单位取得的工资、薪金等。需要注意的是，独生子女补贴、执行公务员工资制度未纳入基本工资总额的补贴、津贴差额和家属成员的副食品补贴、托儿补助费、差旅费津贴和误餐补助不属于工资、薪金所得范围，不用缴纳个人所得税。

◎工资、薪金所得适用税率

问题：工资、薪金所得适用什么税率？

解答：工资、薪金所得，适用超额累进税率，税率为百分之三至百分之四十五(税率表见表6－1)。

表6－1　工资、薪金所得税率表

级数	全月应纳税所得额		税率(%)	速算扣除数
	含税级距	不含税级距		
1	不超过1 500元的	不超过1 455元的	3	0
2	超过1 500元至4 500元的部分	超过1 455元至4 155元的部分	10	105
3	超过4 500元至9 000元的部分	超过4 155元至7 755元的部分	20	555
4	超过9 000元至35 000元的部分	超过7 755元至27 255元的部分	25	1 005
5	超过35 000元至55 000元的部分	超过27 255元至41 255元的部分	30	2 755
6	超过55 000元至80 000元的部分	超过41 255元至57 505元的部分	35	5 505
7	超过80 000元的部分	超过57 505元的部分	45	13 505

◎工资、薪金的应纳税所得额

问题：如何计算工资、薪金的应纳税所得额？

解答：工资、薪金所得税的计算公式如下：

工资、薪金所得税＝应纳税所得额×适用税率－速算扣除数

工资、薪金所得实行按月计征的办法，计算工资、薪金所得税，需要计算出应纳税所得额。应纳税所得额并不是单位发给职工的全部收入，而是扣除可以扣除的项目后的所得。具体来说，用单位发给职工的全部收入(含非现金的收入)，减去免税收入；按标准扣除“五险一金”，即失业保险、养老保险、医疗保险、工伤保险和生育保险，以及住房公积金，以及其他可按标准扣除的项目，比如公务交通、通讯补贴收入；再减去每月的费用扣除标准，目前扣除标准为3 500元，对于外籍居民和在国外取得收入的中国居民，可以再扣除1 300元。这样就算出每月的应纳税所得额，对照税率表，得出对应的税率，用应纳税所得额乘以税率，再减去速算扣除数，即可得出当月应缴纳的工资、薪金个人所得税。

◎内部退养个人取得的工资、薪金计征个人所得税问题

问题：内部退养个人取得的工资、薪金如何计征个人所得税？

解答：实行内部退养的个人在其办理内部退养手续后至法定离退休年龄之间从原任职单位取得的工资、薪金，不属于离退休工资，应按"工资、薪金所得"项目计征个人所得税。

个人在办理内部退养手续后从原任职单位取得的一次性收入，应按办理内部退养手续后至法定离退休年龄之间的所属月份进行平均，并与领取当月的工资、薪金所得合并后减除当月费用扣除标准，以余额为基数确定适用税率，再将当月工资、薪金加上取得的一次性收入，减去费用扣除标准，按适用税率计征个人所得税。计税公式如下：

应纳税额＝{[(一次性补贴收入÷办理提前退休手续至法定退休年龄的实际月份数)－费用扣除标准]×适用税率－速算扣除数}×提前办理退休手续至法定退休年龄的实际月份数

个人在办理内部退养手续后至法定离退休年龄之间重新就业取得的工资、薪金所得，应与其从原任职单位取得的同一月份的工资、薪金所得合并，并依法自行向主管税务机关申报缴纳个人所得税。

◎退休人员再任职取得的收入计征个人所得税问题

问题：退休人员再任职取得的收入如何计征个人所得税？

解答：《国家税务总局关于个人兼职和退休人员再任职取得收入如何计算征收个人所得税问题的批复》(国税函[2005]382号)规定，退休人员再任职取得的收入，在减除按个人所得税法规定的费用扣除标准后，按"工资、薪金所得"应税项目缴纳个人所得税。退休人员再任职，应同时符合下列条件：

1)受雇人员与用人单位签订一年以上(含一年)劳动合同(协议)，存在长期或连续的雇用与被雇用关系；

2)受雇人员因事假、病假、休假等原因不能正常出勤时，仍享受固定或基本工资收入；

3)受雇人员与单位其他正式职工享受同等福利、社保、培训及其他待遇；

4)受雇人员的职务晋升、职称评定等工作由用人单位负责组织。

《国家税务总局关于个人所得税有关问题的公告》(国家税务总局公告

2011 年第 27 号)规定，单位是否为离退休人员缴纳社会保险费，不再作为离退休人员再任职的界定条件。

◎商业性补充养老保险计征个人所得税问题

问题：单位为个人办理商业性补充养老保险，如何计征个人所得税？

解答：单位为职工个人购买商业性补充养老保险等，在办理投保手续时应作为个人所得税的“工资、薪金所得”项目，按税法规定缴纳个人所得税；因各种原因退保，个人未取得实际收入的，已缴纳的个人所得税应予以退回。

◎特定行业的工资、薪金所得计征个人所得税问题

问题：特定行业的工资、薪金所得，如何计征个人所得税？

解答：采掘业、远洋运输业、远洋捕捞业以及国务院财政、税务主管部门确定的其他行业，可以实行按年计算、分月预缴的方式计征，即按月预缴，自年度终了之日起 30 日内，合计其全年工资、薪金所得，再按 12 个月平均并计算实际应纳的税款，多退少补。

◎全年一次性奖金计算征收个人所得税问题

问题：全年一次性奖金如何计算征收个人所得税？

解答：《国家税务总局关于调整个人取得全年一次性奖金等计算征收个人所得税方法问题的通知》(国税发[2005]9 号)规定，全年一次性奖金，包括年终加薪、实行年薪制和绩效工资办法的单位根据考核情况兑现的年薪和绩效工资，单独作为一个月工资、薪金所得计算纳税，由扣缴义务人发放时代扣代缴，计税办法如下。

1)先将雇员当月内取得的全年一次性奖金，除以 12 个月，按其商数确定适用税率和速算扣除数。

如果在发放年终一次性奖金的当月，雇员当月工资薪金所得低于税法规定的费用扣除额，应将全年一次性奖金减除“雇员当月工资薪金所得与费用扣除额的差额”后的余额，按上述办法确定全年一次性奖金的适用税率和速算扣除数。

2)将雇员个人当月内取得的全年一次性奖金，按本条第 1)项确定的适用税率和速算扣除数计算征税，计算公式如下。

①如果雇员当月工资薪金所得高于(或等于)税法规定的费用扣除额的，适用公式为：

应纳税额=雇员当月取得全年一次性奖金×适用税率-速算扣除数

②如果雇员当月工资薪金所得低于税法规定的费用扣除额的，适用公式为：

应纳税额=(雇员当月取得全年一次性奖金-雇员当月工资薪金所得与费用扣除额的差额)×适用税率-速算扣除数

需要注意的是，在一个纳税年度内，对每一个纳税人，该计税办法只允许采用一次。

◎个人因解除劳动合同取得的经济补偿金计征个人所得税问题

问题：个人因解除劳动合同取得的经济补偿金，如何计征个人所得税？

解答：《国家税务总局关于个人因解除劳动合同取得经济补偿金征收个人所得税问题的通知》(国税发[1999]178号)就相关问题作了如下的规定。

1)对于个人因解除劳动合同而取得一次性经济补偿收入，应按“工资、薪金所得”项目计征个人所得税。

2)考虑到个人取得的一次性经济补偿收入数额较大，而且被解聘的人员可能在一段时间内没有固定收入，因此，对于个人取得的一次性经济补偿收入，可视为一次取得数月的工资、薪金收入，允许在一定期限内进行平均。具体平均办法为：以个人取得的一次性经济补偿收入，除以个人在本企业的工作年限数，以其商数作为个人的月工资、薪金收入，按照税法规定计算缴纳个人所得税。个人在本企业的工作年限数按实际工作年限数计算，超过12年的按12计算。

3)按照上述方法计算的个人一次性经济补偿收入应纳的个人所得税税款，由支付单位在支付时一次性代扣，并于次月7日内缴入国库。

4)个人按国家和地方政府规定比例实际缴纳的住房公积金、医疗保险金、基本养老保险金、失业保险基金在计税时应予以扣除。

5)个人在解除劳动合同后又再次任职、受雇的，对个人已缴纳个人所得税的一次性经济补偿收入，不再与再次任职、受雇的工资、薪金所得合并计算补缴个人所得税。

《财政部、国家税务总局关于个人与用人单位解除劳动关系取得的一次性补偿收入征免个人所得税问题的通知》(财税[2001]157号)进一步规定，个人因与用人单位解除劳动关系而取得的一次性补偿收入(包括用人单位发放的经济补偿金、生活补助费和其他补助费用)，其收入在当地上年职工平均工资3倍数额以内的部分，免征个人所得税。

◎企业年金缴纳个人所得税问题

问题：企业年金如何缴纳个人所得税？

解答：《国家税务总局关于企业年金、个人所得税征收管理有关问题的通知》(国税函[2009]694号)对此作了如下规定。

1)企业年金的个人缴费部分，不得在个人当月工资、薪金计算个人所得税时扣除。

2)企业年金的企业缴费计入个人账户的部分(以下简称企业缴费)是个人因任职或受雇而取得的所得，属于个人所得税应税收入，在计入个人账户时，应视为个人一个月的工资、薪金(不与正常工资、薪金合并)，不扣除任何费用，按照"工资、薪金所得"项目计算当期应纳个人所得税款，并由企业在缴费时代扣代缴。

对企业按季度、半年或年度缴纳企业缴费的，在计税时不得还原至所属月份，均作为一个月的工资、薪金，不扣除任何费用，按照适用税率计算扣缴个人所得税。

3)对因年金设置条件导致的已经计入个人账户的企业缴费不能归属个人的部分，其已扣缴的个人所得税应予以退还。具体计算公式如下：

$$应退税款=企业缴费已纳税款\times(1-实际领取企业缴费/已纳税企业缴费的累计额)$$

参加年金计划的个人在办理退税时，应持居民身份证、企业以前月度申报的含有个人明细信息的《年金企业缴费扣缴个人所得税报告表》复印件、解缴税款的《税收缴款书》复印件等资料，以及由企业出具的个人实际可领取的年金企业缴费额与已缴纳税款的年金企业缴费额的差额证明，向主管税务机关申报，经主管税务机关核实后，予以退税。

◎两处和两处以上地方取得工资、薪金缴纳个人所得税问题

问题：个人从两处和两处以上地方取得工资、薪金的，如何缴纳个人所得税？

解答：在中国境内两处或者两处以上取得工资、薪金的，同项所得合并计算纳税。在计算费用扣除时，只能在一个单位扣除3 500元的费用，其他单位不得再扣除。申报上，纳税人需要选择一个固定单位，年终自行办理纳税申报。

举例说明：假如从A单位取得8 000元(选择其为扣除费用扣除方及所在地主管税务机关为申报汇缴机关)，从B单位取得10 000元。那么，A单位扣缴个人所得税：(8 000 - 3 500) ×10% - 105 = 345(元)；B单位扣缴个人所得税：10 000 ×25% - 1 005 = 1 495(元)。如该个人选择到A单位所在地主管税务机关申报汇总纳税，申报税款：(8 000 + 10 000 - 3 500) ×25% - 1 005 = 2 620(元)。应补个人所得税：2 620 - 345 - 1 495 = 780(元)。

第四节　个体工商户个人所得税的计算

◎个体工商户生产、经营所得的征税范围

问题：个体工商户生产、经营所得征税范围包括哪些？

解答：个体工商户的生产、经营所得是指：

1)个体工商户从事工业、手工业、建筑业、交通运输业、商业、饮食业、服务业、修理业以及其他行业生产、经营取得的所得；

2)个人经政府有关部门批准，取得执照，从事办学、医疗、咨询以及其他有偿服务活动取得的所得；

3)其他个人从事个体工商业生产、经营取得的所得；

4)上述个体工商户和个人取得的与生产、经营有关的各项应纳税所得。

需要注意的是，个体工商户和从事生产、经营的个人，取得与生产、经营活动无关的各项应税所得，应按规定分别计算征收个人所得税。如取得银行存款的利息所得、对外投资取得的股息所得，应按“利息、股息、红利所得”税目的规定单独计征个人所得税。

◎个体工商户生产、经营所得税率的规定

问题：个体工商户生产、经营所得税率是如何规定的？

解答：个体工商户的生产、经营所得和对企事业单位的承包经营、承租经营所得，适用百分之五至百分之三十五的超额累进税率（税率表见表6－2）。

表6－2　个体工商户的生产、经营，承包经营、承租经营所得税率表

级数	全年应纳税所得额		税率（%）	速算扣除数
	含税级距	不含税级距		
1	不超过15 000元的	不超过14 250元的	5	0
2	超过15 000元至30 000元的部分	超过14 250元至27 750元的部分	10	750
3	超过30 000元至60 000元的部分	超过27 750元至51 750元的部分	20	3 750
4	超过60 000元至100 000元的部分	超过51 750元至79 750元的部分	30	9 750
5	超过100 000元的部分	超过79 750元的部分	35	14 750

◎个体工商户生产、经营所得缴纳个人所得税问题

问题：个体工商户生产、经营所得如何缴纳个人所得税？

解答：《个人所得税法》规定，个体工商户的生产、经营所得，以每一纳税年度的收入总额减除成本、费用以及损失后的余额，为应纳税所得额。这个规定适用于建账建制、财务会计核算准确的个体工商户。现实中，大量个体工商户达不到建账建制、财务会计核算准确的标准，因此与企业所得税一样，对个体工商户征收个人所得税也出现了查账征收、核定征收两种方式。国家税务总局发布的《个体工商户个人所得税计税办法》具体规定了征税办法。

该办法规定，凡实行查账征收的个体户，应纳个人所得税额＝应纳税所得额×适用税率；应纳税所得额＝收入总额－成本、费用及损失。对于实行查账征收的个体户，其收入的确认，成本、费用的扣除，资产的处理等涉税事项，与实行查账征收的企业在核算上是大同小异的，只是在一些费用扣除上存在差异，比如广告费等。此外，计算出应纳税所得额后，一个缴纳个人所得税，一个缴纳企业所得税，适用的税率不同。这里需要强调的是，个体

户在计算应纳税所得额时，其用于个人和家庭的支出；与生产经营无关的其他支出；个体户业主的工资不能税前扣除。

对于达不到建账建制、财务会计核算准确的个体工商户，个人所得税采取核定征收的办法。核定征收又分为定率征收和定额征收两种。定率征收是核定个体工商户的应税所得率，用收入乘以应税所得率，减去个体户业主的年费用扣除额42 000元得出应纳税所得额，再按税法规定的税率计算缴纳个人所得税。定额征收是由税务机关依据一定的办法，核定个体工商户每月、每季应缴纳的个人所得税额。由于各地在个体工商户的税收管理上存在很大的差异，具体征收管理办法并不统一，因此核定征收并不存在全国统一的办法，需要根据当地的办法来纳税。

◎个人独资企业、合伙企业缴纳个人所得税问题

问题：个人独资企业、合伙企业如何缴纳个人所得税？

解答：为了规范个人独资企业、合伙企业的个人所得税，财政部、国家税务总局发布了《财政部、国家税务总局关于印发〈关于个人独资企业和合伙企业投资者征收个人所得税的规定〉的通知》（财税[2000]91号），明确个人独资企业以投资者为纳税义务人，合伙企业以每一个合伙人为纳税义务人，个人独资企业和合伙企业（以下简称企业）每一纳税年度的收入总额减除成本、费用以及损失后的余额，作为投资者个人的生产经营所得，比照个人所得税法的“个体工商户的生产经营所得”应税项目，适用5%～35%的五级超额累进税率，计算征收个人所得税。

因此，对个人独资企业、合伙企业个人所得税的征税办法，与对个体工商户的征税办法非常相似，绝大部分规定是相同的。有所区别的是，在一些费用扣除上标准有所不同，《个人独资企业和合伙企业投资者征收个人所得税的规定》明确列出了采取核定征收方式适用的应税所得率和计税办法。

实行核定应税所得年征收方式的，应纳所得税额的计算公式如下：

应纳所得税额＝应纳税所得额×适用税率

应纳税所得额＝收入总额×应税所得率

或

＝成本费用支出额/（1－应税所得率）×应税所得率

◎合伙企业合伙人纳税问题

问题：合伙企业合伙人如何纳税？

解答：《财政部、国家税务总局关于合伙企业合伙人所得税问题的通知》（财税[2008]159号）规定，合伙企业以每一个合伙人为纳税义务人。合伙企业合伙人是自然人的，缴纳个人所得税；合伙人是法人和其他组织的，缴纳企业所得税。

合伙企业生产经营所得和其他所得采取“先分后税”的原则。

合伙企业的合伙人按照下列原则确定应纳税所得额：

1）合伙企业的合伙人以合伙企业的生产经营所得和其他所得，按照合伙协议约定的分配比例确定应纳税所得额。

2）合伙协议未约定或者约定不明确的，以全部生产经营所得和其他所得，按照合伙人协商决定的分配比例确定应纳税所得额。

3）协商不成的，以全部生产经营所得和其他所得，按照合伙人实缴出资比例确定应纳税所得额。

4）无法确定出资比例的，以全部生产经营所得和其他所得，按照合伙人数量平均计算每个合伙人的应纳税所得额。

合伙企业合伙人确定应纳税所得额后，按照个体工商户适用的税率计算纳税。

◎有关企事业单位的承包经营、承租经营所得纳税问题

问题：对企事业单位的承包经营、承租经营所得，如何计算应纳税所得额？

解答：《国家税务总局关于个人对企事业单位实行承包经营、承租经营取得所得征税问题的通知》（国税发[1994]179号）对此作了如下规定。

1）企业实行个人承包、承租经营后，如果工商登记仍为企业的，不管其分配方式如何，均应先按照企业所得税的有关规定缴纳企业所得税。承包经营、承租经营者按照承包、承租经营合同（协议）规定取得的所得，依照个人所得税法的有关规定缴纳个人所得税，具体为：

①承包、承租人对企业经营成果不拥有所有权，仅是按合同（协议）规定取得一定所得的，其所得按工资、薪金所得项目征税。

②承包、承租人按合同(协议)的规定只向发包、出租方交纳一定费用后，企业经营成果归其所有的，承包、承租人取得的所得，按对企事业单位的承包经营、承租经营所得项目，适用5% ~35%的五级超额累进税率征税。

2)企业实行个人承包、承租经营后，如工商登记改变为个体工商户的，应依照个体工商户的生产、经营所得项目计征个人所得税，不再征收企业所得税。

3)企业实行承包经营、承租经营后，不能提供完整、准确的纳税资料、正确计算应纳税所得额的，由主管税务机关核定其应纳税所得额，并依据《税收征收管理法》的有关规定，自行确定征收方式。

第五节 劳务报酬所得、稿酬所得、特许权使用费所得

◎如何区分工资、薪金所得与劳务报酬所得

问题：如何区分工资、薪金所得与劳务报酬所得？

解答：工资、薪金所得是属于非独立个人劳务活动，即在机关、团体、学校、部队、企事业单位及其他组织中任职、受雇而得到的报酬；劳务报酬所得则是个人独立从事各种技艺、提供各项劳务取得的报酬。两者的主要区别在于，前者存在雇佣与被雇佣关系，后者则不存在这种关系。

◎劳务报酬所得的征税范围

问题：劳务报酬所得的征税范围包括哪些？

解答：劳务报酬所得，是指个人从事设计、装潢、安装、制图、化验、测试、医疗、法律、会计、咨询、讲学、新闻、广播、翻译、审稿、书画、雕刻、影视、录音、录像、演出、表演、广告、展览、技术服务、介绍服务、经纪服务、代办服务以及其他劳务取得的所得。

按有关规定，个人由于担任董事职务所取得的董事费收入，属于劳务报酬所得性质，按照劳务报酬所得项目征收个人所得税，但其仅适用于个人担任公司董事、监事，且不在公司任职、受雇的情形。

《国家税务总局关于个人兼职和退休人员再任职取得收入如何计算征收个

人所得税问题的批复》(国税函[2005]382号)规定，个人兼职取得的收入应按照"劳务报酬所得"应税项目缴纳个人所得税；《国家税务总局关于保险企业营销员(非雇员)取得的收入计征个人所得税问题的通知》(国税发[1998]13号)规定，保险企业营销员取得的收入应按劳务报酬所得计征个人所得税。

◎劳务报酬所得应纳税额计算问题

问题：劳务报酬所得，如何计算应纳税所得额?

解答：劳务报酬所得每次收入不超过4 000的，减除费用800；4 000以上的，减除20%的费用，其余额为应纳税所得额。劳务报酬所得适用20%的比例税率，用应纳税所得额乘以税率，即为应纳税额。

此外，《个人所得税法》规定，对劳务报酬所得一次收入畸高的，可以实行加成征收。具体为：应纳税所得额超过2万元至5万元的部分，依照税法规定计算应纳税额后再按照应纳税额加征五成；超过5万元的部分，加征十成。

如何确定取得劳务报酬的次数呢?《个人所得税法》规定，劳务报酬所得，属于一次性收入的，以取得该项收入为一次；属于同一项目连续性收入的，以一个月内取得的收入为一次。《国家税务总局关于个人所得税偷税案件查处中有关问题的补充通知》(国税函[1996]602号)规定，考虑属地管辖与时间划定有交叉的特殊情况，统一规定以县(含县级市、区)为一地，其管辖内的一个月内的劳务服务为一次；当月跨县地域的，则应分别计算。

◎单位或个人为劳务报酬所得代付税款的，如何计征个人所得税

问题：单位或个人为纳税义务人的劳务报酬所得代付税款的，如何计征个人所得税?

解答：《国家税务总局关于明确单位或个人为纳税义务人的劳务报酬所得代付税款计算公式的通知》(国税发[1996]161号)对此作了如下规定。

1)不含税收入额为3 360元(即含税收入额4 000元)以下的：

$$应纳税所得额=(不含税收入额-800)\div(1-税率)$$

2)不含税收入额为3 360元(即含税收入额4 000元)以上的：

$$应纳税所得额=[(不含税收入额-速算扣除数)\times(1-20\%)]\div[1-税率\times(1-20\%)]$$

3)应纳税所得额的计算公式为:

应纳税额=应纳税所得额×适用税率-速算扣除数

◎稿酬所得的征税范围

问题:稿酬所得征税范围是什么?

解答:稿酬所得,是指个人因其作品以图书、报刊形式出版、发表而取得的所得。作者去世后,对取得其遗作稿酬的个人,按稿酬所得征收个人所得税。

需要注意的是,任职、受雇于报刊、杂志等单位的记者、编辑等专业人员,因在本单位的报刊、杂志上发表作品取得的所得,属于因任职、受雇而取得的所得,应与其当月工资收入合并,按"工资、薪金所得"项目征收个人所得税。除上述专业人员以外,其他人员在本单位的报刊、杂志上发表作品取得的所得,应按"稿酬所得"项目征收个人所得税。

出版社的专业作者撰写、编写或翻译的作品,由本社以图书形式出版而取得的稿费收入,应按"稿酬所得"项目计算缴纳个人所得税。

◎稿酬所得计算个人所得税问题

问题:稿酬所得如何计算个人所得税?

解答:稿酬所得,每次收入不超过4 000元的,减除费用800元;4 000元以上的,减除20%的费用,其余额为应纳税所得额。稿酬所得适用20%的比例税率,并按应纳税额减征30%。具体计算公式为:应纳税所得额×20%×70%。

需要注意的是,稿酬所得,以每次出版、发表取得的收入为一次。《国家税务总局关于印发〈征收个人所得税若干问题的规定〉的通知》(国税发[1994]89号)对此作了如下规定。

1)个人每次以图书、报刊方式出版、发表同一作品(文字作品、书画作品、摄影作品以及其他作品),不论出版单位是预付还是分笔支付稿酬,或者加印该作品后再付稿酬,均应合并其稿酬所得按一次计征个人所得税。在两处或两处以上出版、发表或再版同一作品而取得稿酬所得,则可分别各处取得的所得或再版所得按分次所得计征个人所得税。

2)个人的同一作品在报刊上连载,应合并其因连载而取得的所有稿酬所得为一次，按税法规定计征个人所得税。在其连载之后又出书取得稿酬所得，或先出书后连载取得稿酬所得，应视同再版稿酬分次计征个人所得税。

◎特许权使用费的征税范围

问题：特许权使用费的征税范围是什么？

解答：特许权使用费所得，是指个人提供专利权、商标权、著作权、非专利技术以及其他特许权的使用权取得的所得；提供著作权的使用权取得的所得，不包括稿酬所得。

另外，个人取得专利赔偿所得按特许权使用费征税；剧本作者从电影、电视剧的制作单位取得的剧本使用费，不再区分剧本的使用方是否为其任职单位，统一按“特许权使用费所得”项目计征个人所得税；企业员工向本企业提供非专利技术取得收入按“特许权使用费所得”征税。

◎特许权使用费计算个人所得税问题

问题：特许权使用费如何计算个人所得税？

解答：特许权使用费所得，每次收入不超过 4 000 元的，减除费用 800 元；4 000 元以上的，减除 20% 的费用，其余额为应纳税所得额。特许权使用费所得适用 20% 的比例税率。也就是说，特许权使用费所得减去扣除费用后，乘以 20% 的税率，即为特许权使用费所得应缴纳的个人所得税。

需要注意的是，特许权使用费所得，以一项特许权的一次许可使用所取得的收入为一次。

第六节 利息、股息、红利所得和偶然所得

◎利息、股息、红利所得的征税范围

问题：利息、股息、红利所得的征税范围是什么？

解答：《个人所得税法》规定，利息、股息、红利所得，是指个人拥有债权、股权而取得的利息、股息、红利所得。

《国家税务总局关于企业改组改制过程中个人取得的量化资产征收个人所

得税问题的通知》(国税发[2000]60号)规定，企业改组改制过程中职工个人取得的企业量化资产，参与企业分配而获得的股息、红利，应按“利息、股息、红利”项目征收个人所得税。

《国家税务总局关于资产评估增税计征个人所得税问题的通知》(国税发[2008]115号)规定，个人(自然人，下同)股东从被投资企业取得的、以企业资产评估增值转增个人股本的部分，属于企业对个人股东股息、红利性质的分配，按照“利息、股息、红利所得”项目计征个人所得税。税款由企业在转增个人股本时代扣代缴。

《国家税务总局关于股份制企业转增股本和派发红股征免个人所得税的通知》(国税发[1997]198号)规定，股份制企业用盈余公积金派发红股，转增注册资本属于股息、红利性质的分配，对个人取得的红股数额，应作为个人所得征税。资本公积金转增股本不属于股息、红利性质的分配，对个人取得的转增股本数额，不作为个人所得，不征收个人所得税。

《国家税务总局关于国税发[1993]45号文件废止后有关个人所得税征管问题的通知》(国税函[2011]348号)规定，境外居民个人股东从境内非外商投资企业在香港发行股票取得的股息红利所得，应按照“利息、股息、红利所得”项目，由扣缴义务人依法代扣代缴个人所得税。

《财政部、国家税务总局关于规范个人投资者个人所得税征收管理的通知》(财税[2003]158号)规定，除个人独资企业、合伙企业以外的其他企业的个人投资者，以企业资金为本人、家庭成员及其相关人员支付与企业经营无关的消费性支出及购买汽车、住房等财产性支出，视为企业对个人投资者的红利分配，依照“利息、股息、红利所得”项目计征个人所得税。纳税年度内个人投资者从其投资企业(个人独资企业、合伙企业除外)借款，在该纳税年度终了后既不归还，又未用于企业生产经营的，其未归还的借款可视为企业对个人投资者的红利分配，依照“利息、股息、红利所得”项目计征个人所得税。

◎利息、股息、红利所得计算个人所得税问题

问题：利息、股息、红利所得如何计算个人所得税？

解答：利息、股息、红利所得，以每次收入额为应纳税所得额，适用20%比例税率。因此，利息、股息、红利所得乘以20%，即为利息、股息、

红利所得的应纳税额。

需要注意的是，现实中由于利息、股息、红利所得发放形式的多样性，在计算时也有不同的办法。

《国家税务总局关于印发〈征收个人所得税若干问题的规定〉的通知》(国税发[1994]89号)规定，股份制企业在分配股息、红利时，以股票形式向股东个人支付应得的股息、红利(即派发红股)，应以派发红股的股票票面金额为收入额，按"利息、股息、红利所得"项目计征个人所得税。

《国家税务总局关于企业为股东个人购买汽车征收个人所得税的批复》(国税函[2005]364号)规定，企业购买车辆并将车辆所有权办到股东个人名下，其实质为企业对股东进行了红利性质的实物分配，应按照"利息、股息、红利所得"项目征收个人所得税。考虑到该股东个人名下的车辆同时也为企业经营使用的实际情况，允许合理减除部分所得，减除的具体数额由主管税务机关根据车辆的实际使用情况合理确定。

《国家税务总局关于个人股东取得公司债权债务形式的股份分红计征个人所得税问题的批复》(国税函[2008]267号)规定，个人取得的股份分红所得包括债权、债务形式的应收账款、应付账款相抵后的所得。个人股东取得公司债权、债务形式的股份分红，应以其债权形式应收账款的账面价值减去债务形式应付账款的账面价值的余额，加上实际分红所得为应纳税所得，按照规定缴纳个人所得税。

◎有关个人持有上市公司股票取得利息、股息、红利所得计算个人所得税问题

问题：个人持有上市公司股票取得利息、股息、红利所得如何计算个人所得税？

解答：自2013年1月1日起，对个人从公开发行和转让市场取得的上市公司股票，股息红利所得按持股时间长短实行差别化个人所得税政策。持股超过1年的，税负为5%；持股1个月至1年的，税负为10%；持股1个月以内的，税负为20%。

持股期限是指个人从公开发行和转让市场取得上市公司股票之日至转让交割该股票之日前一日的持续时间。个人转让股票时，按照先进先出法计算持股期限，即证券账户中先取得的股票视为先转让。持股期限按自然年(月)计算，持股一年是指从上一年某月某日至本年同月同日的前一日连续持股；

持股一个月是指从上月某日至本月同日的前一日连续持股。持有股份数量以每日日终结算后个人投资者证券账户的持有记录为准。

◎哪些利息、股息、红利免征个人所得税

问题：哪些利息、股息、红利免征个人所得税？

解答：《个人所得税法》规定，国债和国家发行的金融债券利息免征个人所得税。国债利息，是指个人持有中华人民共和国财政部发行的债券而取得的利息；所说的国家发行的金融债券利息，是指个人持有经国务院批准发行的金融债券而取得的利息。

目前，个人储蓄存款利息免征个人所得税。

◎偶然所得的征税范围

问题：偶然所得的征税范围包括哪些？

解答：偶然所得，是指个人得奖、中奖、中彩以及其他偶然性质的所得。

《财政部、国家税务总局关于企业促销展业赠送礼品有关个人所得税问题的通知》(财税[2011]50号)规定，企业对累积消费达到一定额度的顾客，给予额外抽奖机会，个人的获奖所得，按照“偶然所得”项目，全额适用20%的税率缴纳个人所得税。

《财政部、国家税务总局关于企业向个人支付不竞争款项征收个人所得税问题的批复》(财税[2007]102)号规定，企业向个人支付的不竞争款项，属于个人因偶然因素取得的一次性所得，按偶然所得项目计算缴纳个人所得税。

《国家税务总局关于有奖储蓄中奖收入征收个人所得税问题的批复》(国税函发[1995]98号)规定，个人参加有奖储蓄取得的各种形式的中奖所得，属于机遇性的所得，应按照个人所得税法中“偶然所得”应税项目的规定征收个人所得税。

《国家税务总局关于个人取得的奖金收入征收个人所得税问题的批复》(国税函[1998]293号)规定，个人因在各行各业做出突出贡献而从省级以下人民政府及其所属部门取得的一次性奖励收入，不论其奖金来源于何处，均不属于税法所规定的免税范畴，应按“偶然所得”项目征收个人所得税。

◎偶然所得的个人所得税的计算

问题：如何计算偶然所得的个人所得税？

解答：偶然所得和其它所得，以每次收入额为应纳税所得额，适用20%的比例税率。

◎彩票收入如何计算个人所得税

问题：彩票收入如何计算个人所得税？

解答：对个人购买社会福利有奖募捐奖券一次中奖收入不超过1万元的暂免征收个人所得税，对一次中奖收入超过1万元的，应按税法规定全额征税。对个人购买体育彩票中奖凡一次中奖收入不超过1万元的，暂免征收个人所得税；超过1万元的，应按税法规定全额征收个人所得税。

◎关于个人取得有奖发票奖金征免个人所得税问题

问题：个人取得有奖发票奖金，如何征免个人所得税？

解答：《财政部、国家税务总局关于个人取得有奖发票奖金征免个人所得税问题的通知》(财税[2007]34号)规定，个人取得单张有奖发票奖金所得不超过800元(含800元)的，暂免征收个人所得税；个人取得单张有奖发票奖金所得超过800元的，应全额按照个人所得税法规定的“偶然所得”项目征收个人所得税。

第七节　财产租赁所得和财产转让所得

◎财产租赁所得的征税范围

问题：财产租赁所得的征税范围是什么？

解答：财产租赁所得，是指个人出租建筑物、土地使用权、机器设备、车船以及其他财产取得的所得。

《国家税务总局关于酒店产权式经营业主税收问题的批复》(国税函[2006]478号)规定，酒店产权式经营业主(以下简称业主)在约定的时间内提供房产使用权与酒店进行合作经营，如房产产权并未归属新的经济实体，业主按照约定取得的固定收入和分红收入均应视为租金收入，根据有关税收法律、行政法规的规定，应按照“服务业——租赁业”征收营业税，按照“财产租赁所得”项目征收个人所得税。

《国家税务总局关于个人转租房屋取得收入征收个人所得税问题的通知》(国税函[2009]639号)规定，个人将承租房屋转租取得的租金收入，属于个人所得税应税所得，应按“财产租赁所得”项目计算缴纳个人所得税。

《国家税务总局关于个人与房地产开发企业签订有条件优惠价格协议购买商店征收个人所得税问题的批复》(国税函[2008]576号)批复如下：房地产开发企业与商店购买者个人签订协议规定，房地产开发企业按优惠价格出售其开发的商店给购买者个人，但购买者个人在一定期限内必须将购买的商店无偿提供给房地产开发企业对外出租使用。其实质是购买者个人以所购商店交由房地产开发企业出租而取得的房屋租赁收入支付了部分购房价款。对上述情形的购买者个人少支出的购房价款，应视同个人财产租赁所得，按照“财产租赁所得”项目征收个人所得税。每次财产租赁所得的收入额，按照少支出的购房价款和协议规定的租赁月份数平均计算确定。

◎财产转让所得的征税范围

问题：财产转让所得的征税范围是什么？

解答：财产转让所得，是指个人转让有价证券、股权、建筑物、土地使用权、机器设备、车船以及其他财产取得的所得。

对股权转让所得，国家税务总局发了几个文件，作了特别规定。

《国家税务总局关于个人以股权参与上市公司定向增发征收个人所得税问题的批复》(国税函这[2011]89号)规定，南京浦东建设发展有限公司自然人以其所持该公司股权评估增值后，参与苏宁环球股份有限公司定向增发股票，属于股权转让行为，其取得所得，应按照“财产转让所得”项目缴纳个人所得税。

《国家税务总局关于企业改组改制过程中个人取得的量化资产征收个人所得税问题的通知》(国税发[2000]60号)规定，对职工个人以股份形式取得的拥有所有权的企业量化资产，暂缓征收个人所得税；待个人将股份转让时，就其转让收入额，减除个人取得该股份时实际支付的费用支出和合理转让费用后的余额，按“财产转让所得”项目计征个人所得税。

《国家税务总局关于资产评估增值计征个人所得税问题的通知》(国税发[2008]115号)规定，个人以评估增值的非货币性资产对外投资取得股权的，对个人取得相应股权价值高于该资产原值的部分，属于个人所得，按照“财产转让所得”项目计征个人所得税。

◎财产租赁所得计算个人所得税问题

问题：财产租赁所得如何计算个人所得税？

解答：财产租赁所得，以一个月内取得的收入为一次，每次收入不超过4 000元的，减除费用800元；4 000元以上的，减除20%的费用，其余额为应纳税所得额，适用20%比例税率计算缴纳个人所得税。

需要注意的是，财产租赁所得在纳税时，可以扣除财产租赁过程中缴纳的税费；向出租方支付的租金；由纳税人负担的租赁财产实际开支的修缮费用；税法规定的费用扣除标准。

◎财产转让所得计算个人所得税问题

问题：财产转让所得如何计算个人所得税？

解答：财产转让所得，以转让财产的收入额减除财产原值和合理费用后的余额，为应纳税所得额。财产转让所得适用20%比例税率。

$$应纳税额 = 应纳税所得额 \times 20\%$$

在计算财产转让的应纳税所得额时，可以扣除财产原值和合理费用。财产原值，是指：

1)有价证券，为买入价以及买入时按照规定交纳的有关费用；

2)建筑物，为建造费或者购进价格以及其他有关费用；

3)土地使用权，为取得土地使用权所支付的金额、开发土地的费用以及其他有关费用；

4)机器设备、车船，为购进价格、运输费、安装费以及其他有关费用；

5)其他财产，参照以上方法确定。

纳税义务人未提供完整、准确的财产原值凭证，不能正确计算财产原值的，由主管税务机关核定其财产原值。

合理费用，是指卖出财产时按照规定支付的有关费用。

◎个人处置“打包”债权取得的所得，如何计征个人所得税

问题：个人处置“打包”债权取得的所得，如何计征个人所得税？

解答：《国家税务总局关于个人因购买和处置债权取得所得征收个人所得税问题的批复》(国税函[2005]655号)对此作了如下规定。

1)个人通过招标、竞拍或其他方式购置债权以后，通过相关司法或行政程序主张债权而取得的所得，应按照“财产转让所得”项目缴纳个人所得税。

2)个人通过上述方式取得“打包”债权，只处置部分债权的，其应纳税所得额按以下方式确定：

①以每次处置部分债权的所得，作为一次财产转让所得征税。

②其应税收入按照个人取得的货币资产和非货币资产的评估价值或市场价值的合计数确定。

③所处置债权成本费用(即财产原值)，按下列公式计算：

当次处置债权成本费用＝个人购置“打包”债权实际支出×当次处置债权账面价值(或拍卖机构公布价值)÷“打包”债权账面价值(或拍卖机构公布价值)

④个人购买和和处置债权过程中发生的拍卖招标手续费、诉讼费、审计评估费以及缴纳的税金等合理税费，在计算个人所得税时允许扣除。

◎关于自然人股东转让股权征收个人所得税问题

问题：自然人股东转让股权，如何征收个人所得税？

解答：《国家税务总局关于股权转让所得个人所得税计税依据核定问题的公告》(国家税务总局公告2010年第27号)规定如下。

(1)自然人转让所投资企业股权(份)(以下简称股权转让)取得所得，按照公平交易价格计算并确定计税依据。

计税依据明显偏低且无正当理由的，主管税务机关可采用本公告列举的方法核定。

(2)计税依据明显偏低且无正当理由的判定方法。

1)符合下列情形之一且无正当理由的，可视为计税依据明显偏低：

①申报的股权转让价格低于初始投资成本或低于取得该股权所支付的价款及相关税费的；

②申报的股权转让价格低于对应的净资产份额的；

③申报的股权转让价格低于相同或类似条件下同一企业同一股东或其他股东股权转让价格的；

④申报的股权转让价格低于相同或类似条件下同类行业的企业股权转让价格的；

⑤经主管税务机关认定的其他情形。

2)本条第1)项所称正当理由，是指以下情形：

①所投资企业连续三年以上(含三年)亏损；

②因国家政策调整的原因而低价转让股权；

③将股权转让给配偶、父母、子女、祖父母、外祖父母、孙子女、外孙子女、兄弟姐妹以及对转让人承担直接抚养或者赡养义务的抚养人或者赡养人；

④经主管税务机关认定的其他合理情形。

(3)对申报的计税依据明显偏低且无正当理由的，可采取以下核定方法。

1)参照每股净资产或纳税人享有的股权比例所对应的净资产份额核定股权转让收入。

对知识产权、土地使用权、房屋、探矿权、采矿权、股权等合计占资产总额比例达50%以上的企业，净资产额须经中介机构评估核实。

2)参照相同或类似条件下同一企业同一股东或其他股东股权转让价格核定股权转让收入。

3)参照相同或类似条件下同类行业的企业股权转让价格核定股权转让收入。

4)纳税人对主管税务机关采取的上述核定方法有异议的，应当提供相关证据，主管税务机关认定属实后，可采取其他合理的核定方法。

(4)纳税人再次转让所受让的股权的，股权转让的成本为前次转让的交易价格及买方负担的相关税费。

《国家税务总局关于加强股权转让所得征收个人所得税管理的通知》(国税函[2009]285号)对此作了如下规定。

(1)股权交易各方在签订股权转让协议并完成股权转让交易以后至企业变更股权登记之前，负有纳税义务或代扣代缴义务的转让方或受让方，应到主管税务机关办理纳税(扣缴)申报，并持税务机关开具的股权转让所得缴纳个人所得税完税凭证或免税、不征税证明，到工商行政管理部门办理股权变更登记手续。

(2)股权交易各方已签订股权转让协议，但未完成股权转让交易的，企业在向工商行政管理部门申请股权变更登记时，应填写《个人股东变动情况报告表》(表格式样和联次由各省地税机关自行设计)并向主管税务机关申报。

(3)个人股东股权转让所得个人所得税以发生股权变更企业所在地地税机关为主管税务机关。纳税人或扣缴义务人应到主管税务机关办理纳税申报和税款入库手续。主管税务机关应按照《个人所得税法》和《税收征收管理法》的规定，获取个人股权转让信息，对股权转让涉税事项进行管理、评估和检查，并对其中涉及的税收违法行为依法进行处罚。

◎关于个人终止投资经营收回款项，计征个人所得税问题

问题：个人终止投资经营收回款项，如何计征个人所得税？

解答：个人因各种原因终止投资、联营、经营合作等行为，从被投资企业或合作项目、被投资企业的其他投资者以及合作项目的经营合作人取得股权转让收入、违约金、补偿金、赔偿金及以其他名目收回的款项等，均属于个人所得税应税收入，应按照“财产转让所得”项目适用的规定计算缴纳个人所得税。

应纳税所得额的计算公式如下：

应纳税所得额=个人取得的股权转让收入、违约金、补偿金、赔偿金及以其他名目收回款项合计数－原实际出资额(投入额)及相关税费

◎关于个人通过网络买卖虚拟货币取得收入，计征个人所得税问题

问题：个人通过网络买卖虚拟货币取得收入，如何计征个人所得税？

解答：《国家税务总局关于个人通过网络买卖虚拟货币取得收入征收个人所得税问题的批复》(国税函[2008]818号)规定：

1)个人通过网络收购玩家的虚拟货币，加价后向他人出售取得的收入，属于个人所得税应税所得，应按照“财产转让所得”项目计算缴纳个人所得税。

2)个人销售虚拟货币的财产原值为其收购网络虚拟货币所支付的价款和相关税费。

3)对于个人不能提供有关财产原值凭证的，由主管税务机关核定其财产原值。

◎关于个人转让上市公司限售股，缴纳个人所得税问题

问题：个人转让上市公司限售股，如何缴纳个人所得税？

解答：《财政部、国家税务总局、证监会关于个人转让上市公司限售股所得征收个人所得税有关问题的通知》(财税[2009]167号)规定：

1)自2010年1月1日起，对个人转让限售股取得的所得，按照“财产转让所得”，适用20%的比例税率征收个人所得税。

2)个人转让限售股，以每次限售股转让收入，减除股票原值和合理税费后的余额，为应纳税所得额。即：

应纳税所得额=限售股转让收入-(限售股原值+合理税费)

应纳税额=应纳税所得额×20%

本通知所称的限售股转让收入，是指转让限售股股票实际取得的收入。限售股原值，是指限售股买入时的买入价及按照规定缴纳的有关费用。合理税费，是指转让限售股过程中发生的印花税、佣金、过户费等与交易相关的税费。

如果纳税人未能提供完整、真实的限售股原值凭证的，不能准确计算限售股原值的，主管税务机关一律按限售股转让收入的15%核定限售股原值及合理税费。

◎有关个人出售住房，缴纳个人所得税问题

问题：个人出售住房，如何缴纳个人所得税？

解答：个人出售住房，应区分不同的情况缴纳个人所得税。原则上，个人转让住房，以其转让收入额减除财产原值和合理费用后的余额为应纳税所得额，按照“财产转让所得”项目缴纳个人所得税。

《国家税务总局关于个人住房转让所得征收个人所得税有关问题的通知》(国税发[2006]108号)规定，以个人转让住房的所得，以实际成交价格为转让收入。纳税人申报的住房成交价格明显低于市场价格且无正当理由的，征收机关依法有权根据有关信息核定其转让收入。对转让住房收入计算个人所得税应纳税所得额时，纳税人可凭原购房合同、发票等有效凭证，经税务机关审核后，允许从其转让收入中减除房屋原值、转让住房过程中缴纳的税金及有关合理费用。

(1)房屋原值具体定义如下。

1)商品房：购置该房屋时实际支付的房价款及交纳的相关税费。

2)自建住房：实际发生的建造费用及建造和取得产权时实际交纳的相关税费。

3)经济适用房(含集资合作建房、安居工程住房)：原购房人实际支付的房价款及相关税费，以及按规定交纳的土地出让金。

4)已购公有住房：原购公有住房标准面积按当地经济适用房价格计算的房价款，加上原购公有住房超标准面积实际支付的房价款以及按规定向财政部门(或原产权单位)交纳的所得收益及相关税费。

已购公有住房是指城镇职工根据国家和县级(含县级)以上人民政府有关城镇住房制度改革政策规定，按照成本价(或标准价)购买的公有住房。

经济适用房价格按县级(含县级)以上地方人民政府规定的标准确定。

5)城镇拆迁安置住房：根据《城市房屋拆迁管理条例》(国务院令第305号)和《建设部关于印发〈城市房屋拆迁估价指导意见〉的通知》(建住房[2003]234号)等有关规定，其原值定义如下。

①房屋拆迁取得货币补偿后购置房屋的，为购置该房屋实际支付的房价款及交纳的相关税费；

②房屋拆迁采取产权调换方式的，所调换房屋原值为《房屋拆迁补偿安置协议》注明的价款及交纳的相关税费；

③房屋拆迁采取产权调换方式，被拆迁人除取得所调换房屋，又取得部分货币补偿的，所调换房屋原值为《房屋拆迁补偿安置协议》注明的价款和交纳的相关税费，减去货币补偿后的余额；

④房屋拆迁采取产权调换方式，被拆迁人取得所调换房屋，又支付部分货币的，所调换房屋原值为《房屋拆迁补偿安置协议》注明的价款，加上所支付的货币及交纳的相关税费。

(2)转让住房过程中缴纳的税金：是指纳税人在转让住房时实际缴纳的营业税、城市维护建设税、教育费附加、土地增值税、印花税等税金。

(3)合理费用：是指纳税人按照规定实际支付的住房装修费用、住房贷款利息、手续费、公证费等费用。

1)支付的住房装修费用。纳税人能提供实际支付装修费用的税务统一发票，并且发票上所列付款人姓名与转让房屋产权人一致的，经税务机关审核，其转让的住房在转让前实际发生的装修费用，可在以下规定比例内扣除。

①已购公有住房、经济适用房：最高扣除限额为房屋原值的15%；

②商品房及其他住房：最高扣除限额为房屋原值的10%。

纳税人原购房为装修房，即合同注明房价款中含有装修费(铺装了地板，装配了洁具、厨具等)的，不得再重复扣除装修费用。

2)支付的住房贷款利息。纳税人出售以按揭贷款方式购置的住房的，其向贷款银行实际支付的住房贷款利息，凭贷款银行出具的有效证明据实扣除。

3)纳税人按照有关规定实际支付的手续费、公证费等，凭有关部门出具的有效证明据实扣除。

上述规定是比较规范的征税方法，对于售房人不能提供房屋原值及合理费用的，税务机关可以按照成交价格，按1%~3%的征收率直接征收个人所得税。

此外，税法规定，个人转让自用5年以上、并且是家庭唯一生活用房取得的所得，免征个人所得税。

第八节　个人所得税优惠政策

◎个人取得哪些奖金可以免税

问题：个人取得哪些奖金可以免税？

解答：个人取得的省级人民政府、国务院部委和中国人民解放军军以上单位，以及外国组织、国际组织颁发的科学、教育、技术、文化、卫生、体育、环境保护等方面的奖金，免征个人所得税。

《财政部、国家税务总局关于国际青少年消除贫困奖免征个人所得税的通知》(财税字[1997]51号)规定，个人取得的“国际青少年消除贫困奖”，视同从国际组织取得的教育、文化方面的奖金，免予征收个人所得税。

《财政部、国家税务总局关于发给见义勇为者的奖金免征个人所得税问题的通知》(财税字[1995]25号)规定，为了鼓励广大人民群众见义勇为，维护社会治安，对乡、镇(含乡、镇)以上人民政府或经县(含县)以上人民政府主管部门批准成立的有机构、有章程的见义勇为基金会或者类似组织，奖励见义勇为者的奖金或奖品，经主管税务机关核准，免予征收个人所得税。

◎哪种补贴、津贴可以不纳税

问题：哪种补贴、津贴可以不纳税？

解答：按照国家统一规定发给的补贴、津贴免征个人所得税。国家统一规定发给的补贴、津贴，是指按照国务院规定发给的政府特殊津贴、院士津贴、资深院士津贴，以及国务院规定免纳个人所得税的其他补贴、津贴。

◎关于福利费、抚恤金、救济金免征个人所得税问题

问题：福利费、抚恤金、救济金，是否免征个人所得税？

解答：《个人所得税法》规定，福利费、抚恤金、救济金免征个人所得税。福利费，是指根据国家有关规定，从企业、事业单位、国家机关、社会团体提留的福利费或者工会经费中支付给个人的生活补助费；所说的救济金，是指各级人民政府民政部门支付给个人的生活困难补助费。

《国家税务总局关于生活补助费范围确定问题的通知》(国税发[1998]155号)对此有如下规定。

1)上述所称生活补助费，是指由于某些特定事件或原因而给纳税人或其家庭的正常生活造成一定困难，其任职单位按国家规定从提留的福利费或者工会经费中向其支付的临时性生活困难补助。

2)下列收入不属于免税的福利费范围，应当并入纳税人的工资、薪金收入计征个人所得税：

①从超出国家规定的比例或基数计提的福利费、工会经费中支付给个人的各种补贴、补助；

②从福利费和工会经费中支付给单位职工的人人有份的补贴、补助；

③单位为个人购买汽车、住房、电子计算机等不属于临时性生活困难补助性质的支出。

◎《个人所得税法》规定哪些所得可以免税

问题：《个人所得税法》规定哪些所得可以免税？

解答：《个人所得税法》规定，以下所得免税：

1）保险赔款；

2）军人的转业费、复员费；

3）按照国家统一规定发给干部、职工的安家费、退职费、退休工资、离休工资、离休生活补助费；

4）依照我国有关法律规定应予免税的各国驻华使馆、领事馆的外交代表、领事官员和其它人员的所得；

5）中国政府参加的国际公约、签订的协议中规定免税的所得；

6）单位为个人按标准缴付和个人缴付的基本养老保险费、基本医疗保险费、失业保险费、工伤保险、住房公积金；

7）企业依照国家有关法律规定宣告破产，企业职工从该破产企业取得的一次性安置费收入；

8）对被拆迁人按照国家有关城镇房屋拆迁管理办法规定的标准取得的拆迁补偿款；

9）生育妇女按照县级以上人民政府根据国家有关规定制定的生育保险办法，取得的生育津贴、生育医疗费或其他属于生育保险性质的津贴、补贴，免征个人所得税；

10）个人按《廉租住房保障办法》（建设部等9部委令第162号）规定取得的廉租住房货币补贴，免征个人所得税；对于所在单位以廉租住房名义发放的不符合规定的补贴，应征收个人所得税。

11）华侨从海外汇入我国境内赡养其家属的侨汇；华侨继承国外遗产从海外调入的外汇；

12）外国来华留学生，领取的生活津贴费、奖学金，不属于工资、薪金范畴，不征个人所得税。

◎《个人所得税法》规定哪些所得可以减征个人所得税

问题：《个人所得税法》规定哪些所得可以减征个人所得税？

解答：《个人所得税法》规定，残疾、孤老人员和烈属的所得，经批准可以减征个人所得税，其减征的幅度和期限由省、自治区、直辖市人民政府规定；因严重自然灾害造成重大损失的个人，经批准可以减征个人所得税，其减征的幅度和期限由省、自治区、直辖市人民政府规定。

《财政部、国家税务总局关于廉租住房经济适用住房和住房租赁有关税收政策的通知》(财税[2008]24号)规定，对个人出租住房取得的所得减按10%的税率征收个人所得税。

第七章

财产税政策问答

财产税是对纳税人所有或属于其支配的财产为征税对象征收的税。财产税征税对象主要是房屋、土地、车船等。国际上将财产税大体分为三类：一类是不动产税，是对房屋、土地、建筑物出租收益征收的税；二类是财产转移税，是对转让财产征收的税；三类是财产净值税，是对拥有财产，不论是否取得收益均按财产净值征收的税。

目前，我国的财产税主要是对不动产征税，税种包括房产税、土地增值税、城镇土地使用税、契税和车船使用税。由于我国正在进行房产税改革，重庆市、上海市已对个人拥有的符合一定条件的住房征收房产税，而且很有可能在“十二五”期间实施房产税扩围，房产税走向引起广泛关注。

财产税属于地方税种，由地方税务机关征收。对纳税人而言，财产税不是经常发生的小税种，往往被忽略。加上目前税务机关的征管手段落后，信息采集不及时，很容易出现发生纳税义务而不纳税的现象。发生财产税纳税义务时，往往就伴随发生所得税纳税义务，不纳税一旦被税务机关查实，就会面临很重的滞纳金、罚款。因此，纳税人需要清晰了解财产税的税法规定，依法纳税，才能防范纳税风险。

第一节　房产税

1986 年，国务院发布了《中华人民共和国房产税暂行条例》，从 1986 年 10 月 1 日起开始征收房产税。房产税属于地方税种，具体实施办法由各地制订，因此，各地的征税范围、标准有差异。一开始对涉外企业是不征收房产税的，而是征收城市房产税。从 2009 年开始，实现内外税制统一，对涉外企业也征收房产税。

从全国范围看，房产税的征税对象主要是城镇范围的经营性房产，非经营性房产不征税；而从改革趋势看，对个人拥有的非经营性房产也要征税，上海、重庆已开始对个人拥有的非经营性房产征收房产税。

目前，各地税务机关加大了对经营性房产房产税的征收管理力度，并依托房地产管理部门加大征税力度，要求纳税人在办理房屋出租登记时履行纳税义务。因此。不缴纳房产税的风险在加大，纳税人需要防范。

◎哪些房产需要缴纳房产税

问题：哪些房产需要缴纳房产税？谁是纳税人？

解答：处在城市、县城、建制镇和工矿区的房产用于经营的，包括自用和出租，需要缴纳房产税。房产税由产权所有人缴纳。产权属于全民所有的，由经营管理的单位缴纳。产权出典的，由承典人缴纳。产权所有人、承典人不在房产所在地的，或者产权未确定及租典纠纷未解决的，由房产代管人或者使用人缴纳。

◎自用房产如何缴纳房产税

问题：自用房产如何缴纳房产税？

解答：纳税人自用的房产依照房产原值一次减除10%～30%后的余值计算缴纳房产税，税率为1.2%。具体减除幅度，由省、自治区、直辖市人民政府规定。没有房产原值作为依据的，由房产所在地税务机关参考同类房产核定。房产税按年征收、分期缴纳。纳税期限由省、自治区、直辖市人民政府规定。

举例说明，假设某企业拥有房产原值为5 000万元的房产，该地规定的减除值为30%，则该企业每年应缴纳的房产税＝(5 000－5 000×30%)×1.2%＝42(万元)。

◎如何理解将地价计入房产原值的规定

问题：关于将地价计入房产原值的规定应如何理解？一种理解是：容积率＝地上房屋总建筑面积÷土地面积，当容积率大于0.5(如0.6)时，计入房价原值＝土地价值×容积率0.6，当容积率小于0.5(如0.4)时，计入房价原值＝土地价值×容积率0.4×2。另一种理解是：当容积率大于0.5时，土地价值全额计入房价，小于0.5时，计入房价原值＝总房屋建筑面积×2×土地

价值。哪种理解正确？

解答：《财政部、国家税务总局关于安置残疾人就业单位城镇土地使用税等政策的通知》（财税[2010]121号）规定，对按照房产原值计税的房产，无论会计上如何核算，房产原值均应包含地价，包括为取得土地使用权支付的价款、开发土地发生的成本费用等。土地容积率低于0.5的，按房产建筑面积的2倍计算土地面积并据此确定计入房产原值的地价。因此，如果上述单位的土地容积率为0.6，那么应当将地价全部并入房产原值计算缴纳房产税。如果小于0.5，则应当按照双倍建筑面积的地价计入房产原值计算缴纳房产税。

◎出租房屋如何缴纳房产税

问题：出租房屋如何缴纳房产税？

解答：房屋出租的，依照房屋租金收入计算缴纳房产税，税率为12%。这是一般性规定，按照《财政部、国家税务总局关于廉租住房、经济适用住房和住房租赁有关税收政策的通知》（财税[2008]24号）的规定，对个人出租住房，不区分用途，在3%税率的基础上减半征收营业税，按4%的税率征收房产税，免征城镇土地使用税。对企事业单位、社会团体以及其他组织按市场价格向个人出租用于居住的住房，减按4%的税率征收房产税。

因此，目前出租房屋的房产税，应区分不同的情况征税：个人出租房屋，房产税税率统一为4%；单位出租房屋，如果属于居住用房，房产税税率为4%，如果是商业用房，房产税税率为12%。另外，对于个人出租房屋，各地均规定了综合征收率，把营业税、房产税、个人所得税等税种综合在一起，按统一的征收率缴纳各税。比如广州市规定，个人出租住宅房屋月租金收入1 000元以上（含1 000元），2 000元以下的，综合征收率由8%调整为6.35%，其中：营业税1.5%、城市维护建设税0.105%、教育费附加0.045%、房产税4%、个人所得税0.7%。

◎房产税的税收优惠

问题：房产税有哪些税收优惠？

解答：下列房产免纳房产税。

1）国家机关、人民团体、军队自用的房产；

2）由国家财政部门拨付事业经费的单位自用的房产；

3）宗教寺庙、公园、名胜古迹自用的房产；

4）个人所有非营业用的房产；

5）经财政部批准免税的其他房产。

纳税人纳税确有困难的，可由省、自治区、直辖市人民政府确定，定期减征或者免征房产税。

◎差额预算管理事业单位自用的房产是否免缴房产税

问题：实行差额预算管理的事业单位，自用的房产是否免缴房产税？

解答：《财政部、税务总局关于印发〈房产税若干具体问题的解释和暂行规定〉的通知》（财税地字［1986］8号）规定，实行差额预算管理的事业单位，虽然有一定的收入，但收入不够本身经费开支的部分，还要由国家财政部门拨付经费补助。因此，对实行差额预算管理的事业单位，也属于是由国家财政部门拨付事业经费的单位，对其本身自用的房产免纳房产税。

◎供热企业厂房是否需要缴纳房产税

问题：供热企业为居民供热所使用的厂房是否需要缴纳房产税？

解答：根据《财政部、国家税务总局关于继续执行供热企业增值税、房产税、城镇土地使用税优惠政策的通知》（财税［2011］118号）规定，2011年7月1日至2015年12月31日，对向居民供热而收取采暖费的供热企业，为居民供热所使用的厂房及土地继续免征房产税、城镇土地使用税。对既向居民供热，又向单位供热或者兼营其他生产经营活动的供热企业，按其向居民供热而取得的采暖费收入占企业总收入的比例免征房产税、城镇土地使用税。本通知所述供热企业，是指热力产品生产企业和热力产品经营企业。热力产品生产企业包括专业供热企业、兼营供热企业和自供热单位。

◎重庆市房产税试点政策的主要内容

问题：重庆市房产税试点政策的主要内容是什么？

解答：从2011年1月28日起，重庆市开始实施《房产税改革试点暂行办法及实施细则》，被称为房产税改革的重庆模式。其根本变化是改变了不对个人非经营性住房不征收房产税的政策规定，对个人拥有的特定的非经营性住房征收房产税。主要内容如下。

(1)征税对象:

1)个人拥有的独栋商品住宅。

2)个人新购的高档住房。高档住房是指建筑面积交易单价达到上两年主城九区新建商品住房成交建筑面积均价2倍(含2倍)以上的住房。

3)在重庆市同时无户籍、无企业、无工作的个人新购的第二套(含第二套)以上的普通住房。

(2)计税依据:

应税住房的计税价值为房产交易价。条件成熟时，以房产评估值作为计税依据。

独栋商品住宅和高档住房一经纳入应税范围，如无新的规定，无论是否出现产权变动均属纳税对象，其计税交易价和适用的税率均不再变动。

属于本办法规定的应税住房用于出租的，按本办法的规定征收房产税，不再按租金收入征收房产税。

(3)税率:

1)独栋商品住宅和高档住房建筑面积交易单价在上两年主城九区新建商品住房成交建筑面积均价3倍以下的住房，税率为0.5%；3倍(含3倍)至4倍的，税率为1%；4倍(含4倍)以上的税率为1.2%。

2)在重庆市同时无户籍、无企业、无工作的个人新购第二套(含第二套)以上的普通住房，税率为0.5%。

(4)应纳税额的计算:

1)个人住房房产税应纳税额的计算。

$$应纳税额=应税建筑面积\times建筑面积交易单价\times税率$$

应税建筑面积是指纳税人应税住房的建筑面积扣除免税面积后的面积。

2)免税面积的计算。

扣除免税面积以家庭为单位，一个家庭只能对一套应税住房扣除免税面积。

纳税人在本办法施行前拥有的独栋商品住宅，免税面积为180平方米；新购的独栋商品住宅、高档住房，免税面积为100平方米。纳税人家庭拥有多套新购应税住房的，按时间顺序对先购的应税住房计算扣除免税面积。

在重庆市同时无户籍、无企业、无工作的个人的应税住房均不扣除免税面积。

◎上海市房产税试点政策的主要内容

问题：上海市房产税试点政策的主要内容是什么？

解答：2011年1月27日，上海市发布《上海市开展对部分个人住房征收房产税试点的暂行办法》，对部分个人住房开始征收房产税，被称为上海模式。上海模式的主要内容如下。

(1)征收对象：

自1月27日起，上海市居民家庭在上海市新购且属于该居民家庭第二套及以上的住房(包括新购的二手存量住房和新建商品住房，下同)和非本市居民家庭在本市新购的住房(以下统称“应税住房”)。居民家庭住房套数根据居民家庭(包括夫妻双方及其未成年子女，下同)在本市拥有的住房情况确定。

(2)计税依据：

计税依据为参照应税住房的房地产市场价格确定的评估值，评估值按规定周期进行重估。试点初期，暂以应税住房的市场交易价格作为计税依据。

房产税暂按应税住房市场交易价格的70%计算缴纳。

(3)税率：

适用税率暂定为0.6%。应税住房每平方米市场交易价格低于本市上年度新建商品住房平均销售价格2倍(含2倍)的，税率暂减为0.4%。

应纳房产税计算公式＝应税住房的市场交易价格×70%×0.6%(或0.4%)

(4)税收减免：

1)本市居民家庭在本市新购且属于该居民家庭第二套及以上住房的，合并计算的家庭全部住房面积(指住房建筑面积，下同)人均不超过60平方米(即免税住房面积，含60平方米)的，其新购的住房暂免征收房产税；人均超过60平方米的，对属新购住房超出部分的面积，按本暂行办法规定计算征收房产税。

合并计算的家庭全部住房面积为居民家庭新购住房面积和其它住房面积的总和。

本市居民家庭中有无住房的成年子女共同居住的，经核定可计入该居民家庭计算免税住房面积；对有其他特殊情形的居民家庭，免税住房面积计算办法另行制定。

2)本市居民家庭在新购一套住房后的一年内出售该居民家庭原有唯一住房的，其新购住房已按本暂行办法规定计算征收的房产税，可予退还。

3)本市居民家庭中的子女成年后，因婚姻等需要而首次新购住房、且该住房属于成年子女家庭唯一住房的，暂免征收房产税。

4)符合国家和本市有关规定引进的高层次人才、重点产业紧缺急需人才，持有本市居住证并在本市工作生活的，其在本市新购住房、且该住房属于家庭唯一住房的，暂免征收房产税。

5)持有本市居住证满3年并在本市工作生活的购房人，其在本市新购住房、且该住房属于家庭唯一住房的，暂免征收房产税；持有本市居住证但不满3年的购房人，其上述住房先按本暂行办法规定计算征收房产税，待持有本市居住证满3年并在本市工作生活的，其上述住房已征收的房产税，可予退还。

第二节　城镇土地使用税

城镇土地使用税是对使用土地的单位和个人征收的一种税，其目的是合理利用城镇土地，调节土地级差收入，提高土地使用效益。土地使用税按年计算、分期缴纳。缴纳期限由省、自治区、直辖市人民政府确定。

◎城镇土地使用税的征税对象

问题：城镇土地使用税的征税对象是什么？

解答：城镇土地使用税的征税对象是在城市、县城、建制镇、工矿区范围内的使用土地。因为城镇土地属于国家所有，征税对象是国有土地，属于集体所有的农业土地不属于征税范围。使用土地的个人和单位为城镇土地使用税的纳税人。

◎城镇土地使用税的计税依据和税率

问题：城镇土地使用税的计税依据和税率是什么？

解答：城镇土地使用税以纳税人实际占用的土地面积为计税依据，依照规定税额计算征收。城镇土地使用税实行差别幅度税额，处于不同区域的土地每平方米适用的税额不同。土地使用税每平方米年税额如下：

1）大城市1.5元至30元；

2）中等城市1.2元至24元；

3）小城市0.9元至18元；

4）县城、建制镇、工矿区0.6元至12元。

省、自治区、直辖市人民政府，应当在上述税额幅度内，根据市政建设状况、经济繁荣程度等条件，确定所辖地区的适用税额幅度。

◎城镇土地使用税的税收优惠

问题：城镇土地使用税有哪些税收优惠？

解答：《中华人民共和国城镇土地使用税暂行条例》（以下简称《城镇土地使用税暂行条例》）规定，下列土地免缴土地使用税：

1）国家机关、人民团体、军队自用的土地；

2）由国家财政部门拨付事业经费的单位自用的土地；

3）宗教寺庙、公园、名胜古迹自用的土地；

4）市政街道、广场、绿化地带等公共用地；

5）直接用于农、林、牧、渔业的生产用地；

6）经批准开山填海整治的土地和改造的废弃土地，从使用的月份起免缴土地使用税5年至10年；

7）由财政部另行规定免税的能源、交通、水利设施用地和其他用地。

上述第1）、2）、3）项所列免征城镇土地使用税的土地，不包括这些单位的经营、出租用房或场地所占用的土地。

此外，学校、科技馆、科普馆、图书馆（室）、文化馆（室）、体育馆、医院、幼儿园、托儿所、敬老院等公共公益事业的单位自用的土地。

居民自有自居的住宅用地和廉租住房用地，暂缓征收城镇土地使用税。

◎单独建造地下车库是否需要缴纳城镇土地使用税

问题：我公司单独建造一个地下车库，是否需要缴纳城镇土地使用税？如何缴纳？

解答：根据《财政部、国家税务总局关于房产税城镇土地使用税有关问题的通知》（财税［2009］128号），对在城镇土地使用税征税范围内单独建造的地下建筑用地，按规定征收城镇土地使用税。其中，已取得地下土地使用权证的，按土地使用权证确认的土地面积计算应征税款。未取得地下土地使用权证或地下土地使用权证上未标明土地面积的，按地下建筑垂直投影面积计算应征税款。对上述地下建筑用地暂按应征税款的50%征收城镇土地使用税。

◎承租他人土地的城镇土地使用税由谁缴纳

问题：承租他人土地，城镇土地使用税由谁缴纳？

解答：应区分不同情况。根据《城镇土地使用税暂行条例》第二条的规定，在城市、县城、建制镇、工矿区范围内使用土地的单位和个人，为城镇土地使用税的纳税人，应当依照本条例的规定缴纳土地使用税。另据《财政部、国家税务总局关于集体土地城镇土地使用税有关政策的通知》（财税[2006]56号）规定，在城镇土地使用税征税范围内实际使用应税集体所有建设用地、但未办理土地使用权流转手续的，由实际使用集体土地的单位和个人按规定缴纳城镇土地使用税。

◎物流企业大宗商品仓储设施用地，如何计征城镇土地使用税

问题：物流企业大宗商品仓储设施用地，如何计征城镇土地使用税？

解答：《财政部、国家税务总局关于物流企业大宗商品仓储设施用地城镇土地使用税政策的通知》（财税[2012]13号）规定，自2012年1月1日起至2014年12月31日止，对符合条件的物流企业自有的（包括自用和出租）大宗商品仓储设施用地，减按所属土地等级适用税额标准的50%计征城镇土地使用税。

◎城镇土地使用税的纳税期限

问题：城镇土地使用税的纳税期限是什么？

解答：土地使用税按年计算、分期缴纳。缴纳期限由省、自治区、直辖市人民政府确定。有的地方规定按一次缴纳，有的分两次缴纳。征用的耕地，自批准征用之日起满一年时开始缴纳土地使用税；征用的非耕地，自批准征用次月起缴纳土地使用税。

◎租用集体土地，城镇土地使用税由谁缴纳

问题：我公司租用村民小组集体土地用于经营，租金已付，请问城镇土地使用税应该由谁缴纳？

解答：《财政部、国家税务总局关于集体土地城镇土地使用税有关政策的通知》(财税[2006]56号)规定，在城镇土地使用税征税范围内实际使用应税集体所有建设用地、但未办理土地使用权流转手续的，由实际使用集体土地的单位和个人按规定缴纳城镇土地使用税。根据上述文件规定，土地使用税应由贵单位计算缴纳。

第三节　土地增值税

土地增值税是房地产税收中一个重要的税种，税法依据是《中华人民共和国土地增值税暂行条例》(以下简称《土地增值税暂行条例》)及《中华人民共和国土地增值税暂行条例实施细则》(以下简称《土地增值税暂行条例实施细则》)。随着国家房地产调控政策的日趋严厉，土地增值税已成为税收稽查的重点税种，很多房地产企业，以及从事房屋、土地买卖个人因偷逃土地增值税被调查、处罚的案例越来越多。土地增值税的计算、申报比较复杂，容易出错，相关纳税人需要重点防范土地增值税的纳税风险。

◎土地增值税的征税对象

问题：土地增值税的征税对象是什么？

解答：征税对象是纳税人转让国有土地使用权、地上的建筑物及其附着物所取得的增值额。既然是增值税，当然是有增值才纳税。转让国有土地使用权、地上的建筑物及其附着物并取得收入，是指以出售或者其他方式有偿转让房地产的行为。不包括以继承、赠与方式无偿转让房地产的行为。属于不征税的继承、赠与，是指房产所有人、土地使用权所有人将房屋产权、土地使用权赠与直系亲属或承担直接赡养义务人；或者通过中国境内非营利的社会团体、国家机关将房屋产权、土地使用权赠与教育、民政和其他社会福利、公益事业。

增值额是纳税人转让房地产所取得的收入减除按规定扣除项目金额后的余额。计算增值额需要把握两个关键：一是转让房地产的收入，二是扣除项目金额。计算增值额的扣除项目：

1)取得土地使用权所支付的金额；

2)开发土地的成本、费用；

3)新建房及配套设施的成本、费用，或者旧房及建筑物的评估价格；

4)与转让房地产有关的税金；

5)财政部规定的其他扣除项目。

财政部规定的其他扣除项目主要是指对从事房地产开发的纳税人，可以对取得土地使用权所支付的金额、开发土地的成本、费用加计扣除20%。

在实际操作中，土地增值税纳税人可以大体分为房地产开发企业和纯粹买卖房地产的单位和个人。对于房地产开发企业，应严格按规定计算增值额。对于纯粹买卖房地产的单位和个人，由于不涉及开发成本等项目，相对要简单一些。

◎土地增值税的税率

问题：土地增值税的税率是如何规定的？

解答：土地增值税实行四级超率累进税率：

1)增值额未超过扣除项目金额50%的部分，税率为30%。

2)增值额超过扣除项目金额50%、未超过扣除项目金额100%的部分，税率为40%。

3)增值额超过扣除项目金额100%、未超过扣除项目金额200%的部分，税率为50%。

4)增值额超过扣除项目金额200%的部分，税率为60%。

◎土地增值税的计算公式

问题：土地增值税的计算公式是什么？

解答：计算土地增值税税额，可按增值额乘以适用的税率减去扣除项目金额乘以速算扣除系数的简便方法计算，具体公式如下：

1)增值额未超过扣除项目金额50%。

$$土地增值税税额 = 增值额 \times 30\%$$

2）增值额超过扣除项目金额50%，未超过100%。

土地增值税税额=增值额×40%－扣除项目金额×5%

3）增值额超过扣除项目金额100%，未超过200%。

土地增值税税额=增值额×50%－扣除项目金额×15%

4）增值额超过扣除项目金额200%。

土地增值税税额=增值额×60%－扣除项目金额×35%

◎土地增值税的税收优惠

问题：土地增值税有哪些税收优惠？

解答：有下列情形之一的，免征土地增值税：

1）纳税人建造普通标准住宅出售，增值额未超过扣除项目金额20%的；

2）因国家建设需要依法征用、收回的房地产。

3）此外，《财政部、国家税务总局关于调整房地产交易环节税收政策的通知》（财税[2008]137号）规定，对个人销售住房暂免征收土地增值税。

4）以房地产作价入股进行投资或联营的，转让到所投资、联营的企业中的房地产，免征土地增值税。但房地产开发企业除外。

5）对于一方出地，一方出资金，双方合作建房，建成后按比例分房自用的，暂免征土地增值税。

6）互换房地产免税。个人之间互换自有居住用房地产的，经当地税务机关核实，免征土地增值税。

◎个人将土地归还政府取得的收入，是否需要缴纳土地增值税

问题：个人将土地归还政府取得的收入，是否需要缴纳土地增值税？

解答：根据《土地增值税暂行条例》及《土地增值税暂行条例实施细则》的规定，转让国有土地使用权属于土地增值税的征税对象，而个人将土地使用权归还政府的行为属于转让土地使用权行为，按照规定应缴纳土地增值税。但因城市实施规划、国家建设的需要，而被政府批准征用的房产或收回的土地使用权，或是由纳税人自行转让原房地产的，则免征土地增值税。

第四节　契税

契税是以所有权发生转移变动的不动产为征税对象，向产权承受人征收的一种财产税。契税在我国是地方性小税种，归地方税务机关征收。规范契税的法律、法规主要是《中华人民共和国契税暂行条例》（以下简称《契税暂行条例》）及《中华人民共和国契税暂行条例实施细则》（以下简称《契税暂行条例实施细则》）。

《契税暂行条例》规定，在中华人民共和国境内转移土地、房屋权属，承受的单位和个人为契税的纳税人，应当依照本条例的规定缴纳契税。

◎契税的征税范围

问题：契税的征税范围包括哪些？

解答：在我国，契税的征税范围为发生土地使用权和房屋所有权转移的土地和房屋。具体包括如下。

1）国有土地使用权出让，是指土地使用者向国家交付土地使用权出让费用，国家将国有土地使用权在一定年限内让予土地使用者的行为。

2）土地使用权转让，是指土地使用者以出售、赠与、交换或者其他方式将土地使用权转移给其他单位和个人的行为。其他方式包括：以土地、房屋权属作价投资、入股；以土地、房屋权属抵债；以获奖方式承受土地、房屋权属；以预购方式或者预付集资建房款方式承受土地、房屋权属。

3）房屋买卖。

4）房屋赠与。

5）房屋交换。

可见，并不是只有买卖才缴纳契税，只要发生土地使用权和房屋所有权转移的土地、房屋，都要缴纳契税，但是，农村集体土地承包经营权的转移不属于土地使用权转让的范围，不征收契税。

◎契税的计税依据

问题：契税的计税依据

解答：计税依据是指按什么价格纳税。《契税暂行条例》规定：

1)国有土地使用权出让、土地使用权出售、房屋买卖，为成交价格；

2)土地使用权赠与、房屋赠与，由征收机关参照土地使用权出售、房屋买卖的市场价格核定；

3)土地使用权交换、房屋交换，为所交换的土地使用权、房屋的价格的差额。

成交价格明显低于市场价格并且无正当理由的，或者所交换土地使用权、房屋的价格的差额明显不合理并且无正当理由的，由征收机关参照市场价格核定。

◎契税的计算公式

问题：契税的计算公式是什么？

解答：契税的计算公式：

应纳税额 = 计税依据 × 税率

契税的税率为3%~5%，在此幅度范围内，由省、自治区、直辖市人民政府按照本地区的实际情况确定 。

◎契税的减免税优惠

问题：契税有哪些减免税优惠？

解答：《契税暂行条例》规定，有下列情形之一的，减征或者免征契税：

1)国家机关、事业单位、社会团体、军事单位承受土地、房屋用于办公、教学、医疗、科研和军事设施的，免征；

2)城镇职工按规定第一次购买公有住房的，免征；

3)因不可抗力灭失住房而重新购买住房的，酌情准予减征或者免征；

4)财政部规定的其他减征、免征契税的项目。

《契税暂行条例实施细则》规定，下列项目减征、免征契税：

1)土地、房屋被县级以上人民政府征用、占用后，重新承受土地、房屋权属的，是否减征或者免征契税，由省、自治区、直辖市人民政府确定。

2）纳税人承受荒山、荒沟、荒丘、荒滩土地使用权，用于农、林、牧、渔业生产的，免征契税。

3）依照我国有关法律规定以及我国缔结或参加的双边和多边条约或协定的规定应当予以免税的外国驻华使馆、领事馆、联合国驻华机构及其外交代表、领事官员和其他外交人员承受土地、房屋权属的，经外交部确认，可以免征契税。

此外，财政部针对企业的不同状况在契税减免方面作了如下的规定。

（1）企业公司制改造。

非公司制企业，按照《中华人民共和国公司法》的规定，整体改建为有限责任公司（含国有独资公司）或股份有限公司，有限责任公司整体改建为股份有限公司，股份有限公司整体改建为有限责任公司的，对改建后的公司承受原企业土地、房屋权属，免征契税。

非公司制国有独资企业或国有独资有限责任公司，以其部分资产与他人组建新公司，且该国有独资企业（公司）在新设公司中所占股份超过50%的，对新设公司承受该国有独资企业（公司）的土地、房屋权属，免征契税。

国有控股公司以部分资产投资组建新公司，且该国有控股公司占新公司股份超过85%的，对新公司承受该国有控股公司土地、房屋权属，免征契税。上述所称国有控股公司，是指国家出资额占有限责任公司资本总额超过50%，或国有股份占股份有限公司股本总额超过50%的公司。

（2）公司股权（股份）转让。

在股权（股份）转让中，单位、个人承受公司股权（股份），公司土地、房屋权属不发生转移，不征收契税。

（3）公司合并。

两个或两个以上的公司，依据法律规定、合同约定，合并为一个公司，且原投资主体存续的，对其合并后的公司承受原合并各方的土地、房屋权属，免征契税。

（4）公司分立。

公司依照法律规定、合同约定分设为两个或两个以上与原公司投资主体相同的公司，对派生方、新设方承受原企业土地、房屋权属，免征契税。

（5）企业出售。

国有、集体企业整体出售，被出售企业法人予以注销，并且买受人按照

《中华人民共和国劳动法》等国家有关法律法规政策妥善安置原企业全部职工，与原企业全部职工签订服务年限不少于3年的劳动用工合同的，对其承受所购企业的土地、房屋权属，免征契税；与原企业超过30%的职工签订服务年限不少于3年的劳动用工合同的，减半征收契税。

(6)企业破产。

企业依照有关法律、法规规定实施破产，债权人(包括破产企业职工)承受破产企业抵偿债务的土地、房屋权属，免征契税；对非债权人承受破产企业土地、房屋权属，凡按照《中华人民共和国劳动法》等国家有关法律法规政策妥善安置原企业全部职工，与原企业全部职工签订服务年限不少于3年的劳动用工合同的，对其承受所购企业的土地、房屋权属，免征契税；与原企业超过30%的职工签订服务年限不少于3年的劳动用工合同的，减半征收契税。

(7)债权转股权。

经国务院批准实施债权转股权的企业，对债权转股权后新设立的公司承受原企业的土地、房屋权属，免征契税。

(8)资产划转。

对承受县级以上人民政府或国有资产管理部门按规定进行行政性调整、划转国有土地、房屋权属的单位，免征契税。

同一投资主体内部所属企业之间土地、房屋权属的划转，包括母公司与其全资子公司之间，同一公司所属全资子公司之间，同一自然人与其设立的个人独资企业、一人有限公司之间土地、房屋权属的划转，免征契税。

(9)事业单位改制。

事业单位按照国家有关规定改制为企业的过程中，投资主体没有发生变化的，对改制后的企业承受原事业单位土地、房屋权属，免征契税。投资主体发生变化的，改制后的企业按照《中华人民共和国劳动法》等有关法律法规妥善安置原事业单位全部职工，与原事业单位全部职工签订服务年限不少于3年劳动用工合同的，对其承受原事业单位的土地、房屋权属，免征契税；与原事业单位超过30%的职工签订服务年限不少于3年劳动用工合同的，减半征收契税。

(10)其他。

以出让方式或国家作价出资(入股)方式承受原改制重组企业、事业单位划拨用地的，不属上述规定的免税范围，对承受方应按规定征收契税。

纳税人符合减征或者免征契税规定的，应当在签订土地、房屋权属转移合同后10日内，向土地、房屋所在地的契税征收机关办理减征或者免征契税手续。

◎契税的纳税时间

问题：契税的纳税时间是如何规定的？

解答：契税的纳税义务发生时间，为纳税人签订土地、房屋权属转移合同的当天，或者纳税人取得其他具有土地、房屋权属转移合同性质凭证的当天。纳税人因改变土地、房屋用途应当补缴已经减征、免征契税的，其纳税义务发生时间为改变有关土地、房屋用途的当天。纳税人应当自纳税义务发生之日起10日内，向土地、房屋所在地的契税征收机关办理纳税申报，并在契税征收机关核定的期限内缴纳税款。

◎如何判断企业所购买的建筑物是否属于契税的应税房屋

问题：如何判断企业所购买的建筑物是否属于契税的应税房屋？

解答：根据《财政部、国家税务总局关于房产税和车船使用税几个业务问题的解释与规定》(财税地字[1987]3号)中对于“房产”的解释，房产是以房屋形态表现的财产。房屋是指有屋面和围护结构(有墙或两边有柱)，能够遮风避雨，可供人们在其中生产、工作、学习、娱乐、居住或储藏物资的场所。独立于房屋之外的建筑物，如围墙、烟囱、水塔、变电塔、油池油柜、酒窖菜窖、酒精池、糖蜜池、室外游泳池、玻璃暖房、砖瓦石灰窑以及各种油气罐等，不属于房产。

此外，《财政部、国家税务总局关于具备房屋功能的地下建筑征收房产税的通知》(财税[2005]181号)还规定，对具备以上所述房屋功能的地下建筑，包括与地上房屋相连的地下建筑以及完全建在地面以下的建筑、地下人防设施等，均征收房产税。在政策执行中，凡是房产税征税的房屋范围均可作为契税的征税对象。

第五节 车船使用税

车船使用税是以车船为征税对象，向拥有并使用车船的单位和个人征收的一种税。对拥有但不使用的车船不征税。我国规范车船使用税的法律、法规是《中华人民共和国车船税法》和《中华人民共和国车船税法实施条例》。

◎车船使用税的纳税人

问题：车船使用税的纳税人是如何规定的？

解答：在我国境内拥有并使用车船的单位和个人为车船使用税的纳税人。车辆、船舶是指：

1）依法应当在车船登记管理部门登记的机动车辆和船舶；

2）依法不需要在车船登记管理部门登记的在单位内部场所行驶或者作业的机动车辆和船舶。

对于车船租赁，所有权人和使用人不一致时，双方应协商确定车船使用税的纳税人。如果双方未商定，或无租使用的车船，以车船使用人为纳税人。

◎车船使用税的税额

问题：车船使用税的税额是如何规定的？

解答：车船使用税采用定额税率，车船每年按单位固定税额纳税。由于车船使用税是地方税种，国家规定了车船使用税的单位税额幅度，各地在该单位幅度内确定具体税额。因此，不同地区的纳税人应按当地规定的税额纳税。

◎车船使用税的税收优惠

问题：车船使用税有哪些税收优惠？

解答：下列车船免征车船税。

1）捕捞、养殖渔船。

2）军队、武装警察部队专用的车船。

3）警用车船。

4)依照法律规定应当予以免税的外国驻华使领馆、国际组织驻华代表机构及其有关人员的车船。

5)对节约能源、使用新能源的车船可以减征或者免征车船税；对受严重自然灾害影响纳税困难以及有其他特殊原因确需减税、免税的，可以减征或者免征车船税。

目前，国家采取分批公告的形式，对节约能源的车辆，减半征收车船税；对使用新能源的车辆，免征车船税。

第八章

行为税政策问答

行为税是以某些特定的行为为课税对象的税种的统称。行为税具有课税对象单一、税源分散、灵活的特点。在我国，行为税主要包括城市维护建设税、耕地占用税、车辆购置税、印花税等。从广义上看，资源税、关税也是对开采资源、进口货物行为征税，为了表述的方便，在此把资源税、关税也列在此章介绍。

第一节　城市维护建设税

城市维护建设税是为加强城市的维护建设，扩大和稳定城市维护建设资金的来源而对有经营收入的单位和个人征收的一种税，属于地方性税种，具体征收细则由省级人民政府制订。1985 年国务院发布《中华人民共和国城市维护建设税暂行条例》(国发[1985]19 号)(以下简称《城市维护建设税暂行条例》)，开始征收城市维护建设税。在 2010 年 12 月 1 日前，外商投资企业、外国企业及外籍个人不缴纳城市维护建设税，自 2010 年 12 月 1 日起，税制实现统一，外商投资企业、外国企业及外籍个人也需要缴纳城市维护建设税。

◎城市维护建设税的纳税人

问题：城市维护建设税的纳税人是如何规定的？

解答：《城市维护建设税暂行条例》规定，凡缴纳产品税、增值税、营业税的单位和个人，都是城市维护建设税的纳税人。1985 年时，我国还有产品税，因此条例规定缴纳产品税的纳税人要缴纳城市维护建设税。税改后，产品税取消，流转税包括增值税、营业税、消费税。因此，现在城市维护建设税的纳税人是缴纳增值税、营业税、消费税的单位和个人。

◎城市维护建设税的计税依据

问题：城市维护建设税的计税依据是什么？

解答：城市维护建设税的计税依据是纳税人实际缴纳的增值税、营业税、消费税，分别与增值税、营业税、消费税同时缴纳。纳税人依法享受增值税、营业税、消费税减免的，同时减免城市维护建设税。

◎城市维护建设税的税率

问题：城市维护建设税的税率是什么？

解答：城市维护建设税的税率根据纳税人所在的区域不同也有所不同。纳税人所在地在市区的，税率为百分之七；纳税人所在地在县城、镇的，税率为百分之五；纳税人所在地不在市区、县城或镇的，税率为百分之一。

◎返还增值税时能否同时退还城建税

问题：我公司是经有关部门认定的软件生产企业，享受增值税先按17%的税率征收，后按14%的税率返还的优惠。请问，我们取得增值税返还时，能否同时返还已随增值税缴纳的城市维护建设税及教育费附加？

解答：根据《财政部、国家税务总局关于增值税、营业税、消费税实行先征后返等办法有关城建税和教育费附加政策的通知》（财税[2005]72号）的规定，对增值税、营业税、消费税（以下简称“三税”）实行先征后返、先征后退、即征即退办法有关的城市维护建设税和教育费附加政策问题，明确如下：对“三税”实行先征后返、先征后退、即征即退办法的，除另有规定外，对随“三税”附征的城市维护建设税和教育费附加，一律不予退（返）还。因此，你公司按规定取得增值税返还时，对已随增值税缴纳的城市维护建设税和教育费附加不能返还。

第二节　耕地占用税

耕地占用税是为了合理利用土地资源，加强土地管理，保护耕地而对占用耕地的单位和个人征收的一种税，属于地方性税种。规范耕地占用税的法律、法规有《中华人民共和国耕地占用税暂行条例》(国务院令第511号)及《中华人民共和国耕地占用税暂行条例实施细则》(财政部、国家税务总局令第49号)。

◎耕地占用税的征税对象

问题：耕地占用税的征税对象是什么？

解答：耕地占用税以用做建房或者从事非农业建设的耕地为征税对象。耕地是指用于种植农作物的土地。耕地占用税的纳税人为占用耕地建房或者从事非农业建设的单位或者个人。占用园地建房或者从事非农业建设的，视同占用耕地征收耕地占用税。经申请批准占用耕地的，纳税人为农用地转用审批文件中标明的建设用地人；农用地转用审批文件中未标明建设用地人的，纳税人为用地申请人。未经批准占用耕地的，纳税人为实际用地人。

◎耕地占用税的税率

问题：耕地占用税的税率是什么？

解答：耕地占用税以纳税人实际占用的耕地面积为计税依据，按照规定的适用税额一次性征收。因此，耕地占用税采取定额税额的方式征收，不同地区适用的税额有所不同，具体额度由省级政府确定。耕地占用税的税额规定如下：

1)人均耕地不超过1亩的地区(以县级行政区域为单位，下同)，每平方米为10元至50元；

2)人均耕地超过1亩但不超过2亩的地区，每平方米为8元至40元；

3)人均耕地超过2亩但不超过3亩的地区，每平方米为6元至30元；

4)人均耕地超过3亩的地区，每平方米为5元至25元。

◎耕地占用税的税收优惠

问题：耕地占用税有哪些税收优惠？

解答：下列情形免征耕地占用税：

1)军事设施占用耕地；

2)学校、幼儿园、养老院、医院占用耕地。

铁路线路、公路线路、飞机场跑道、停机坪、港口、航道占用耕地，减按每平方米2元的税额征收耕地占用税。

根据实际需要，国务院财政、税务主管部门商国务院有关部门并报国务院批准后，可以对前款规定的情形免征或者减征耕地占用税。

农村居民占用耕地新建住宅，按照当地适用税额减半征收耕地占用税。

农田水利占用耕地的，不征收耕地占用税。

◎临时占用耕地是否缴纳耕地占用税

问题：临时占用耕地是否缴纳耕地占用税？

解答：临时占用耕地，是指纳税人因建设项目施工、地质勘察等需要，在一般不超过2年内临时使用耕地并且没有修建永久性建筑物的行为。纳税人临时占用耕地，应当缴纳耕地占用税。纳税人在批准临时占用耕地的期限内恢复所占用耕地原状的，全额退还已经缴纳的耕地占用税。因污染、取土、采矿塌陷等损毁耕地的，比照《中华人民共和国耕地占用税暂行条例》第十三条规定的临时占用耕地的情况，由造成损毁的单位或者个人缴纳耕地占用税。超过2年未恢复耕地原状的，已征税款不予退还。

第三节 车辆购置税

车辆购置税是对在我国境内购置车辆的单位和个人征收的一种税，由纳税人一次性缴纳。由于车辆购置税存在一些减免税优惠，同时存在最低计税价格的情况，一些纳税人为了逃避车辆购置税，采取多种避税手段，存在一定的纳税风险。

◎车辆购置税的征收范围

问题：车辆购置税的征收范围包括哪些？

解答：在我国境内购买、进口、自产、受赠、获奖或者以其他方式取得并自用的以下车辆，属于车辆购置税征收范围：

1）汽车，包括各类汽车。

2）摩托车，包括以下种类。

①轻便摩托车：最高设计时速不大于50km/h，发动机汽缸总排量不大于$50cm^3$的两个或三个车轮的机动车。

②二轮摩托车：最高设计车速大于50km/h，或发动机汽缸总排量大于$50cm^3$的两个车轮的机动车。

③三轮摩托车：最高设计车速大于50km/h，或发动机汽缸总排量大于$50cm^3$，空车重量不大于400kg的三个车轮的机动车。

3）电车，包括以下种类。

①无轨电车：以电能为动力，由专用输电电缆线供电的轮式公共车辆。

②有轨电车：以电能为动力，在轨道上行驶的公共车辆。

4）挂车，包括以下种类。

①全挂车：无动力设备，独立承载，由牵引车辆牵引行驶的车辆。

②半挂车：无动力设备，与牵引车辆共同承载，由牵引车辆牵引行驶的车辆。

5）农用运输车，包括以下种类。

①三轮农用运输车：柴油发动机，功率不大于7.4kw，载重量不大于500kg，最高车速不大于40km/h的三个车轮的机动车。

②四轮农用运输车：柴油发动机，功率不大于28kw，载重量不大于1 500 kg，最高车速不大于50km/h的四个车轮的机动车。

需要注意的是，并非只有购买行为需要纳税，以其他方式获得并自用，就属于车购税的征税范围。

◎哪些车辆可以享受免税政策

问题：哪些车辆可以享受免税政策？

解答：下述车辆免税：

1）外国驻华使馆、领事馆和国际组织驻华机构及其外交人员自用的车辆。

2）中国人民解放军和中国人民武装警察部队列入军队武器装备订货计划的车辆。

3）设有固定装置的非运输车辆。

4）防汛专用车和森林消防专用车。

5）回国服务的在外留学人员（含香港、澳门地区）购买的1辆国产小汽车。

6）来华定居专家进口自用的1辆小汽车（不包括境内购置的进口小汽车）。

7）农用三轮车。

8）国务院或国务院税务主管部门批准免税的其他车辆。

◎车辆购置税的税额

问题：车辆购置税的税额如何计算？

解答：车辆购置税按以下公式计算：

应纳税额 = 计税价格 × 税率

车辆购置税的税率为10%，计税价格按以下方式确定：

1)纳税人购买自用的应税车辆的计税价格，为纳税人购买应税车辆而支付给销售者的全部价款和价外费用，不包括增值税税款。如果购车发票包括增值税的，应换算成不含税价格。

2)纳税人进口自用的应税车辆的计税价格的计算公式为：

计税价格 = 关税完税价格 + 关税 + 消费税

3)纳税人自产、受赠、获奖或者以其他方式取得并自用的应税车辆的计税价格，由主管税务机关参照《中华人民共和国车辆购置税暂行条例》第七条规定的最低计税价格核定。

为了规范车辆购置税的征收，国家税务总局对新上市的各种车型规定了最低计税价格。如果纳税人购买价格低于该价格的，需按最低计税价格纳税。

第四节　印花税

印花税是对经济活动和经济交往中书立、使用、领受的凭证征收的一种税，是一种古老的税种。在我国，印花税属于地方税种，由地方税务机关征收。规范印花税的税法主要有《中华人民共和国印花税暂行条例》(国务院令[1988]第11号)及《中华人民共和国印花税暂行条例施行细则》(财税字[1988]第225号)。

◎印花税的征税范围

问题：印花税的征税范围包括哪些？

解答：印花税的征税范围是《中华人民共和国印花税暂行条例》列举的凭证，不在列举之列的不用纳税。应纳税的凭证包括：

1)购销、加工承揽、建设工程承包、财产租赁、货物运输、仓储保管、借款、财产保险、技术合同或者具有合同性质的凭证；

2)产权转移书据；

3)营业账簿；

4)权利、许可证照；

5)经财政部确定征税的其他凭证。

◎印花税的税率

问题：印花税的税率是如何规定的？

解答：根据应纳税凭证的性质，印花税的税率分为比例税率和定额税率两种。具体按照下列税目税率执行(见表8－1)。

表8－1　印花税税目税率表

税目	范围	税率	纳税人	说明
1. 购销合同	包括供应、预购、采购、购销结合及协作、调剂、补偿、易货等合同	按购销金额3‰贴花	立合同人	
2. 加工承揽合同	包括加工、定做、修缮、修理、印刷、广告、测绘、测试等合同	按加工或承揽收入5‱贴花	立合同人	
3. 建设工程勘察设计合同	包括勘察、设计合同	按收取费用5‱贴花	立合同人	
4. 建筑安装工程承包合同	包括建筑、安装工程承包合同	按承包金额3‱贴花	立合同人	
5. 财产租赁合同	包括租赁房屋、船舶、飞机、机动车辆、机械、器具、设备等	按租赁金额1‰贴花。税额不足1元的按1元贴花	立合同人	
6. 货物运输合同	包括民用航空、铁路运输、海上运输、内河运输、公路运输和联运合同	按运输收取的费用5‱贴花	立合同人	单据作为合同使用的，按合同贴花

（续表）

税目	范围	税率	纳税人	说明
7. 仓储保管合同	包括仓储、保管合同	按仓储收取的保管费用1‰贴花	立合同人	仓单或栈单作为合同使用的，按合同贴花
8. 借款合同	银行及其他金融组织和借款人（不包括银行同业拆借）所签订的借款合同	按借款金额0.5‱贴花	立合同人	单据作为合同使用的，按合同贴花
9. 财产保险合同	包括财产、责任、保证、信用等保险合同	按保险费收入1‰贴花	立合同人	单据作为合同使用的，按合同贴花
10. 技术合同	包括技术开发、转让、咨询、服务等合同	按所载金额3‱贴花	立合同人	
11. 产权转移书据	包括财产所有权和版权、商标专用权、专利权、专有技术使用权等转移书据	按所载金额5‱贴花	立据人	
12. 营业账簿	生产经营用账册	记载资金的账簿，按实收资本和资本公积合计金额5‱贴花。其他账簿按件贴花5元	立账簿人	
13. 权利、许可证照	包括政府部门发给的房屋产权证、工商营业执照、商标注册证、专利证、土地使用证	按件贴花5元	领受人	

◎印花税的纳税人

问题：谁是印花税的纳税人？

解答：印花税的纳税人是书立、使用、领受应税凭证的单位和个人。具体包括立合同人、立据人、立账簿人、领受人、使用人。应税凭证凡由两方或两方以上当事人共同书立的，各方当事人均为纳税人。

证券交易印花税是印花税的一部分，目前税法规定，根据书立证券交易合同的金额对卖方计征，税率为1‰。

◎印花税的税收优惠

问题：印花税有哪些税收优惠？

解答：下列凭证免纳印花税：

1)已缴纳印花税的凭证的副本或者抄本。

2)财产所有人将财产赠给政府、社会福利单位、学校所立的书据。

3)经财政部批准免税的其他凭证。

4)国家指定的收购部门与村民委员会、农民个人书立的农副产品收购合同免纳印花税。

5)外国政府或者国际金融组织向我国政府及国家金融机构提供优惠贷款所书立的合同免纳印花税。

6)对于企业集团内具有平等法律地位的主体之间自愿订立、明确双方购销关系、据以供货和结算、具有合同性质的凭证，应按规定征收印花税。对于企业集团内部执行计划使用的、不具有合同性质的凭证，不征收印花税。

7)对农民专业合作社与本社成员签订的农业产品和农业生产资料购销合同，免征印花税。

8)对个人销售或购买住房暂免征收印花税。

9)对与高校学生签订的学生公寓租赁合同，免征印花税。

10)对个人出租、承租住房签订的租赁合同，免征印花税。

11)对廉租住房、经济适用住房经营管理单位与廉租住房、经济适用住房相关的印花税以及廉租住房承租人、经济适用住房购买人涉及的印花税予以免征。

◎如何缴纳印花税

问题：如何缴纳印花税？

解答：印花税实行由纳税人根据规定自行计算应纳税额，购买并一次贴足印花税票的缴纳办法。为简化贴花手续，应纳税额较大或者贴花次数频繁的，纳税人可向税务机关提出申请，采取以缴款书代替贴花或者按期汇总缴纳的办法。印花税票应当粘贴在应纳税凭证上，并由纳税人在每枚税票的骑缝处盖戳注明或者画销。

第五节　资源税

资源税是对开采矿产品和生产盐的个人和单位征收的一种税。资源税属于地方性税种，由地方税务机关征收。近年来，我国加大了资源税的改革力度，征税方法由过去单一的从量计征向从量计征和从价计征的复合征税办法过渡，纳税人承担的资源税税负上升很快，资源税已成为纳税人关注的重要税种。规范资源税的税法主要包括《中华人民共和国资源税暂行条例》及《中华人民共和国资源税暂行条例实施细则》。

◎资源税的征税范围

问题：资源税的征税范围包括哪些？

解答：资源税的征税范围是在我国领域及管辖海域开采《中华人民共和国资源税暂行条例》所列举的矿产品或者生产盐。《中华人民共和国资源税暂行条例》列举的矿产品包括：原油、天然气、煤炭、其他非金属矿原矿、黑色金属矿原矿、有色金属矿原矿和盐7大类，有的类包括小类，具体见资源税税目税率表(表8－2)。需要注意的是，原油指开采的天然原油，不包括人造石油；煤炭，是指原煤，不包括洗煤、选煤及其他煤炭制品；固体盐，是指海盐原盐、湖盐原盐和井矿盐；液体盐，是指卤水。

表8－2　资源税税目税率表

税目		税率
一、原油		销售额的5%～10%
二、天然气		销售额的5%～10%
三、煤炭	焦碳	每吨8～20元
	其他煤炭	每吨0.3～5元
四、其他非金属矿原矿	普通非金属矿原矿	每吨或者每立方米0.5～20元
	贵重非金属矿原矿	每千克或者每克拉0.5～20元
五、黑色金属矿原矿		每吨2～30元
六、有色金属矿原矿	稀土矿	每吨0.4～60元
	其他有色金属矿原矿	每吨0.4～30元
七、盐	固体盐	每吨10～60元
	液体盐	每吨2～10元

◎资源税的税率

问题：资源税的税率是如何规定的？

解答：我国资源税的税率分为比例税率和定额税率两种，不同的项目适用不同的税率。同时，由于各地资源的品质存在差距，国务院规定，纳税人具体适用的税率，在《中华人民共和国资源税暂行条例》所附《资源税税目税率表》规定的税率幅度内，根据纳税人所开采或者生产应税产品的资源品位、开采条件等情况，由财政部商国务院有关部门确定；财政部未列举名称且未确定具体适用税率的其他非金属矿原矿和有色金属矿原矿，由省、自治区、直辖市人民政府根据实际情况确定，报财政部和国家税务总局备案。也就是说，各地的具体税率会有所不同，地方政府有一定决定权。

◎应缴纳资源税的计算

问题：如何计算应缴纳的资源税？

解答：资源税的应纳税额，按照从价定率或者从量定额的办法，分别以应税产品的销售额乘以纳税人具体适用的比例税率或者以应税产品的销售数量乘以纳税人具体适用的定额税率计算。需要注意的是，纳税人开采或者生产不同税目应税产品的，应当分别核算不同税目应税产品的销售额或者销售数量；未分别核算或者不能准确提供不同税目应税产品的销售额或者销售数量的，从高适用税率。纳税人开采或者生产应税产品，自用于连续生产应税产品的，不缴纳资源税；自用于其他方面的，视同销售，缴纳资源税。

◎资源税的纳税期限

问题：资源税的纳税期限是如何规定的？

解答：纳税人销售应税产品，纳税义务发生时间为收讫销售款或者取得索取销售款凭据的当天；自产自用应税产品，纳税义务发生时间为移送使用的当天。具体为：

1）纳税人采取分期收款结算方式的，其纳税义务发生时间，为销售合同规定的收款日期的当天；

2）纳税人采取预收货款结算方式的，其纳税义务发生时间，为发出应税产品的当天；

3）纳税人采取其他结算方式的，其纳税义务发生时间，为收讫销售款或者取得索取销售款凭据的当天。

纳税人自产自用应税产品的纳税义务发生时间，为移送使用应税产品的当天。

扣缴义务人代扣代缴税款的纳税义务发生时间，为支付货款的当天。

跨省、自治区、直辖市开采或者生产资源税应税产品的纳税人，其下属生产单位与核算单位不在同一省、自治区、直辖市的，对其开采或者生产的应税产品，一律在开采地或者生产地纳税。实行从量计征的应税产品，其应纳税款一律由独立核算的单位按照每个开采地或者生产地的销售量及适用税率计算划拨；实行从价计征的应税产品，其应纳税款一律由独立核算的单位按照每个开采地或者生产地的销售量、单位销售价格及适用税率计算划拨。

◎资源税的税收优惠

问题：资源税的税收优惠有哪些？

解答：有下列情形之一的，减征或者免征资源税：

1）开采原油过程中用于加热、修井的原油，免税。

2）纳税人开采或者生产应税产品过程中，因意外事故或者自然灾害等原因遭受重大损失的，由省、自治区、直辖市人民政府酌情决定减税或者免税。

第六节　关税

关税是我国海关对进出关境的货物或物品征收的一种税。货物是以贸易行为进出关境的商品；物品是入境旅客携带、邮递进出关境的个人自用的物品。关税只在发生货物或物品进出境的时候才会征收，分为进口关税和出口关税，规范关税征纳的法律主要有《中华人民共和国海关法》（主席令[2000]第35号）、《中华人民共和国进出口关税条例》（国务院令[2003]第392号）和《中华人民共和国海关进出口税则》。

◎关税的征税范围

问题：关税的征税范围是什么？

解答：关税的征税范围是进出我国关境的商品和货物。贸易项下进出口商品需要缴纳关税；个人携带、邮递个人自用的物品，超过国家规定数额（免税额）的，也需要缴纳关税。按目前规定，个人携带、邮递个人自用的物品进境的免税额为5 000元，超过部分需要依法缴纳关税。

◎关税的纳税人

问题：关税的纳税人是如何规定的？

解答：进口货物的收货人、出口货物的发货人、进境物品的所有人，是关税的纳税义务人。进境物品的纳税义务人是指，携带物品进境的入境人员、进境邮递物品的收件人以及以其他方式进口物品的收件人。

◎关税的税率

问题：关税的税率是如何设定的？

解答：《中华人民共和国进出口关税条例》规定，进口关税设置最惠国税率、协定税率、特惠税率、普通税率、关税配额税率等税率。对进口货物在一定期限内可以实行暂定税率。出口关税设置出口税率。对出口货物在一定期限内可以实行暂定税率。税率又分为比例税率和单位税额，比例税率适用于从价计征方式，单位税额适用于从量计征方式。

进出口货物、商品具体适用什么税率，由以下几种情形分别确定。

原产于共同适用最惠国待遇条款的世界贸易组织成员的进口货物，原产于与中华人民共和国签订含有相互给予最惠国待遇条款的双边贸易协定的国家或者地区的进口货物，以及原产于中华人民共和国境内的进口货物，适用最惠国税率。

原产于与中华人民共和国签订含有关税优惠条款的区域性贸易协定的国家或者地区的进口货物，适用协定税率。

原产于与中华人民共和国签订含有特殊关税优惠条款的贸易协定的国家或者地区的进口货物，适用特惠税率。

原产于上述所列以外国家或者地区的进口货物，以及原产地不明的进口货物，适用普通税率。

适用最惠国税率的进口货物有暂定税率的，应当适用暂定税率；适用协定税率、特惠税率的进口货物有暂定税率的，应当从低适用税率；适用普通税率的进口货物，不适用暂定税率。

适用出口税率的出口货物有暂定税率的，应当适用暂定税率。

按照国家规定实行关税配额管理的进口货物，关税配额内的，适用关税配额税率。

◎应缴纳关税的计算

问题：如何计算应缴纳的关税？

解答：进出口货物关税的计算有两个公式。

从价计征的计算公式为：

应纳税额＝完税价格×关税税率

从量计征的计算公式为：

应纳税额＝货物数量×单位税额

因此，计算关税有两个关键因素，一是完税价格，二是准确确定适用的关税税率。

完税价格是计算关税的税基，完税价格包括：成交价格、运输及其相关费用、保险费，海关有依法核定完税价格的权力。

关税税率可以查询《中华人民共和国海关进出口税则》获得。

◎关税的税收优惠

问题：关税有哪些税收优惠？

解答：下列进出口货物，免征关税：

1）关税税额在人民币50元以下的一票货物；

2）无商业价值的广告品和货样；

3）外国政府、国际组织无偿赠送的物资；

4）在海关放行前损失的货物；

5）进出境运输工具装载的途中必需的燃料、物料和饮食用品。

在海关放行前遭受损坏的货物，可以根据海关认定的受损程度减征关税。

法律规定的其他免征或者减征关税的货物，海关根据规定予以免征或者减征。

特定地区、特定企业或者有特定用途的进出口货物减征或者免征关税，以及临时减征或者免征关税，按照国务院的有关规定执行。

海关总署规定数额以内的个人自用进境物品，免征进口税。

近年来，国家为了扶持某些产业发展，规定了进口关税的优惠政策，主要包括：

1）自2012年1月1日至2015年12月31日，新型显示器件（包括薄膜晶体管液晶、等离子、有机发光二极管）面板生产企业进口国内不能生产的自用生产性（含研发用）原材料和消耗品，免征进口关税。对符合国内产业自主化发展规划的彩色滤光膜、偏光片等属于新型显示器件产业上游的关键原材料、零部件的生产企业，经财政部会同有关部门共同确定后，可享受进口国内不能生产的自用生产性原材料、消耗品免征进口关税的优惠政策。

2）西部大开发区域内内资鼓励类产业、外商投资鼓励类产业及优势产业的项目在投资总额内进口的自用设备，在政策规定范围内免征关税。